CONTE *verlag*

Carolin Römer

Das Labyrinth des Malers

Ein Fin O'Malley Krimi

CONTE *krimi*

Bibliografische Information der Deutschen Nationalbibliothek
Die Deutsche Nationalbibliothek verzeichnet diese Publikation in der Deutschen Nationalbibliografie; detaillierte bibliografische Daten sind im Internet über http://dnb.d-nb.de abrufbar.

ISBN 978-3-95602-056-8

Am Rech 14
66386 St. Ingbert
Tel: (0 68 94) 1 66 41 63
Fax: (0 68 94) 1 66 41 64
E-Mail: info@conte-verlag.de
Verlagsinformationen im Internet unter www.conte-verlag.de

Lektorat: Daniela Hartmann
Umschlag und Satz: Markus Dawo
Druck und Bindung: Faber, Mandelbachtal

Es roch nach Torffeuer. Irgendwo musste ein Haus sein. Vielleicht eine Farm.

Dann war der Geruch verflogen, davongetragen vom Wind und mit ihm das Versprechen von Wärme und die Verheißung von Geborgenheit. Die Hoffnung auf Erlösung.

Es roch wieder nach nassem Gras, nach Schafscheiße und brackigem Wasser. Nach Herbst. Und nach Regen. Regen, der einfach nicht aufhören wollte.

Eine schmale Mondsichel suhlte sich in fetten schwarzen Wolken, schwärzer noch als der Nachthimmel. Es war so finster, dass er nicht mal bis zu seinen Schuhspitzen sehen konnte. Brauchte er auch nicht. Er wusste auch so, dass seine Schuhe völlig aufgeweicht waren, spätestens seit er den Graben übersehen hatte und bis zu den Knien im Morast eingesunken war. Auf allen vieren hatte er sich mühsam herausgekämpft, der zähe Matsch klebte an seiner Jeans und machte seine Schuhe und Schritte schwer.

Er hatte keine Ahnung, wie spät es war. Es war zu dunkel, um auf seiner Armbanduhr irgendetwas zu erkennen. Er wusste nicht, wie lange er schon unterwegs war. Auf jeden Fall zu lange. Er war müde, er war hungrig und durstig, und er fror erbärmlich in seinen nassen Sachen. Nur eines war ihm klar: Er hatte sich hoffnungslos verlaufen.

Im letzten Licht der Abenddämmerung hatte er am Horizont das Meer ahnen können. Aber das war Stunden her.

Er blieb stehen und lauschte. Irgendwo bellte ein Hund, die Stille der Nacht trug das Geräusch meilenweit übers Land. Es klang nicht bösartig oder angriffslustig, eher traurig. Das wehmütige Jaulen einer einsamen Kreatur, die auf Zuwendung hoffte. Ein Gefühl, das er nur zu gut nachempfinden konnte. Auch ihm war zum Heulen zumute.

Nicht weit entfernt glaubte er, das Rauschen der Wellen zu hören. Dort musste er hin. Wenn er erst das Meer erreicht hatte, dann wusste er wieder, wo er war. Dann war er gerettet.

Aber das einzige Rauschen, das tatsächlich zu hören war, war das endlose Rauschen des Regens. Anfangs war es ein Wolkenbruch gewesen, der ihn innerhalb von Sekunden bis auf die Knochen durchnässt hatte. Mittlerweile regnete es nur noch verhalten, aber umso ausdauernder.

Wieder blieb er stehen und horchte in die Dunkelheit. Das Meer musste direkt vor ihm liegen. Irgendwo links. Oder doch eher rechts?

Wenn er das Meer nicht fand, dann war er verloren, da war er sich sicher. Was würde er nicht alles tun, um hier lebend herauszukommen. Er schwor, mit dem Trinken aufzuhören, mit dem Fluchen, mit dem Rauchen – nein, halt, er rauchte ja gar nicht. Aber ihm fiel auf die Schnelle nichts ein, was er noch in die Waagschale hätte werfen können, um sein unbedeutendes jämmerliches Leben zu retten. Sollte er mit heiler Haut davonkommen, würde er so etwas nie wieder tun. Nie wieder würde er sich vom Pfad der Tugend entfernen. Nie wieder würde er ein Gesetz missachten. Das schwor er bei Gott. Nein, besser nicht. Er hatte den alten Knaben da oben schon genug gereizt. Und für Reue war es eh zu spät.

Wieder kam Wind auf, raschelte im Gras um ihn herum und klatschte ihm die Regentropfen unbarmherzig ins Gesicht. Er schniefte. Hörte er da nicht Schritte? Ganz dicht hinter ihm?

Er fuhr herum. Nahm eine Bewegung war. Ein dürrer Kerl

mit zotteligen Haaren, der scheinbar aus dem Nichts aufgetaucht war, lange knochige Finger, die nach ihm griffen – er atmete auf. Es war nur eine verkrüppelte Birke, die ihm müde ihre kahlen, kümmerlichen Zweige entgegenstreckte.

Er seufzte, stolperte und schlug der Länge nach in totes, knorriges Heidekraut. Welke Triebe kratzten über sein Gesicht.

Er hatte sich die Hölle weiß Gott anders vorgestellt. Nicht so kalt. Nicht so dunkel. Und nicht so nass.

Nicht so wie Irland.

Er hätte sich nicht mit dem Polizisten anlegen sollen.

1. Ballyshannon

Dabei hatte alles so harmlos angefangen.

Es war nicht das erste Mal, dass Fin O'Malley an einem Samstagmorgen von Donegal nach Dublin fuhr. Er hätte wissen müssen, dass an Wochenenden ganz Dublin auf den Beinen, und schlimmer noch, auf den Straßen war. Ganz zu schweigen von den Touristenströmen, die jetzt in den ersten warmen Sommertagen die Hauptstadt als Einfallstor zur Insel nutzten.

Wenn es gut lief, dann schaffte er die Strecke normalerweise in knapp vier Stunden. Vorausgesetzt, die Kühe von Farmer Paddy blieben auf der Weide, wo sie hingehörten. Vorausgesetzt, ein Möbelwagen verlor bei Navan nicht die Hälfte seiner Ladung. Und vorausgesetzt, auf der M 50 rund um Dublin war ausnahmsweise mal kein Stau.

An diesem Samstag allerdings schien alles Pech der Welt an seiner Stoßstange zu kleben. Natürlich kam er zu spät zum Essen zu seiner Mutter. Typisch, bemerkte Deirdre, seine Schwester, lapidar. Immerhin hatte er, ganz der pflichtschuldige Sohn, unterwegs an einer Tankstelle Blumen gekauft, auch wenn ihm das erst eingefallen war, als er zwei Meilen vor Bray, dem kleinen Küstenort südlich von Dublin, wo seine Mutter bei seiner Schwester wohnte, von der Autobahn abgebogen war. Deirdre bedachte das bunte einfallslose Gebinde mit jenem verächtlichen Blick, den sie eigens für ihren Bruder reserviert hatte. Es war ihm egal. Seine Mutter freute sich einfach darüber, dass er gekommen war und ein paar Stunden Zeit mitgebracht hatte. Zu wenig, wie Deirdre ihm unmissverständlich klarmachte. Das Thema war nicht neu.

Um von Bray nach Dublin zu kommen, musste er wieder zurück auf die Umgehungsstraße und geriet prompt von einem Stau nach einem Unfall nahezu nahtlos in die abendliche Rushhour. Auch das kannte er nur zu gut. Im Grunde genommen war es nicht weiter schlimm, er hatte es überhaupt nicht eilig, denn der nächste Besuch, der vor ihm lag, versprach weitaus komplizierter zu werden als der übliche Kaffeeklatsch bei seiner Mutter.

Seine Laune war kurz davor, einen historischen Tiefpunkt zu erreichen, als er den Wagen vor Susans Haus parkte. Genaugenommen war es Matthews Haus, in das Susan, seine Ex-Frau in spe, samt der gemeinsamen Tochter Lily vor einem Vierteljahr eingezogen war. Matthew Clarke, der neue Kerl in Susans Leben. Bisher hatte Fin es vermieden, ihm über den Weg zu laufen, aber er musste mit Susan reden und sei es in der Höhle des Löwen. Nein, dieses Mal ging es ausnahmsweise nicht um Geld. Susan erwartete zwar, dass er sie schon wegen Lily finanziell unterstützte, sie wusste aber auch, dass Fin keinen müden Cent auf der hohen Kante hatte. Für sie ging es eher ums Prinzip. Geld brauchte sie keins, davon hatte ihr Neuer offenbar genug. Er hatte irgendeinen gutbezahlten Job beim Fernsehen, egal, Fin konnte den Kerl nicht leiden, auch wenn der Mann ihm nie etwas getan hatte. Matthew war in Susans Leben getreten, als zwischen ihr und Fin schon lange Funkstille geherrscht hatte. Ein neuer Mann, damit kam er mittlerweile klar, aber die Vorstellung, dass dieser Mann nun im Leben seiner Tochter so was wie eine Vaterrolle einnehmen würde, das konnte und wollte Fin nicht akzeptieren.

Dieser Gedanke war nur einer der Gründe für Fins schlechte Laune, als er auf den Klingelknopf drückte. Eigentlich war er gekommen, um Abbitte zu leisten, ein Gang, der ihm ebenso schwerfiel wie das Eingeständnis, dass er vielleicht nicht ganz unschuldig war an dem, was passiert war, gepaart mit der Ahnung, dass Susan ihm wahrscheinlich nicht zuhören würde.

Er wurde nicht enttäuscht.

»Ich habe dir schon am Telefon gesagt, mein Entschluss steht fest«, empfing sie ihn an der Tür, »Lily fährt in den Ferien zusammen mit uns in Matthews Haus nach Kinsale. Ende der Diskussion.«

So war Susan. Immer ohne Umschweife zur Sache. Mitunter hatte sie den Charme einer Planierraupe.

»Lily wird sich zu Tode langweilen«, wagte Fin einen vorsichtigen Einwurf, »du kannst einer Fünfzehnjährigen unmöglich zumuten, dass sie –«

»Ach ja? Du glaubst wohl allen Ernstes, in diesem Nest in Donegal findet sie angemesseneren Zeitvertreib?« Susan hielt den Hausflur offenbar für den passenden Ort für diese Diskussion. Sie bat ihn nicht mal in die Küche, geschweige denn ins Wohnzimmer.

»Hör zu, Susan, ich rede ja nur von ein oder zwei Wochen«, versuchte Fin einzulenken.

»Kannst du dir abschminken«, ließ sie ihn abprallen, »ich werde es nicht zulassen, dass du ein weiteres Mal das Leben meiner Tochter aufs Spiel setzt.«

»Deiner Tochter? Lily ist immer noch unsere Tochter! Deine genauso wie meine!«, schnappte er.

»Mit dem feinen Unterschied, dass sie bei mir nicht Gefahr läuft, erschossen zu werden!«, konterte sie.

Eine Tür öffnete sich einen Spalt, vom lautstarken Wortgefecht angelockt steckte Matthew den Kopf heraus. »Alles klar bei euch?«

»Halt dich raus, Matt!«, fauchte Susan.

Matthew hob beschwichtigend die Hände und verzog sich

schleunigst. Er tat gut daran. Er hatte schnell gelernt, dass er sich am besten raushielt, wenn es um Fin ging.

»Susan, sei nicht unfair! Es konnte doch keiner ahnen, dass–«

»Ich hätte es wissen müssen, Finbar! Wo du bist, ist Ärger vorprogrammiert!«, giftete sie.

Zugegeben, Fettnäpfchen jeder Art übten eine magische Anziehungskraft auf Fin aus, und wo andere kein Glück hatten, da kam bei ihm noch Pech dazu. Aber man konnte ihn nun wirklich nicht verantwortlich machen, wenn ein offenbar Geistesgestörter sich ausgerechnet den entlegensten Winkel Irlands aussuchte, um sein Unwesen zu treiben, und Fin und seine Tochter in ein perfide inszeniertes Schauspiel hineinzog. In einem Punkt hatte Susan recht, er hätte besser auf Lily aufpassen müssen, er hatte sie in Gefahr gebracht, aber doch nicht mit Absicht. Es war alles bloß eine Verkettung unglücklicher Umstände gewesen, an denen er keine Schuld trug. Naja, fast keine. Egal, am Ende war die Geschichte glimpflich ausgegangen. Nie im Leben hätte Fin zugelassen, dass jemand Lily auch nur ein Haar krümmte, das musste doch auch Susan einsehen. In seinen Augen war Dublin ein viel gefährlicheres Pflaster für ein junges Mädchen, das wusste er nur zu gut aus seinen früheren Erfahrungen als Polizist. In der Stadt konnten ihr tagtäglich viel schlimmere Dinge zustoßen, an die er im Einzelnen lieber gar nicht denken wollte. Drogen gehörten da noch zu den harmloseren Gefahren.

»Verdammt, Susan, das kannst du Lily nicht antun«, versuchte er es aufs Neue, »du weißt, wie sehr sie sich drauf gefreut hat, in den Ferien nach Foley zu kommen.«

»Kommt nicht in Frage!« Sie verschränkte die Arme vor der Brust, als müsse sie ein Ausrufezeichen setzen. »Nein – und das ist mein letztes Wort!«

Sie warf ihre langen Haare in den Nacken, schob ihr Kinn nach vorne und sah ihn herausfordernd an. Das tat sie immer, wenn sie ihren Standpunkt verteidigte. Besonders Fin gegenüber. Lily hatte diese Geste von ihrer Mutter übernommen.

Susans lange dunkelblonde Haare. Sie waren das Erste, in das er sich als Teenager auf der Stelle verliebt hatte. Sie hatte sie nie abgeschnitten, und wie oft hatten seine Hände in all den Jahren durch diese Haare gestrichen. Aber das war vorbei.

»Herrgott noch mal, Susan! Das Mädchen ist alt genug, lass sie doch selbst entscheiden!«, reagierte er verärgert.

»Wann Lily alt genug ist, entscheide immer noch ich!«

»Wo ist sie überhaupt? Hast du sie weggesperrt?«

»Sei nicht albern. Sie ist mit dem Hund raus.«

Der Hund. Noch so ein Reizwort. Von ihren letzten Ferien bei Fin war Lily nicht alleine zurückgekehrt, sondern in Begleitung von Pebbles, einer weißen Schäferhündin. Haustiere waren nie ein Thema gewesen, als sie noch eine Familie waren, weder Susan noch Fin hatten viel für haarige Begleiter auf vier Pfoten übrig gehabt. Aber Pebbles hatte mit ihrer stürmischen Art alle Vorbehalte hinweggefegt und auch Susans Herz im Handstreich erobert, auch wenn sie das in Fins Gegenwart nie offen zugeben würde. Stattdessen behauptete sie zähneknirschend, den Hund nur deshalb zu akzeptieren, weil Lily ihn so abgöttisch liebte. Über ihren Schatten springen gehörte definitiv nicht zu Susans Lieblingssport.

»Ich bin immer noch ihr Vater«, startete er eine neue Offensive, »dieser Matthew braucht sich gar nicht einzubilden–«

»Lass Matthew aus dem Spiel! Der hat überhaupt nichts damit zu tun!«

»Verflucht noch mal, Susan! Wenn du unbedingt jemanden bestrafen willst, dann mich, aber nicht Lily!«

»Mein Entschluss steht fest.« Susan schaltete auf stur. »Und hör auf zu fluchen. Du weißt, dass ich das nicht leiden kann. Oder ist das der Umgangston deiner neuen Freunde?«

»Blödsinn!«

»Seitdem du in diesem Piratennest lebst, hast du dich sehr verändert, Finbar O'Malley!«, stellte Susan schnippisch fest. »Nur eins ist immer noch wie früher. Du bist und bleibst ein Versager!«

Ein Versager. Das hörte er nicht zum ersten Mal, aber es tat immer wieder aufs Neue weh. In mancherlei Hinsicht mochte Susan vielleicht sogar recht haben. Aber er war immer noch ein guter Vater.

Nach dem Rausschmiss bei Susan blieb er noch eine Weile im Auto sitzen in der vagen Hoffnung, seine Tochter noch abzupassen, aber sie war wohl unterwegs irgendwo hängengeblieben, hatte eine Freundin getroffen, war aufgehalten worden.

Nein, es war wirklich nicht sein Tag. Da half es auch nichts, dass das nächste Pub gerade mal hundert Meter um die Ecke lag. Der Laden war voll, Samstagabend eben, aber niemand da, den er kannte. Es war nicht sein Viertel. Und das war ihm ganz recht. So konnte er in Ruhe an der Theke sitzen und über ein, zwei Bier vor sich hinbrüten. Das hatte er in letzter Zeit viel zu oft getan, und meist war es nicht bei den ein, zwei Bier geblieben. Gründe gab es genug. Kein Job, kein Geld. Sogar das Auto, das er fuhr, gehörte ihm nicht, der Landrover war nur geliehen. Er hatte nicht mal ein richtiges Zuhause. Ein Zimmer über einem Dorfpub, in dem er gegen freie Kost und Logis aushalf. Echte Perspektiven sahen anders aus. Aber wenigstens gab es dort Menschen, die nicht ständig auf ihm rumhackten oder ihm für alles die Schuld in die Schuhe schoben.

Und so kam es, dass sich Fin O'Malley kurz nach Mitternacht entschloss, Dublin den Rücken zu kehren und nach Donegal zurückzufahren. Er hätte auch bei seiner Schwester in Bray übernachten können, aber er wollte niemanden aus dem Bett klingeln und sich vor allem Deirdres Vorhaltungen ersparen, wenn er angetrunken auf ihrer Türschwelle auftauchte. Nein, angetrunken war er eigentlich nicht. Fünf Bier und fünf

Whisky waren für Fin kein Grund, sich nicht hinters Steuer zu setzen und die ganze Strecke nach Foley zurück zu kurven.

Bis hierhin war es ein ganz gewöhnlicher Samstag gewesen und nichts deutete darauf hin, dass Fins ohnehin schon chaotisches Leben bald noch ein klein wenig mehr aus dem Ruder laufen würde.

Er schaffte es gerade bis nach Donegal. An der ersten Straßenkreuzung hinter Ballyshannon winkten sie ihn heraus.

Wieso ausgerechnet ihn?

Es war halb vier. Und sie waren zu zweit. »Habt ihr Penner kein Zuhause oder warum lungert ihr nachts auf der Straße herum?« Der denkbar schlechteste Einstieg für ein nettes Gespräch mit einem Streifenpolizisten.

Der Gardai blieb freundlich. »Haben Sie was getrunken, Sir?«

»Geht dich das was an?« Eindeutig die falsche Antwort. Fin spuckte sie trotzdem aus.

»Darf ich bitte mal Ihre Papiere sehen?« Der Ton wurde kaum wahrnehmbar schärfer. »Und steigen Sie bitte aus.«

»Du lieber Gott, macht hier jetzt nicht so'n Affentheater! Ein paar Bier, okay. Vielleicht eins zu viel. Höchstens eins!«

»Steigen Sie bitte aus.« Der Polizist war unerbittlich.

Fin ergab sich in sein Schicksal und kletterte mit sichtlicher Mühe aus dem Wagen. Er konnte sich gar nicht erinnern, dass der Landrover so hoch war. Er musste sich an der Wagentür festhalten.

»Wären Sie mit einem Alkoholtest einverstanden?« Das Stichwort rief seinen Kollegen auf den Plan, der mit den notwendigen Utensilien neben ihm Aufstellung bezog.

»Was soll die dämliche Frage? Nein, natürlich nicht«, äffte Fin.

»Alternativ könnten wir Ihnen auch etwas Blut abnehmen, Sir, dazu müssten Sie uns allerdings zur Station begleiten.« Der

Gardai blieb noch immer auffallend gelassen. Wahrscheinlich hatte er sich heute schon ganz andere Typen als Fin zur Brust genommen.

»Hört mal, ihr Pappnasen, ihr könnt euch euern Ako..., euern Allo.., also euern Test sonst wohin schieben«, stieß Fin aus, »ich setze mich jetzt in mein Auto, fahre nach Hause und wir vergessen das Ganze, ja?«

»Mit Verlaub, Sir, ich schätze, Sie fahren heute nirgendwo mehr hin«, erwiderte der Polizist, »und so wie's aussieht, in nächster Zeit wohl auch nicht.«

»Ich denke, der Führerschein ist erstmal weg, von 'ner hübschen Geldstrafe ganz zu schweigen«, ergänzte sein Kollege mit schlecht verhohlener Schadenfreude.

Da war er bei Fin an der richtigen Adresse. »Seid ihr übergeschnappt? Früher hat man Wegelagerer wie euch an den nächsten Baum geknüpft!« Er hatte keine Ahnung, was in ihn gefahren war. Alles, was sich den Tag über aufgestaut hatte, wollte plötzlich raus. Irgendwo in seinem Hinterkopf warnte ihn eine leise Stimme, dass das nicht gut ausgehen würde. Er ignorierte sie. »Ihr könnt mich mal kreuzweise, ihr dämlichen Schießbudenfiguren!«

Er sagte noch ganz andere Dinge, an die er sich später nicht mehr erinnerte. ›Blöde Wichser‹ und ›Bogtrotter‹ zählten da noch zu den harmloseren Freundlichkeiten, die sich die beiden Polizeibeamten eifrig notierten.

Der Rest der Geschichte ist schnell erzählt.

Nachdem er sich weigerte, seinen Führerschein rauszurücken, wurde Fin kurzerhand festgenommen. Auch dieser Akt verlief nicht ohne erhebliche Gegenwehr seinerseits, so dass am Ende zu einer Anklage wegen Trunkenheit am Steuer noch Beleidigung und Widerstand gegen die Staatsgewalt hinzukamen.

Einen Monat später musste sich Fin O'Malley vor dem District Court verantworten und versuchte sich mit schuldbewusster

Miene in der Rolle des zerknirschten Übeltäters. Er rechnete fest mit einer saftigen Geldstrafe. Wenn es ganz schlecht lief, dann war er den Führerschein wohl für ein paar Wochen los.

Aber es kam schlimmer.

Richter Samuel Hogan war bekannt für seine ungewöhnlich kreative Urteilsfindung, und er hatte sich auch dieses Mal etwas einfallen lassen.

Führerscheinentzug für zwei Monate.

Fin seufzte ergeben.

Eintausendfünfhundert Euro Geldstrafe.

Er hatte keinen Schimmer, wie er die zusammenkratzen sollte.

»Und außerdem verdonnere ich Sie dazu, innerhalb der nächsten drei Monate eine Pilgerwanderung auf den Croagh Patrick zu absolvieren, damit Sie Gelegenheit haben, über Ihr Verhalten nachzudenken. Sehen Sie es als ein Zeichen des Respekts gegenüber Ihren Mitbürgern, besonders jenen, die im Dienste der Öffentlichkeit stehen.«

Fin glaubte, sich verhört zu haben. »Sir, das kann nicht Ihr Ernst sein! Euer Ehren, das können Sie nicht machen!«

»Halten Sie lieber die Klappe«, raunte eine wohlmeinende Stimme aus dem Hintergrund, »sonst überlegt er sich's anders und lässt Sie die ganze Strecke barfuß laufen.«

2. Croagh Patrick

Der Septembertag war sonnig und mild, ideale Voraussetzung, ihn unter freiem Himmel zu verbringen. Wenn man denn ein Faible für die wilde unberührte Natur hatte. Wild mochte die Natur rund um den Croagh Patrick ja sein, aber unberührt war sie schon lange nicht mehr, als Fin kurz nach Mittag auf dem Parkplatz unterhalb des Berges aus dem Auto stieg. Schon seit der Steinzeit waren Menschen einem unerklärlichen Bedürfnis gefolgt, diesen erhabenen Berg zu erklimmen, aber erst seit im fünften Jahrhundert der Heilige Patrick auf dem Gipfel gefastet und der Legende nach alle Schlangen aus Irland vertrieben hatte, war der Berg zu einer festen Größe im Kalender christlicher Pilger geworden. Wobei Größe relativ war. Gerade mal 760 Meter hoch erhob sich die markante Landmarke aus Stein direkt neben der Clew Bay über den Atlantik. Aber nichts, was selbst eine erklärte Couch Potato wie Fin O'Malley schrecken konnte.

Mit Grausen erinnerte er sich an all die Wochenenden, die er als Kind zusammen mit seinen Eltern und Geschwistern in den Wicklow Mountains verbracht hatte. Fast jeden Samstag, wenn andere Jungs mit ihren Vätern zum Hurling gingen, wurden Sandwiches geschmiert und Rucksäcke gepackt, schwere klobige Schuhe geschnürt und Kinder in dicke Pullover gesteckt, in denen sie sich kaum bewegen konnten. Bei jedem Wetter ging es über matschige Feldwege, wurden windige

Hochmoore erkundet und verdutzte Schafe über nasse Wiesen gescheucht, während der Vater mit dem Fernglas Bussarde und Falken beobachtete.

Fin hatte es gehasst.

Apropos Fernglas.

Am Ende des Parkplatzes standen zwei Männer um ein Stativ herum und beobachteten etwas durch ein enormes Fernglas, das auf den Berg gerichtet war. Sie sahen aus wie Ranger aus den Rocky Mountains, trugen wind- und wetterfeste Kleidung und gelbe Sicherheitswesten mit der Aufschrift *Mayo Mountain Rescue Team.*

»Ist irgendwas passiert?«, erkundigte sich Fin neugierig.

Beide schauten auf. »Nö, wir sind jeden Tag hier.«

»Zur Sicherheit«, ergänzte der andere, »man kann nie wissen.«

»Ist das denn nötig?«

Sie beäugten Fins Wanderausrüstung mit vielsagenden Blicken. Jeans, T-Shirt, Flanellhemd und Turnschuhe. Aber ehe einer etwas erwidern konnte, klopfte Fin beruhigend auf seinen kleinen Tagesrucksack. »Keine Sorge, Jungs, hab' alles dabei, was ich brauche.«

»Mr. O'Malley? Finbar O'Malley?«

Fin drehte sich zu der Stimme um und erblickte eine kleine stämmige Frau Anfang dreißig, die in ihrem altmodischen mausfarbenen Tweed-Kostüm ziemlich deplatziert wirkte. Der festsitzende Helm aus kinnlangem braunen Haar passte zur Kleidung, nicht aber zu der jungen Frau.

»Shauna Adams vom *Sligo Express.*« Sie drückte ihm eine Visitenkarte in die Hand.

Nein, viel passierte wahrhaftig nicht hier im Westen Irlands. Fins Auftritt vor Gericht mitsamt dem ungewöhnlichen Urteilsspruch war sogar der Presse nicht entgangen und eine schmale Spalte im Lokalteil der örtlichen Zeitungen wert gewesen. Eine Publicity, auf die Fin gerne verzichtet hätte. Er hatte geglaubt, er hätte die Buße für seine Sünden lange genug hinausgezögert, aber offenbar nicht lange genug, um in Vergessenheit zu geraten. Letzte Woche hatte er ein Schreiben vom Gericht in seinem Briefkasten gefunden, das ihn unter Androhung nicht näher benannter Konsequenzen an die Erfüllung der ihm auferlegten Strafe erinnerte. Fin hatte umgehend zugesagt, die Kletterpartie in Angriff zu nehmen. Wie auch immer, die Presse hatte Wind davon bekommen.

»Ich hätt' gern ein Interview. Hab' schon auf Sie gewartet.« So wie es aussah, schon eine ganze Weile, wenn die Zigarettenkippen, die auf dem Parkplatz um sie herum verstreut lagen, alle von ihr stammten. Eigentlich sah sie nicht aus wie jemand, der sich im feinen Zwirn auf Wanderparkplätzen herumtrieb und sich die polierten Lacklederschuhe schmutzig machte. Eher wie eine Klatschkolumnistin, die dem Tratsch auf den Gesellschaftsseiten hinterherjagte.

»Moment mal ...« Fin blickte auf das bedruckte Pappkärtchen in seiner Hand und filterte seine Gedanken, »sind Sie etwa *die* Shauna Adams, die–«

»Ja und? Ist das ein Problem für Sie?«, fuhr sie ihn unfreundlich an. »Ich hab' mich jedenfalls nicht um den Job gerissen, wenn Sie's genau wissen wollen.«

Shauna Adams, bekannte Kulturjournalistin aus Dublin. Vor einem halben Jahr hatte sie in einer Theaterkritik in der *Irish Times* mächtig vom Leder gezogen, Irland als ein Land der toten Dichter bezeichnet, James Joyce als maßlos überbewertet hingestellt und bei dieser Gelegenheit seinen Jahrhundertroman *Ulysses* als unlesbar in Stücke gerissen. Ein Affront ohnegleichen, auch wenn ihr insgeheim viele Leser beigepflichtet hatten. Der verantwortliche Redakteur war leider von der konservativen Fraktion und Shauna Adams ihren Job los gewesen. Jetzt hatte es sie also in die Provinz verschlagen. Fin ahnte es. Strafversetzt. Ja, das kannte er nur zu gut.

»Ein Foto brauche ich auch noch«, verkündete sie wenig enthusiastisch und wedelte mit einer kleinen Digitalkamera vor seiner Nase herum.

»Aber ohne mich«, reagierte Fin ungnädig und versenkte die Visitenkarte in seiner Hosentasche.

Sie ignorierte die Abfuhr. »Aber erst wenn sie wieder unten sind. Ein erschöpfter reuiger Sünder macht sich nun mal besser. Außerdem wollen die Leser wissen, ob die Strafe gewirkt hat und Sie ein besserer Mensch geworden sind.« Ihre Stimme war nicht ganz frei von Ironie.

»Vergessen Sie's.«

»Hören Sie, Mr. O'Malley, ich hab' heut' noch einen anderen Termin«, sie sah ungeduldig auf ihre Uhr, »tun Sie mir den Gefallen und versuchen Sie, vor Einbruch der Nacht wieder unten zu sein.«

»Keine Angst, ich hab' nicht vor, da oben zu übernachten«, erwiderte Fin betont pampig und ließ sie stehen. Diese blöde Kuh hatte ihm gerade noch gefehlt.

Mit festem Schritt marschierte er seinem Ziel entgegen. Vorbei am Visitor Center mit seinem Café und dem unvermeidlichen Souvenirladen. Vorbei an der Statue des Heiligen Patrick, der aufmunternd von seinem Sockel herablächelte und segnend die Hand über sein Vorhaben hielt. Und vorbei an einer Warntafel, die mit großen Buchstaben eindringlich darauf hinwies, unbedingt auf dem Weg zu bleiben. Nichts anderes hatte Fin im Sinn. Der Pfad war breit und ähnelte am Anfang eher einem ausgetrockneten Flussbett, die Möglichkeit, sich unterwegs zu verirren, war gleich null, was Fin sehr entgegenkam.

Außerdem war er nicht der Einzige, der sich für heute etwas vorgenommen hatte. Familien mit Kindern hatten sich auf Pilgerschaft begeben ebenso wie rüstige Rentner und Hardcore Hiker, von Kopf bis Fuß in neonfarbene

Hightech-Funktionskleidung gehüllt. Einer versuchte allen Ernstes, dem Berg mit einem Mountainbike zu Leibe zu rücken.

Zwei Stunden Fußmarsch lagen vor ihm, hatte man ihm gesagt, runter würde es wohl schneller gehen, schätzte Fin. Alles halb so wild. Den Aufmarsch der Bergwacht hielt er für maßlos übertrieben. Der wahre Pilger ging ohnehin barfuß. Und schleppten sie nicht sogar Babys und Rollstühle zum Gipfel hinauf?

Doch schon nach einer Stunde war er völlig außer Puste. Nicht mal die Hälfte der Strecke hatte er bewältigt. Und der Pfad wurde zusehends steiler. Immer wieder musste er stehen bleiben, um zu verschnaufen, musste andere Wanderer vorbeiziehen lassen, die sich ihre Kräfte ganz offensichtlich besser eingeteilt hatten als er. Und so dauerte es fast zwei Stunden, bis er etwa auf der Hälfte des Berges an der ersten Pilgerstation ankam, einem großen Haufen aufgetürmter Steine, der von eifrigen Pilgern ein ums andere Mal umrundet wurde. Manche murmelten kaum hörbare Gebete, andere vollzogen das Ritual schweigend mit in sich gekehrter Miene.

Fin hielt sich etwas abseits, ließ sich erschöpft ins spärliche Gras fallen und öffnete seinen Rucksack. Er leerte fast die ganze Wasserflasche in einem Zug, vernichtete zwei Schokoriegel und ärgerte sich, dass er nur einen verschrumpelten Apfel als Proviant mitgenommen hatte. Ein leckeres Sandwich mit Schinken und Käse wäre ihm jetzt lieber gewesen.

Er blieb noch eine Weile sitzen, fragte sich sogar, ob es vielleicht helfen würde, ebenfalls diesen Steinhaufen zu umrunden und um göttlichen Beistand zu bitten, verwarf den Gedanken aber schnell wieder. Für solchen Kinderkram hatte er keine Zeit, er musste weiter.

Wenn er geglaubt hatte, der erste Teil des Weges sei eine Tortur gewesen, so wurde er eines Besseren belehrt. ›Weg‹ war eine völlig irreführende Bezeichnung für diese Geröllhalde, die sich nun vor ihm auftat. Es war eine Wüste aus losen scharfkantigen Steinen, die sich durch seine Turnschuhe bohrten. Jeder Schritt löste eine kleine Lawine aus, die mit rauem Scheppern talwärts schlitterte. Er rutschte, suchte Halt im steilen Hang und folgte mit neidvollem Blick einer munteren Großmutter, die mit strammen Schritten und ebensolchen Waden den Anstieg scheinbar mühelos mit einem Wanderstab bewältigte.

Eine späte Herbstsonne brannte vom Himmel. Alle paar Meter blieb er stehen und kämpfte mit dem Gedanken aufzugeben. Sich einfach hinzusetzen und nicht mehr aufzustehen. Er trank ein paar Schlucke Wasser und goss den Rest über seinen erhitzten Schädel. Für einen Augenblick empfand er Linderung, aber die Erleichterung hielt nicht lange vor. Der Anstieg wurde stetig steiler und noch war kein Ende abzusehen. Nein, so hatte er sich das ganz und gar nicht vorgestellt.

Fin würde nie verstehen, was Menschen dazu trieb, sich freiwillig einer solchen Schinderei auszusetzen.

Irgendwann stellte sich eine Art Automatismus ein. Sein Körper setzte brav einen Fuß vor den anderen, sein Atem passte sich dem Rhythmus an. Sein Blick klebte an dem grauen Geröll vor seiner Nase. Die Richtung war klar. Nach oben. Sein Hirn hatte auf Leerlauf geschaltet, nur ein einziger einsamer Gedanke rotierte still vor sich hin wie ein Mantra. Ankommen. Egal wie. Und sei es auf allen vieren.

Plötzlich frischte der Wind auf. Das Terrain wurde allmählich flacher, über die scharfkantige Linie des Horizonts schoben sich die weißgetünchten Mauern einer Kapelle.

Er hatte es geschafft.

Der Anblick des Gipfels beschleunigte seine Schritte, er stolperte auf das kahle Plateau und ließ sich auf die Knie plumpsen, was er umgehend bereute, als sich die spitzen Steine in seine Kniescheiben bohrten. Aber er hatte keine Kraft mehr zum Aufstehen. Er riss sich den Rucksack vom Rücken, schleuderte ihn von sich, fiel in sich zusammen und stöhnte befreit auf, was ihm argwöhnische Blicke anderer Gipfelstürmer eintrug. Egal, sollten sie doch glauben, er sei den ganzen Weg auf Knien heraufgerobbt.

Er verharrte eine gefühlte Ewigkeit in dieser Haltung, bis er wieder einen halbwegs klaren Gedanken geradeaus denken konnte. All seine Knochen taten weh, als er sich aufrichtete, Knochen, von denen er gar nicht wusste, dass er sie hatte. Ein kühler Wind wehte ihm ins Gesicht und weckte die totgeglaubten Lebensgeister.

Foto.

Das war das erste Wort, das ihm durch den Kopf schoss. Er brauchte einen Beweis, dass er wirklich und leibhaftig auf dem Gipfel gewesen war. Er hatte keinen Fotoapparat, aber ein Handy. Ein funkelnagelneues noch dazu, zu dem Lily und ihr Freund Diarmuid ihm verholfen hatten. Die beiden hatten in solchen Dingen entschieden mehr Ahnung als er, das musste er neidlos eingestehen. Während er seinen Rucksack durchforstete, fragte er sich, wen er um den Gefallen bitten konnte, ein Foto vom Vollzug seiner Strafarbeit zu machen. Er sah nur drei oder vier Pilger, die mit Wanderstöcken bewaffnet und stoischen Schrittes pflichtgemäß Runde um Runde um die kleine Kapelle drehten, den Blick entrückt, ein tonloses Gebet auf den Lippen. So jemanden konnte er unmöglich stören.

Er wühlte tiefer in seinem Rucksack. Er konnte sein Handy nicht finden. Prüfend tastete er seine Kleidung ab, vielleicht hatte er es in die Hosentasche gesteckt. Die Dinger waren ja so winzig heutzutage, die konnte man schon mal übersehen.

Er hielt inne. Ihm war plötzlich eingefallen, wo sein Handy abgeblieben war. Zu Hause. Auf dem Tisch neben seinem Bett.

Er seufzte. Er fluchte.

Nein, daran sollte es jetzt nicht scheitern. Irgendjemand hier oben würde so ein gottverdammtes Handy haben und ein Bild von ihm machen, und wenn er ihn dazu aus dem fernsten Nirwana zurückholen musste!

Er kämpfte sich auf die Beine, schwankte und steuerte die Kapelle an.

Als er um die Ecke der Westseite bog, blieb er stehen. Er hatte die Aussicht noch keines Blickes gewürdigt. Und das hatte sie nicht verdient. Das Wasser des Atlantiks reflektierte einen fast wolkenlosen blauen Himmel, nur fern über dem Horizont reihten sich ein paar kleine Wattebausche wie Perlen auf einer Kette. Die ganze Clew Bay lag zu seinen Füßen, unzählige kleine Inseln, manche nicht größer als ein Felsbrocken. Winzige Möwen trieben über der Wasseroberfläche, eskortierten einen Fischkutter, der gemächlich seine Bahn durch die Bucht zog.

Fin hatte mit einem Mal den Geschmack von geräuchertem Lachs auf der Zunge und wusste, was er sich zum Abendessen gönnen würde. Er sollte sich beeilen. Er warf einen Blick ins Innere der Kapelle, sie war leer, aber direkt neben dem Eingang lag ein riesiges aufgeklapptes Buch, in das Besucher ihre Namen und ihre hoffentlich geistreichen Gedanken niederschreiben konnten. Fin nahm kurzerhand den Stift, verewigte sich direkt unter ›Margret und David waren hier‹ und trug das Datum und die Uhrzeit ein. Das sollte doch genügen als Beweis, oder?

Und schon fühlte er sich besser. Er setzte sich auf einen der wenigen Stühle vor dem Altar und zog die Schuhe von den schmerzenden Füßen. Wie erwartet hatte er sich ein paar handfeste Blasen gelaufen. Nein, seine Wanderausrüstung hatte den Namen wirklich nicht verdient. Ein Pflaster hatte er natürlich auch nicht dabei, aber allein das Gefühl, ohne Schuhe und Strümpfe einfach nur ein Weilchen dazusitzen, verschaffte ihm ein unfassbares Glücksgefühl. Es hätte nicht viel gefehlt und er wäre auf der Stelle eingeschlafen.

Shauna Adams fiel ihm wieder ein. Natürlich würde sie von

ihm ein Foto machen, wenn er müde und abgekämpft unten ankam. Dann hätte er doch seinen Beweis. Wozu sich also unnötige Gedanken machen? Aber er wollte dieser blöden Schnepfe nicht erneut in die Arme laufen. Ob sie ihre Drohung wahr machte und tatsächlich am Fuß des Berges auf ihn wartete? Er sah auf die Uhr, der Aufstieg hatte ihn eine Menge Zeit gekostet, viel mehr als er ausgerechnet hatte. Wahrscheinlich war sie schon längst nach Hause gefahren.

Aber Fin wollte nichts riskieren. Es musste noch einen anderen Weg hinunter geben als diese höllische Schotterpiste. Er würde einfach auf der anderen Seite hinunterlaufen, dann querfeldein den Berg umrunden und von hinten den Parkplatz ansteuern. Falls sie auf ihn wartete, konnte er sich ja zu seinem Wagen schleichen und ihr im Wegfahren eine lange Nase drehen.

Ein guter Plan. Er blieb noch eine Weile sitzen, gönnte seinen geschundenen Füßen Erholung, ehe er sich schließlich wieder aufmachte und die Kapelle verließ.

Er staunte nicht schlecht, als er in eine milchigweiße Wand aus dichtem Nebel trat. Er hatte zwar gehört, dass das Wetter am Croagh Patrick mitunter tückisch sein konnte, aber einen solchen Wetterumschwung hatte er noch nie erlebt. Die Sicht reichte nicht mal einen Meter weit. Vielleicht sollte er lieber warten, bis es wieder aufklarte. Aber das konnte unter Umständen dauern. Am Ende musste er wirklich auf dem Gipfel übernachten. Ratlos blieb er im Eingang der Kapelle stehen und versuchte, irgendetwas zu erkennen. Zwei Gestalten in langen Regencapes verschwanden mit schnellen Schritten im Nichts, dann schien er allein auf dem Gipfel. Er nahm an, dass die beiden den direkten Weg nach unten einschlugen, also sollte er für seinen Abstieg die entgegengesetzte Richtung wählen.

Er lief los.

Schon nach wenigen Metern hatten Nebelschwaden die Kapelle hinter ihm verschluckt. Es ging abwärts, was nicht weiter verwunderlich war, aber das Gelände war weniger steil. Fin wählte seine Schritte mit Bedacht, statt mit tückischem Geröll hatte er es mit unwegsamem Heidekraut zu tun. Ab und zu schimmerte der Horizont durch die weißgrauen Schleier.

Feine Nebeltröpfchen setzten sich auf seine Kleidung, es dauerte nicht lange, bis sein Hemd unangenehm feucht war, die Jeans klebte an seinen Beinen.

Je tiefer er kam, desto mehr lichtete sich der Nebel, aber heller wurde es nicht. Im Gegenteil. Vom Meer zogen Regenwolken heran, dunkel, schwer und so tief, dass man glaubte, sie greifen zu können. Ehe er sich versah, hatte der Himmel alle Schleusen geöffnet, binnen Minuten war er nass bis auf die Knochen. Nicht im Traum wäre er heute Morgen auf die Idee gekommen, eine Regenjacke mitzunehmen.

Er schob den triefendnassen Hemdsärmel zurück und schaute auf die Uhr. Fast acht. Wo war bloß die verdammte Zeit geblieben? Nicht mal die Hälfte des Abstiegs hatte er hinter sich, zudem hatte er das untrügliche Gefühl, wieder bergauf zu laufen. Er änderte die Richtung, bis es wieder eben wurde. Er beeilte sich, machte lange Schritte, wo es möglich war, aber trotz der Hast fror er in seinen nassen Sachen.

Es wurde immer dunkler. Irgendwo da hinten musste das Meer sein, ein hauchdünner Silberstreif über dem Horizont verriet, wohin die Sonne verschwunden war. Dorthin musste er sich orientieren. Er kämpfte sich durch harte struppige Gräser und stakte über uraltes knorriges Heidekraut, das vermutlich schon zu Saint Patricks Zeiten geblüht hatte.

Den steilen Abhang sah er nicht. Er rutschte auf dem nassen Gras, stolperte blind in die Dunkelheit hinein und stürzte, rollte ein paar Meter bergab, bis ein Fels seine Fahrt unsanft beendete. Er stöhnte gequält. Morgen würde ihn eine ganze Invasion von blauen Flecken heimsuchen.

Vorsichtig rappelte er sich wieder auf, ordnete Arme und Beine und sah sich um. Er hatte seinen Rucksack verloren. Suchend tastete er sich durch Gestrüpp und spitze Disteln. Keine Ahnung, wo das blöde Ding geblieben war. Irgendwann war auch das egal. Er musste weg hier. Er musste ins Warme. Ins Trockene. Er musste weiter.

Es gab nichts mehr, woran er sich orientieren konnte. Mit kleinen Schritten bewegte er sich durch die Finsternis. Wenigstens hatte er jetzt das Gefühl, über ebenen Grund zu laufen. Er musste das Tal erreicht haben. Das Meer lag rechts von ihm. Es konnte nicht mehr weit sein.

Ein Zaun war im Weg. Das war gut. Ein Zaun bedeutete Weideland, vielleicht eine Farm. Ein Dach über dem Kopf.

Fin kletterte über rostigen Stacheldraht und zerriss seine Jeans. Auch das war ihm letztendlich egal. Wenn er nur irgendwie nach Hause kam. An Shauna Adams dachte er schon lange nicht mehr.

Der Boden war aufgeweicht, das Vorwärtskommen mühsam. Er stieß auf eine Mauer, lief ein Stück an ihr entlang, ehe er merkte, dass sie ihn in die falsche Richtung führte. Er fluchte. Warum, zum Teufel, hatte er dieses vermaledeite Handy zu Hause liegen lassen!

Er erklomm die Mauer und polterte mit Moos und losen Steinen auf die andere Seite, wo ein schlammiger Graben seinen Fall dämpfte. Begleitet von einem Schwall übelster Verwünschungen kämpfte er sich wieder heraus. Auf mehr oder weniger nass kam es jetzt auch nicht mehr an.

In welcher Richtung lag jetzt dieser gottverdammte Atlantik?

Auf gut Glück stolperte er in die Nacht. Ihm war schwindelig, sein Kreislauf gaukelte ihm kleine Sternchen vor. Er hatte Hunger, vor allem aber Durst. Irgendwann materialisierte sich eine Flasche vor seinem geistigen Auge. Nein, kein Whisky. Ordinäres Wasser. Gierig schleckte er die Regentropfen von seinen Lippen. War es möglich, in einem Land wie Irland zu verdursten?

Die Füße taten weh, jeder einzelne Schritt kostete Überwindung. Die Versuchung war groß, einfach stehen zu bleiben, sich hinzusetzen und auf den Morgen zu warten.

War das ein Licht dort in der Ferne? Ein Haus? Eine Farm? Eine Straßenlampe? Bewegte es sich? Ein Autoscheinwerfer, der durch die Nacht geisterte? Oder bloß einer von ungezählten Wunschgedanken?

Er hielt darauf zu. Hoffnung keimte auf. Er fühlte, es war nicht mehr weit. Er konnte das Meer riechen, glaubte förmlich hineinfassen zu können.

Er mobilisierte seine letzten Kräfte, zwängte sich durch eine Hecke widerspenstiger Fuchsien, die ihn partout nicht durchlassen wollten. Und landete auf einer Straße.

Nein, die Küstenstraße nach Westport war es nicht, so viel konnte er immerhin erkennen. Das brüchige, grasbewachsene Asphaltband war viel zu schmal. Aber es war eine Straße, und Straßen führten immer irgendwohin.

Es war finster und totenstill bis auf das leise Plätschern des Regenwassers im Straßengraben. Am Wegrand lag etwas Helles, das dort nicht hingehörte. Ein toter Dachs. Vermutlich überfahren. Fin bückte sich und berührte zaghaft das nasse borstige Fell. Der Kadaver war noch warm.

Es war makaber. Aber der Anblick dieses verlorenen Lebens gab ihm Hoffnung. Die Straße war befahren.

Aber wer war zu dieser nachtschlafenden Zeit noch unterwegs?

Er folgte der Straße ein Stück, bis er feststellte, dass sie ihn nicht zum Meer führte. Sollte er lieber hier bleiben und auf ein Auto warten? Unschlüssig trat er von einem Fuß auf den anderen. Das Meer rauschte verheißungsvoll. Vielleicht noch hundert Meter. Vielleicht weniger.

Er schlug sich wieder querfeldein in die feindliche Natur. Nein, er würde jetzt nicht aufgeben. Wenn er erst das Meer gefunden hatte, war alles gut.

Plötzlich eine Bewegung in der Dunkelheit. Etwas raschelte in seinem Rücken. Er schrak zusammen. Glaubte das Wispern leiser Stimmen zu hören. Er machte einen Schritt, stolperte und fiel der Länge nach hin. Blieb liegen. Seufzte erschöpft. Er wurde das Gefühl nicht los, dass kein einziger seiner Knochen noch an seinem angestammten Platz war. Vielleicht sollte er sich einen Moment ausruhen. Regentropfen strichen über sein Gesicht. Wie sanfte Streicheleinheiten von zarten Fingerspitzen. Er könnte glatt einschlafen.

Alle Anspannung fiel von ihm ab. Nein, da waren keine Kobolde hinter ihm her. Es gab überhaupt keine Kobolde. Der Heilige Patrick hatte sie alle aus Irland vertrieben. Oder waren es die Katzen gewesen? Nein, er konnte sich vage an irgendwas mit Schlangen erinnern …

Er horchte auf. Ein Geräusch ganz in seiner Nähe. Ein Tier? Es musste ein ziemlich großes Tier sein, das sich da seinen Weg durchs hohe Gras bahnte. Direkt auf ihn zu.

Ein Mensch?

Shauna Adams!, fuhr es ihm in den Sinn. Sie war hinter ihm her. Sie wollte ihre Story! Ihr Foto!

Er raffte sich auf. Nein, sie würde ihn nicht kriegen. Nicht so kurz vor dem Ziel.

Blindlings taumelte er weiter. Dem Meer entgegen. Hörte schwere Schritte hinter sich, heftiges Schnaufen in seinem Nacken. Bis er merkte, dass es sein eigener Atem war.

Da, endlich! Der Atlantik! Direkt vor ihm!

Er kämpfte sich einen Weg durch nasses Unterholz, bis der sandige Boden unter seinen Füßen nachgab und er eine steile

Böschung hinabkugelte. Er hatte es geschafft. Erlöst lag er auf dem Strand, spürte die feuchten Sandkörner unter seiner Wange und lauschte auf die heranrollenden Wellen der Brandung. Erwartungsvoll hob er den Kopf.

Aber er sah nur ein Paar dreckverkrustete Gummistiefel.

3. Séamus

Es war wie verhext.

Er war ganz oben auf dem Gipfel eines Berges. Er schaute hinunter, sah die Pubs am Fuße des Berges, sah Menschen beisammen stehen und lachen, jeder hatte ein frisches kühles Bier in der Hand. Verheißungsvolle Bratendüfte zogen zu ihm herauf.

Er wollte hinunter, aber er konnte nicht. Unzählige Wege führten talwärts, manche so steil, dass er unterwegs beinahe stürzte. Trotzdem riskierte er es, nur um am Ende jeden Pfades festzustellen, dass er wieder auf dem Gipfel gelandet war.

Er saß hier oben fest. Keine Rettung in Sicht. Der Heilige Patrick hatte vierzig Tage auf dem Berg ausgeharrt und gefastet, das würde er nicht überleben. Er würde verhungern, vorher wohl verdursten.

Lieber Gott, wenn es dich wirklich gibt …

Wann in seinem Leben hatte er zuletzt gebetet? Wahrscheinlich als kleiner Junge. Er wusste nicht mehr, worum er Gott angefleht hatte. Vielleicht um ein Fahrrad? Er konnte sich nicht mehr erinnern.

Aber offenbar erinnerte Gott sich an ihn. Plötzlich hatte er den Geschmack von Hühnersuppe auf der Zunge. Mit Nudeln. Die beste Suppe, die er je gekostet hatte. Dabei war sie nicht mal richtig heiß, eher lauwarm, und genaugenommen schmeckte sie nach Fertigsuppe aus der Dose.

Warum sollte nicht auch Gott bei Tesco einkaufen?

Gott war alt. Uralt. Älter als die Menschheit. Kunststück, schließlich hatte er die Menschen ja erfunden. Aber der Schöpfungsprozess war nicht spurlos an ihm vorbeigegangen. Sein Antlitz hatte etwas Ätherisches, die blassen Wangen eingefallen und von feinen blauen Äderchen durchzogen. Drahtige Bartstoppeln sprenkelten das spitze Kinn. Einen weißen Rauschebart wie auf so vielen Darstellungen, die ihn als gütigen Vater zeigten, hatte er nicht, dafür ein unkontrolliert wucherndes Gestrüpp von Augenbrauen, das seine hellen, farblosen Augen überschattete. Seine Haare waren puderweiß, zumindest das, was von der einstigen Pracht noch übrig war, ein fisseliger Haarkranz, der sein Gesicht umrahmte wie ein Heiligenschein. Oder wie die Auswüchse einer gigantischen Explosion.

Außerdem roch er aus dem Mund, als ob irgendetwas vor langer Zeit darin gestorben war und seitdem langsam vor sich hin rottete.

Er hatte sich Gott anders vorgestellt.

Als er wieder bei Kräften war, schaffte er es endlich, vom Berg herabzusteigen. Aber weit kam er nicht. Er tappte durch einen Irrgarten, hohe Mauern aus grauen Steinbrocken links und rechts und kein Weg hinaus. Seltsamerweise hüpften überall kleine wolligweiße Lämmchen herum, schienen ihn in eine Richtung locken zu wollen, aber wenn er einem von ihnen zu nahe kam, verwandelte es sich auf der Stelle in eine bösartig zischelnde Schlange.

Offensichtlich waren einige der Reptilien dem Bann des Heiligen Patrick entkommen.

Ein hartes, kehliges Rasseln mischte sich in das giftige Zischen, riss Fin aus seinem Irrgarten in einen halbwachen Dämmerzustand. Ein allzu vertrautes Geräusch.

Gott schnarchte. Die Luft schien zu vibrieren vom unbarmherzigen Sägen des großen Weltenschöpfers.

Hatten die Lehrer in der Schule gelogen? Hatten gar nicht die verhassten englischen Kolonialherren Irlands Wälder gefällt? War es am Ende Gott selbst gewesen, der alle Bäume zu Sägemehl pulverisiert hatte?

Irgendwann wich die Dunkelheit einem bleigrauen Nebel, in dem sich der Irrgarten allmählich auflöste. Die kleinen Schäfchen wurden zu runden weißen Flecken, Punkte, die sich kunstvoll aufreihten wie kleine Mosaiksteinchen und gemeinsam ein Bild erschufen.

Je länger Fin auf dieses Bild starrte, desto klarer wurde es vor seinen Augen. Nein, kein Zweifel. Das waren keine Steine. Es waren Pillen. Kleine Pillen, große Pillen, runde, ovale, rosafarbene, weiße, gelbe, sie alle zusammen bildeten den Kopf einer Frau, deren Haupthaar aus Schlangen bestand, die sich wild umeinander wanden und ein undurchdringliches Labyrinth formten.

Medusa.

Fin schloss die Augen.

Wo in aller Welt war er?

In einem Bett, so viel war klar, aber nicht in seinem eigenen. Es war eng und stickig, durch kleine Fenster, an denen sich Kondenswasser sammelte, drang wenig Licht herein. Es roch nach Bratfett, Gas und Bettwäsche, die lange nicht gelüftet worden war. Und nach etwas anderem, was er auf Anhieb nicht zuordnen konnte.

Er hob den Kopf.

»Na endlich. Ich dachte schon, ich müsste alleine essen.«

Gott machte Frühstück. In einem Wohnwagen.

Auch den Himmel hatte Fin sich anders vorgestellt.

Der alte Mann hatte wenig Göttliches an sich mit seinen struppigen weißen Haaren, die zu einem Pferdeschwanz zusammengebunden waren und wie ein gerupfter Entenbürzel aussahen. Er war groß und hager, ein gestreifter, fadenscheiniger Pyjama schlotterte um sein Knochengestell, als er sich mit hektischen Bewegungen am Herd zu schaffen machte. Speck zischte in einer Pfanne, im Topf daneben kochte Wasser. Der Alte goss Tee auf.

»Wo bin ich?«

»Bei mir zu Hause.« Weitere Details wurden vom harten Knattern plötzlich hereinbrechender Rotorblätter übertönt. Der Alte beugte sich gefährlich tief über die Gasflamme und schaute aus dem Fenster. »Wen die wohl suchen? Wahrscheinlich wieder einer im Meer abgesoffen. Oder von den Klippen gefallen.«

Fin wischte über die feuchte Fensterscheibe neben seinem Bett und erhaschte gerade noch die weißroten Farben eines Hubschraubers, der im Tiefflug über die Landschaft strich. *Irish Coast Guard* stand in riesigen Lettern auf seinem Rumpf.

»Wie bin ich hierhergekommen?«

»So genau kann ich dir das auch nicht verraten«, gab der Alte bereitwillig Auskunft, »als ich gestern Morgen vor die Tür gegangen bin, bist du mir praktisch vor die Füße gefallen.«

Fin wusste, dass er im Lauf der Zeit ein ausgesprochenes Talent entwickelt hatte, sich des Nachts von wildfremden Menschen auflesen zu lassen. Zuweilen war Alkohol im Spiel, aber dieses Mal konnte er sich beim besten Willen nicht daran erinnern, eine Flasche auch nur angerührt zu haben. Er starrte irritiert auf das eigenartige Mosaik an der Wand. »Gestern Morgen? Welcher Tag ist heute?«

Der Alte kratzte seine zerzausten Haarbüschel und schien kurz überlegen zu müssen. »Montag, glaube ich.« Und leerte den Inhalt seiner Pfanne schwungvoll auf zwei Teller. Eier mit Speck. »Frühstück ist fertig.«

Fin schob folgsam die Wolldecke zurück und schälte sich aus seiner Schlafkoje. Alles andere wäre unhöflich gewesen. Er hatte seine schmutzigen Jeans noch an, sein T-Shirt und seine Socken. Alles fühlte sich unangenehm feucht an.

Ein Tag. Ein ganzer Tag fehlte in seinem Leben. Einfach weg. Gestrichen.

Fieberhaft überlegte er, welche Story er zum Besten geben konnte, damit es nicht allzu peinlich wurde. Ob ihn jemand vermisste? Wahrscheinlich niemand. Shauna Adams fiel ihm ein. Nein, die ganz bestimmt nicht.

Wenigstens hatte er den alten Herrn nicht seiner Schlafstatt beraubt, wie er mit Beruhigung am ungemachten Bett gegenüber feststellte. Klein war der Wohnwagen nicht, und hätte man ihn entrümpelt, hätte man ihn zwar als verwohnt, aber komfortabel bezeichnen können. Die Küchenzeile war winzig, aber mit allem ausgestattet, was nötig war. Hinter einer schmalen Tür vermutete Fin das Badezimmer oder das, was man eine Nasszelle nannte.

Er folgte dem Alten, der die beiden Teller zur Sitzecke am anderen Ende des Wohnbereichs trug und auf einem Tisch vor einem breiten Panoramafenster platzierte. »Hören Sie, Mister …«

»Séamus Le Brun.« Eine Hand schnellte vor. »Sehr erfreut.«

Fin ergriff sie und schüttelte sie. »Ganz meinerseits. Fin O'Malley.«

»O'Malley? Von den O'Malleys aus Murrisk?« Der Alte räumte die Sitzbank frei und bot Fin einen Platz an.

»Ähm, nicht dass ich wüsste.«

»Burrishoole?« Er holte den Tee, schenkte ein und setzte sich Fin gegenüber.

»Donegal.«

»Nein, in Donegal kenne ich keine O'Malleys«, stellte Séamus fest, versenkte die Gabel in den Spiegeleiern und ließ es sich schmecken. »Was hat dich hierher nach Mayo verschlagen?«

Fin stocherte auf seinem Teller hin und her. Der Speck schwamm in Fett, die Spiegeleier waren nahezu flüssig, die Toastscheiben schwarzverbrannt. Egal, er hatte Hunger. »Wissen Sie, das ist eine verdammt lange Geschichte.«

Das Eingeständnis der eigenen Niederlage wurde dankenswerterweise vom erneuten Anpirschen des Helikopters verhindert. Die knatternden Rotorblätter ließen den Wohnwagen beben, vor dem Fenster wirbelten Kiefernzweige im Luftstrom durcheinander, Brombeerranken schlugen gegen die Scheibe und hinterließen nasse Schlieren. Sonst sah man nicht viel da draußen. Der Himmel war grau, zwischen Sträuchern und kleinen Bäumen konnte man mit etwas gutem Willen das Meer ahnen.

Fin wartete, bis der Hubschrauber außer Hörweite war. »Wo sind wir hier?«

»Old Head.«

»Aha.« Das sagte ihm gerade überhaupt nichts.

»Ein Campingplatz.« Der alte Séamus beugte sich tief über seinen Teller und schaufelte den Speck in sich hinein, biss abwechselnd in sein Brot und spülte den Tee hinterher. »Zwischen Westport und Louisburgh.« Er war der einzige Mensch, den Fin kannte, der mit zusammengebissenen Zähnen essen und gleichzeitig reden konnte. Er fragte sich, welchem toten Pferd der Alte sein Gebiss verdankte.

»Sie leben hier in dem Wohnwagen?«

»Sicher.« Der Alte kaute geräuschvoll.

Die Frage, ob er hier alleine lebte, konnte Fin sich getrost sparen. Es war unübersehbar, dass zumindest die ordnende Hand einer Frau fehlte. Hier hatte schon lange niemand mehr sauber gemacht. Nicht dass es schmutzig war, nein, es herrschte einfach nur eine heillose Unordnung. Wobei Fin jede Wette einging, dass der Alte, sollte er je irgendetwas suchen, es auf Anhieb finden würde.

Jeder freie Winkel des Wohnwagens war zugestellt mit kleinen oder großen Kisten und Kästen, unnützen Dingen und solchen, die unentbehrlich waren. Kleidungsstücke und Schuhe lagen auf den Sitzbänken oder darunter, in einer Ecke stand eine prall gefüllte Plastiktüte voller Wäsche, ob gewaschen oder ungewaschen, das ließ sich auf die Entfernung nicht feststellen. Sämtliche Ablagen, auch außerhalb der Küchenzeile, waren vollgestopft mit Vorräten, Dosen, Gläsern, Tüten. Verhungern würde der alte Séamus auf absehbare Zeit sicher nicht, aber eine gesunde Ernährung sah anders aus. Zwischen all dem Kram war gerade Platz genug, dass sich ein erwachsener Mensch hindurchbewegen konnte, ohne sich blaue Flecken einzuhandeln.

Fin wunderte sich, dass es trotz allem noch freie Stellen gab, um Bilder aufzuhängen. Landschaften, mit schnellem Bleistiftstrich vor der Vergänglichkeit bewahrt, dafür umso sorgfältiger unter Glas gerahmt. Ein Ölgemälde, mit den Jahren dunkel geworden, ein Boot mit roten Segeln unter brüchiger Firniss. Dazwischen alte Schwarzweißfotos, verblichene Zeugnisse vergangener Existenzen. Ein vergilbter Zeitungsausschnitt, der vermutlich Séamus Le Brun in jungen Jahren zeigte neben einem alten Mann, der Samuel Beckett hätte sein können.

»Ist das nicht ein bisschen einsam? So allein?«

Séamus hielt mit dem Kauen inne und schaute von seinem Teller hoch. »Einsam?« Ein Stück Speck kam wieder zum Vorschein. »Ich brauch' niemanden. Ich komm' ganz gut allein zurecht.« Der Speck verschwand wieder zwischen den mächtigen Zähnen. »Krieg' ich auch mit keinem Streit.«

»Haben Sie denn keine Familie?«

»Familie? Komm mir bloß nicht mit Familie!«, polterte Séamus so laut, dass Fin zusammenzuckte. Die Hand mit der Gabel knallte auf den Resopaltisch. Ein Klecks Eigelb flog gefährlich nah an Fin vorbei und landete im Vorhang. »Eine Tochter hab ich. Bríd. Und einen Schwiegersohn. Ach, was sag ich. Einen Eimer Scheiße hat sie da geheiratet!«, bellte der Alte. »Abgeschoben haben sie mich. Aber nicht mit mir!« Die Gabel wirbelte wild durch die Luft und verteilte das restliche Eigelb über die Sitzecke.

»Aber –«

»Nur Gráinne, die ist in Ordnung«, murmelte Séamus versöhnlich, »Gráinne, meine Enkelin.« Das fetttriefende Messer zeigte über Fins Schulter. »Das ist Gráinne. Keine Ahnung, wie Laurence das fertiggekriegt hat, aber vielleicht hat meine Tochter einmal im Leben was richtig gemacht und ihn betrogen!«

Fin drehte sich um und erwartete ein Foto, aber er sah eine dünne Bleistiftzeichnung auf Papier, die Séamus mit Klebstreifen an die Wand zwischen Fenster und Tür gepappt hatte. Das Porträt eines Mädchens, eines Teenagers mit langen Haaren und einem skeptischen Blick aus hellen Augen. Zarte Linien betonten den blassen Teint, die Sommersprossen auf der Nase hatte der Zeichner nur angedeutet. Die Lippen waren leicht geöffnet und entblößten eine Lücke zwischen den oberen Schneidezähnen, ließen das Gesicht kindlicher wirken als dem Mädchen wahrscheinlich lieb war.

Gráinne. Ein eigenartiger Name. »Haben Sie das gezeichnet?«

»Junger Freund, ich bin Maler!« Séamus streckte sich zu voller Größe und tippte sich mit der Gabel bedeutungsvoll an die Brust, wo sie kleine gelbe Punkte auf dem Pyjama hinterließ. »Meine Bilder hängen sogar in Dublin!«

Fin konnte sich nicht erinnern, den Namen Séamus Le Brun jemals gehört oder gelesen zu haben. Das wollte aber nichts heißen, Kunst war nicht unbedingt sein Steckenpferd. Aber die flüchtig hingeworfene Skizze war mit sicherem Strich ausgeführt und zeugte auch für den Blick eines Laien von großem Können. Jetzt wusste er auch, welcher eigenartige Geruch ihn die ganze Zeit in der Nase gekitzelt hatte. Ölfarbe. Terpentin.

»Ich hab' noch mehr Bilder hinten im Trailer«, ließ Séamus vernehmen und putzte seinen Teller mit der letzten Brotscheibe sauber, »kann ich dir gerne zeigen.«

Fin fand, dass er die Gastfreundschaft des alten Herrn schon genug strapaziert hatte. Seine Fingernägel pflügten durch zwei

Tage alte Bartstoppeln. Außerdem wären eine Dusche und frische Kleider nicht schlecht. »Haben Sie hier ein Telefon?«

»Telefon?« Séamus sah ihn fast ein wenig pikiert an. »So neumodischer Schnickschnack kommt mir nicht ins Haus.«

Hatte Fin fast erwartet. Aber irgendwie musste er von hier weg. »Hören Sie, Mr. Le Brun, ich bin Ihnen wirklich sehr dankbar, dass –«

»Vorne im Laden, an der Rezeption, da haben sie wohl so was«, erinnerte sich Séamus.

Immerhin.

Sie verließen den Wohnwagen. Séamus hatte sich umgezogen, aber ein wirklicher Unterschied zu seinem Pyjama war kaum zu erkennen. Seinem gestreiften Hemd fehlten zwei Knöpfe, die Hose machte ihre übermäßige Weite dadurch wett, dass sie eine Handbreit überm Knöchel endete. Das Paar Gummistiefel war dem Wetter durchaus angemessen, der graubraune Dufflecoat hingegen viel zu warm, ebenso der selbstgestrickte Schal. Der Alte sah aus wie ein Penner. Aber die Menschen, denen sie begegneten, störten sich nicht daran. Keiner schaute ihnen hinterher, weder die Frau in der teuren Wachsjacke, die ihren Terrier spazieren führte, noch die zwei Männer, die mit ihrer Angelausrüstung an ihnen vorbeistiefelten. Vielleicht waren sie den Anblick des alten Eigenbrötlers gewohnt.

Es war wenig los auf dem Campingplatz. Jetzt im September waren die meisten Urlauber abgereist, die Sommerferien schon lange vorbei, Zelte abgebaut, die Wohnwagen bis zur nächsten Saison verschlossen. Das Gelände lag an einem Sandstrand am westlichen Ende einer Bucht, die sich fast bis zur majestätischen Pyramide des Croagh Patrick hinzog, dessen Gipfel in dichten Nebel gehüllt war. Nicht weit entfernt konnte man die Autos auf der Landstraße nach Westport hören.

Fin schätzte, dass es keine zehn Kilometer bis zum Parkplatz waren, wo sein Wagen stand. Eigentlich konnte er bis dorthin sogar zu Fuß gehen, aber vom Laufen hatte er fürs Erste die Nase gestrichen voll. Er würde irgendwo ein Taxi auftreiben.

Im Windschatten von Séamus enterte er den kleinen Laden am Eingang des Campingplatzes.

»Morgen, Ben.«

»Morgen, Séamus.«

Ein Mann in Hemdsärmeln stand hinter dem Tresen der Anmeldung und sortierte Prospekte, eine junge Frau unterhielt sich mit einer Kundin, während sie die Preise für die Einkäufe in die Kasse tippte.

Fin ließ seinen Blick durch den Laden schweifen auf der Suche nach einem öffentlichen Telefon und blieb am Zeitungsständer hängen.

Wanderer am Croagh Patrick vermisst.

Alles Blut wich aus seinem Gesicht. Gleich mehrere Blätter hatten die Meldung in einer mehr oder weniger großen Schlagzeile auf der Titelseite. Es passierte wirklich nicht viel im Westen Irlands.

Fin schaute sich rasch um, doch niemand hatte seine Reaktion bemerkt. Séamus war hinter dem nächsten Regal verschwunden.

Er zog den *Sligo Express* aus dem Ständer und überflog den Artikel. Shauna Adams hatte ganze Arbeit geleistet, alle Hintergrundinformationen detailliert und breit ausgewalzt, angefangen bei seinem Ausraster während der Verkehrskontrolle über das aberwitzige Urteil bis hin zu seinem Aufbruch vor zwei Tagen. Finbar O'Malley aus Foley in Donegal. Gott sei Dank ohne Foto. Ein schwacher Trost.

Er sah aus dem Fenster. Am Horizont zog der Helikopter der Küstenwache über den Atlantik, in das leise Knattern mischte sich die Stimme der Kassiererin »... die suchen mal wieder so einen Deppen, der sich am Croagh Patrick verlaufen hat ...«

Fin hielt Ausschau nach Séamus, der ganz in kontemplativer

Betrachtung einer Auswahl Dosensuppen versunken schien. Er hatte nichts von alldem mitbekommen.

Und jetzt? Die Sache mit der Strafe war schon schlimm genug, aber diese Nummer hier war derart absurd, er würde sich nirgendwo mehr blicken lassen können. Er stopfte die Zeitung in den Ständer zurück, die Titelseite nach hinten, und schlich zum Münztelefon, das er in einer Ecke neben einer Pinnwand entdeckt hatte. Aber wen sollte er anrufen?

Auf die Schnelle fiel ihm nur eine Person ein.

»Da Silva.«

»Hier ist Fin … Fin O'Malley.«

»O'Malley«, Caitlin da Silva klang weniger überrascht als befürchtet, »was hast du jetzt wieder angestellt?«

Fin schnappte nach Luft. »Wieso angestellt? Ich hab' überhaupt nichts angestellt!«

Es kam wohl auf den Standpunkt an. »Das halbe Land sucht nach dir. Hast du dich verlaufen?«

»Verdammt, ich hab' mich nicht verlaufen!«, zischte Fin gerade so laut, dass es niemand im Laden hören konnte. »Ich weiß immer genau, wo ich gerade bin!«

»Und wo bist du gerade?«, Caitlins Stimme klang amüsiert.

Fin zögerte. »Das möchte ich lieber nicht sagen.«

»Und weshalb rufst du an?«

»Du musst mir helfen.«

»Wobei?«

»Hör zu, die ziehen hier eine Riesenshow ab. Suchmannschaft mit Hunden, Hubschrauber der Küstenwache, das ganze Programm –«

»Das machen wir für jeden braven irischen Steuerzahler, der verloren geht«, entgegnete Caitlin mit gespieltem Ernst.

»Ich bin nicht verloren gegangen! Und ich will verdammt noch mal auch nicht gefunden werden!«

»Und was soll ich dagegen tun?«

»Könntest du die ganze Aktion nicht unauffällig abblasen?«

»Ich?«

»Ja.«

»Sorry, O'Malley, wo immer du im Augenblick steckst, ich fürchte, es ist außerhalb meines Zuständigkeitsbereichs.«

Caitlin da Silva arbeitete für die Garda in Donegal. Fin hatte sie im Frühjahr bei Ermittlungen in einem Mordfall kennengelernt. Sie hatten mal zusammen einen Kaffee getrunken, aber mehr war nicht passiert. Er wusste nicht viel über sie, außer dass sie unverheiratet und der Job bei der Polizei wohl das Wichtigste in ihrem Leben war. Und dass sie irgendwann mal ihren spanischen Vater suchen wollte, der sich davongemacht hatte, als sie gerade laufen konnte. Immerhin, sie hatte ihm ihre Handynummer gegeben.

Fin war klar, dass Caitlin da Silva hier unten in Mayo nichts zu sagen hatte, aber aus eigener Erfahrung wusste er auch, dass man unter Kollegen Beziehungen spielen lassen konnte. Auch über Provinzgrenzen hinweg. »Bitte, Caitlin, das war alles ein großer Irrtum. Ich wollte doch bloß dieser dämlichen Reporterin … Ich konnte doch nicht ahnen, dass dieser verfluchte Berg so hoch ist und …« Ihm gingen die Argumente aus.

Am anderen Ende der Leitung hörte er einen theatralischen Seufzer. »Okay. O'Malley, ich werd' sehen, was ich tun kann.«

»Du hast was gut bei mir.«

»Oh danke«, schnaubte Caitlin wenig erfreut, »ich weiß nur nicht, ob ich mich darüber freuen oder lieber weinen soll.« Sie legte auf.

Das Taxi konnte er vergessen. Viel zu auffällig. Er würde wohl oder übel in den sauren Apfel beißen und zu Fuß laufen müssen, in der vagen Hoffnung, dass sein Auto nicht von Reportern belagert wurde.

Er traf Séamus an der Kasse. Der Alte hatte die Zeit genutzt und seine Vorräte aufgefrischt. Eier, Speck, Würstchen, Butter, gebackene Bohnen in Dosen und Brot in einer Menge, als gelte es, sich auf eine drohende Eiszeit einzurichten.

»Das ist aber gar nicht gut für den Cholesterinspiegel«, kommentierte Fin.

»Junger Freund, ich bin zweiundachtzig. Glaubst du im Ernst, da interessiert mich mein Scheiß-Cholesterinspiegel?«

Er knallte eine Hundert-Euro-Note auf die Theke. Geldprobleme schien er jedenfalls keine zu haben. Eher ein Transportproblem. Vier pralle Tüten standen vor ihm, und Fin war klar, dass er ihm tragen helfen würde. Das Geringste, was er als Gegenleistung für Séamus' Gastfreundschaft tun konnte.

Sie gingen an einer ganzen Reihe von Wohnwagen entlang, manche von ihnen fast schon luxuriöse Eigenheime mit kleinen Vorgärten, andere betagte Blechtrailer, deren kostbarstes Accessoire eine Satellitenschüssel war. Die meisten wurden ganzjährig als Feriendomizile vermietet, eine Unterkunft, der viele Urlauber im irischen Sommer dem Zelt gegenüber den Vorzug gaben.

Séamus' Wohnwagen stand etwas abseits, von windgeprüften Weiden und Heckenrosen umwuchert. Es war ein altes Modell, aufgebockt und ohne Räder, Rost und Moos hatten ihre Spuren hinterlassen. Eine der Fensterscheiben hatte einen langen Riss.

Fin fragte sich, wie lange der Alte schon hier hauste. Er hatte den Eindruck, dass er sich eine richtige Wohnung durchaus leisten konnte. »Warum leben Sie hier? In der Stadt hätten Sie's viel bequemer.«

Séamus machte trotz seiner beiden Einkaufstüten große Schritte. Den Kopf nach vorn gereckt, so dass das spitze Kinn und die lange dünne Nase stets als erste ankamen, erinnerte er Fin an einen Fischreiher, der auf der Suche nach Beute durchs seichte Wasser stakte.

»Ich will meine Ruhe haben. In Ruhe arbeiten.«

»Das wird im Winter aber verdammt kalt, oder irre ich mich da?«

»Mir egal. Ich geh' nicht mehr zurück. Auf keinen Fall.«

»Wohin zurück?«

»Ich lass' mich doch nicht einsperren«, knurrte Séamus, »das hatten sich meine Tochter und ihr Schlappschwanz von Ehemann fein zurechtgelegt!«

Die Familie schien ein sensibles Thema zu sein. Sie hatten den Wohnwagen fast erreicht und Séamus wetterte immer noch.

»Meine eigene Tochter! Lässt sich von diesem Trottel bequatschen!«

Ein leises Zischeln ließ Fin aufhorchen. Unwillkürlich musste er an Schlangen denken und schaute auf den Boden, schaute, ob sich im nassen hohen Gras etwas rührte.

»Loswerden wollten sie mich. Haben geglaubt, der Opa macht's eh nicht mehr lang.«

Das Geräusch kam vom Wohnwagen.

»Séamus …«

»Aber da kennen sie mich schlecht! Nicht mit mir!«

Fin hatte plötzlich ein ganz komisches Gefühl. »Séamus, warten Sie mal …« Er blieb zurück und setzte seine Tüten ab.

»Weißt du was? Ich hab' mir vorgenommen, dass ich mindestens hundert Jahre –«

»Séamus!«

Die Explosion war gewaltig.

Fin war in derselben Sekunde bei dem Alten und riss ihn mit sich zu Boden. Die Druckwelle fegte über beide hinweg, gefolgt von einer heißen Wolke aus Sand, Gras und Trümmern. Teile der Wohnwagenverkleidung segelten durch die Luft, begleitet von Stofffetzen und Glassplittern. Ein halber Tisch krachte nicht weit von ihnen ins Gras.

Der Knall verebbte, ein paar Krähen zeterten aufgebracht, dann wurde es still bis auf das Prasseln von Feuer.

»Was ... was ...« Séamus zappelte unter Fins Körper, lange dünne Finger gruben sich in seine Schulter, »was ist pass–« Es gelang ihm, den Kopf unter Fins Arm hervorzustrecken.

»Meine Bilder!«

4. Old Head

»Ich hab' dem Alten erst letzte Woche geraten, er soll vorm Winter die Gasanschlüsse überprüfen lassen. Hab' ihn noch gefragt, ob ich mich drum kümmern soll. Nee, hat er bloß gesagt, er macht das schon selbst.« Ben Collins, Besitzer des Campingplatzes, stand neben Fin und beobachtete die Feuerwehr beim Löschen der letzten rauchenden Trümmer. »Hätt' es besser wissen müssen.« Er zog an seiner Zigarette, aber der Tabak wollte nicht so recht brennen. Zu feucht.

Fin hatte Mühe ihn zu verstehen. Jedes Geräusch, jedes Wort schepperte in seinen Ohren. Knalltrauma, hatte der Sanitäter gesagt und ihn gleichzeitig beruhigt, das würde sich wieder einrenken. Er hatte verdammtes Glück gehabt, wenn er den Krater betrachtete, den die Explosion gerissen hatte. Den Wohnwagen hatte es in sämtliche Einzelteile zerlegt, Holz, Metall, Glas und Kunststoff sprenkelten Wiese und Büsche in der näheren Umgebung. Nichts war mehr übrig bis auf ein Skelett aus geschwärzten Metallstreben, das aussah wie eine postmoderne Skulptur von Henry Moore. Fetzen von verkohltem Papier tänzelten sanft durch die Luft wie schwarze Schmetterlinge und wurden vom Wind davongetragen, bis sie sich im Grau der Regenwolken auflösten. Zwei Polizeibeamte standen am Rand des Trümmerfeldes und betrachteten die Bescherung. Einer stocherte wenig enthusiastisch mit einem Stock in den Überresten herum. Fin wollte gar nicht daran denken, dass er gerade mal eine Stunde zuvor zusammen mit Séamus da drin am Frühstückstisch gesessen hatte.

Er sah sich um. Eine Handvoll Schaulustiger war schweigend in sicherer Entfernung stehen geblieben, sogar die Krähen, die sich neugierig auf Stromleitungen und umliegenden Wohnwagen niedergelassen hatten, verhielten sich still, dankbar für ein wenig Abwechslung an diesem verregneten Vormittag.

»Will sich ja partout nicht helfen lassen, der alte Sturkopf. Diesen Sommer wollte er 'n kaputtes Fenster reparieren«, erzählte Ben weiter, »keine Ahnung, was er angestellt hat, jedenfalls hat er sich dabei so verletzt, dass ich Doc Brady holen musste.«

Séamus hockte ein paar Schritte entfernt auf einem verbogenen Radkasten, den die Explosion einige Meter vom ursprünglichen Standort abgesetzt hatte, und wurde von einem Sanitäter verarztet. Außer einem großen Pflaster auf seiner Stirn hatte das Unglück zumindest keine sichtbaren Spuren hinterlassen. Kerzengerade saß er da, mit starrem Blick auf das bizarre schwarzverkohlte Gerippe, das bis eben sein Zuhause gewesen war. Erschüttert, aber nicht gebrochen. Vier Tüten mit Lebensmitteln standen neben ihm im Gras, über die er mit Argusaugen wachte. Alles was ihm geblieben war.

»Seit wann hat Séamus hier auf dem Campingplatz gewohnt?«, fragte Fin.

Ben schlug den Kragen seiner Regenjacke hoch und versuchte, im Schutz seiner Handflächen seine Zigarette wieder zum Brennen zu bringen. »Normalerweise machen wir so was nicht. Dauermieter, Sie verstehen«, quetschte er zwischen den zusammengekniffenen Lippen hervor, »aber Séamus hatte bei meinem alten Herrn wohl 'nen Stein im Brett. Keine Ahnung, wieso. Vielleicht hatten sie 'ne gemeinsame Leiche im Keller, was weiß ich. Mein Vater hat ihm den alten Kasten vermietet. Für fünfundzwanzig Euro im Monat. Das muss ungefähr zehn

Jahre her sein oder so.« Die Zigarette brannte wieder, er nahm einen tiefen Zug und blies den Rauch hinaus in den Nieselregen. »Als mein Vater vor drei Jahren gestorben ist, hab' ich Séamus sozusagen geerbt.«

»Komischer Kauz.«

»Ja, aber er ist harmlos.«

»Was wissen Sie über ihn?« Der Ex-Polizist brachte sich unwillkürlich in Erinnerung. Fin hoffte, dass seine Neugier nicht zu sehr auffiel.

Ben schien es nicht zu stören. »Eigentlich so gut wie nichts. Er ist eines Tages hier aufgetaucht mit einem Koffer und einem Stapel Bilder unter dem Arm. Le Brun ist wohl sein Künstlername. Ich glaub', er heißt einfach nur Browne. Aber er hat ein Faible fürs Gälische.« Er musste lächeln. »Natürlich hat der Alte einen an der Klatsche, aber was soll's. Solange er friedlich ist und niemandem Schaden zufügt ...«

»Ich hab' nicht den Eindruck, dass er ein armer Schlucker ist. Ich könnte mir vorstellen, dass er sich was Besseres leisten kann als diese ... Verzeihung, Bruchbude.«

Ben war nicht beleidigt. »Ihm hat das genügt. Er bezahlt pünktlich seine Miete. Sogar ein Jahr im Voraus«, erwiderte Ben, »ich weiß nicht, ob er Geld auf der Bank hat oder 'nen Sparstrumpf unter der Matratze. Ich denke eher, er geht mit seinen Bildern hausieren.«

»Hat er Familie? Hat ihn hier jemand besucht?«

Ben zuckte mit den Achseln. »Er hat mal eine Tochter erwähnt. Bridget. Aber ich glaube, die beiden verstehen sich nicht besonders.«

»Sie haben nicht zufällig 'ne Adresse?« Irgendwo musste der Alte schließlich unterkommen.

»Sligo, wenn ich mich recht erinnere. Mehr weiß ich nicht, tut mir leid.« Er schnippte die Zigarette zu Boden, wo sie im nassen Gras zischend verendete.

Der Wind vom Meer hatte aufgefrischt, Fin fror in seinem Flanellhemd. Er wärmte die klammen Finger in seinen Hosentaschen und schlenderte hinüber zu Séamus.

»Hören Sie –«

Weiter kam er nicht. »Ich geh' nicht dahin zurück!«, blaffte der Alte. Wo auch immer ›dahin‹ war, es musste schlimmer als die Hölle sein.

»Wohin wollen Sie nicht zurück?« Er konnte es sich beinahe denken.

»St. Agnes by the Sea.«

Das klang nicht nach einem Heim für Schwererziehbare. Eher nach Schwestern mit gestärkten Häubchen, nach Wollplaids und Kaffee und Kuchen. Idyllisch. War es aber vermutlich nicht. Selbst der friedvollste Platz auf Erden war kein Paradies, wenn man nicht freiwillig dort war. Wenn man abgeschoben worden war. Oder weggesperrt.

Auch in Irland kam es immer seltener vor, dass mehr als zwei Generationen unter einem Dach lebten. Noch lag der Altersdurchschnitt der Iren bei Mitte dreißig, kein Grund, von Überalterung der Bevölkerung zu sprechen wie in anderen europäischen Ländern. Aber auch der Ire wurde älter, und für die Alten gab es immer weniger Zeit und Platz.

Fin konnte sich nicht vorstellen, seine Mutter in ein Heim abzuschieben. Aber er hatte gut reden, solange sie noch rüstig war, einigermaßen klar im Kopf und seine Schwester Deirdre sich um die alte Dame kümmerte. Mit einem Querkopf wie Séamus unter einem Dach zu leben, war da schon was anderes und erforderte mehr als nur ein bisschen Geduld und Nachsicht. Aber kein Mensch verdiente es, dass man ihn einfach in eine Schublade legte und vergaß wie einen alten Pullover, aus dem man rausgewachsen war.

»Kommen Sie, Séamus, da wird sich eine Lösung finden«, sagte Fin vielleicht ein wenig zu leichtfertig.

»Ich lass' mich nicht wieder einsperren!«

»Kein Mensch will Sie einsperren«, beschwichtigte Fin.

»Das sagst du! Du hast ja keine Ahnung!«

»Möglich, aber eins ist klar: Hier können Sie schlecht bleiben«, stellte er nüchtern fest, »vielleicht wäre es das Beste, wenn Sie Ihre Tochter einfach mal anrufen würden und–«

»Bríd? Nie im Leben!« Der Alte funkelte ihn an, als hätte er eben einen unsittlichen Antrag erhalten.

»Wenn Sie möchten, dann telefoniere ich mit ihr«, bot Fin an.

Séamus warf ihm einen vernichtenden Blick aus seinen hellen Augen zu und presste seine ohnehin schon schmalen Lippen fest zusammen. Er wandte sich ab, schaute aufs Meer hinaus und schwieg. Das Signal war klar. Aus ihm würde Fin nichts herausbekommen. Nicht mal unter Androhung von Folter.

Fin seufzte. Seine Sturheit würde dem alten Kerl nichts nützen, er würde ja doch rausbekommen, was er wissen wollte. Er war schließlich lange genug bei der Polizei gewesen.

Er überließ Séamus seiner eingehenden Betrachtung der Wellen und ging zu den Polizisten, die noch immer die Unglücksstelle inspizierten.

»Das muss einen ganz hübschen Bums gegeben haben«, empfing ihn der Ältere der beiden, der sich als Detective Sergeant Dillon von der Garda in Louisburgh vorgestellt hatte.

»Gasexplosion«, stellte Sergeant Martin, sein jüngerer Kollege, überflüssigerweise fest und kickte einen zusammengeschmolzenen schwarzen Klumpen weg, der vor einer Stunde vielleicht noch ein Stück Teppich gewesen war.

»Schon 'ne Idee, was die Ursache war?«, fragte Fin.

»Gas halt«, wiederholte Martin, »da gibt's mehrere Möglichkeiten.«

»Zum Beispiel?«

Er schaute zu Boden und wischte seine schmutzigen Schuhe im nassen Gras ab. »Naja, wenn man nicht aufpasst …« Er druckste ein wenig herum.

»Was mein Kollege sagen will«, half Dillon aus und wies mit dem Kinn auf Séamus, »ist, dass der Opa wahrscheinlich zu tief ins Glas geguckt hat und das Gas nicht richtig zugedreht hat. Sie glauben gar nicht, wie oft da was passiert.«

Fin hatte nicht den Eindruck, dass der Alte ein Alkoholproblem hatte. Er musste es wissen, er kannte sich aus mit so was. Für einen zweiundachtzigjährigen Spinner erschien ihm Séamus erstaunlich nüchtern und klar im Kopf. »Ich denke, wenn erst die Spurensicherung–«

»Spurensicherung?« Dillon lachte kurz auf, »hören Sie, Mister, ich kann nicht jedes Mal, wenn's bei uns auf dem Land 'nen Knall gibt, die Spurensicherung alarmieren. Dann hätten die viel zu tun.«

»Aber die Versicherung–«

Dillon ließ ihn nicht zu Wort kommen. »Glauben Sie im Ernst, der Opa hat 'ne Versicherung?«

»Und was wollen Sie also tun?«

»Tun? Ich werd' einen schönen, sauberen Bericht schreiben und um fünf Uhr Feierabend machen, das werd' ich tun.«

»Und was soll aus dem alten Herrn werden?«

»Was weiß ich. Sollen die Sanitäter ihn erst mal mitnehmen«, schlug er vor, »vielleicht hat er ja noch irgendwo Familie oder so.«

Fin gab nicht so schnell auf. »Das genau ist das Problem. Er hat eine Tochter. In Sligo. Aber er rückt die Adresse nicht raus.« Er sah die beiden Polizisten abwartend an.

»Ich kann ja mal in der Zentrale nachfragen«, bot Martin ohne große Begeisterung an.

»Das wär' das Wenigste, was Sie tun könnten«, ermunterte ihn Fin, »der Alte heißt Séamus Le Brun, vielleicht auch

Séamus Browne, die Tochter mit Vornamen Bríd oder Bridget und sie ist verheiratet. Nachname weiß ich leider nicht.«

»Kann aber 'ne Weile dauern«, dämpfte Dillon vorsorglich die Erwartung. Beide gingen zu ihrem Streifenwagen, Martin setzte sich auf den Beifahrersitz und angelte nach dem Funkgerät, während Dillon eine Thermoskanne auspackte.

Zu einem Schluck heißen Kaffee hätte auch Fin nicht nein gesagt. Fröstelnd blickte er übers Meer, wo am Horizont noch immer der Helikopter der Küstenwache seine Bahnen zog. Die beiden Gardai hatten sich Gott sei Dank nicht dafür interessiert, sie hatten sich auch nicht für Fin interessiert, nicht mal Ben Collins hatte wissen wollen, wer er war. Wahrscheinlich waren alle froh, dass sich jemand um den alten Séamus kümmerte. Und genau darauf schien es letzten Endes hinauszulaufen. Er hatte jetzt irgendwie die Verantwortung für den Alten.

»Bin mir nicht ganz sicher, ob wir die richtige Familie haben.« Sergeant Martin kam zurück zu Fin und wedelte mit seinem aufgeschlagenen Notizblock. »Vor acht Jahren wurde ein Séamus Browne von seiner Tochter Bridget Jennings als vermisst gemeldet. Der alte Knabe ist wohl aus einem Pflegeheim bei Sligo ausgebüxt.«

»Vor acht Jahren, sagen Sie?« Fin wollte es nicht glauben. »Und Sie haben ihn bis heute nicht gefunden?«

»Tut mir leid, ich bin erst seit drei Jahren bei dem Verein«, gab der Polizist als Entschuldigung zurück.

Wenn Séamus Browne nicht gefunden werden wollte, hatte er hier am Rand der Welt gute Karten gehabt. Aber damit war jetzt Schluss.

Sergeant Martin riss das Blatt von seinem Block und reichte es Fin. Er machte keinen Hehl daraus, dass er froh war, den Alten los zu sein. »Viel Glück.«

5. Bridget

Immerhin fuhren die Polizisten ihn und Séamus zu seinem Wagen, der einsam und verlassen auf dem Parkplatz unterhalb des Croagh Patrick stand. Weit und breit war kein Reporter zu sehen. Keine Spur von Shauna Adams. Beim Visitor Center standen ein Krankenwagen und zwei Einsatzfahrzeuge der Polizei, aber niemand nahm Notiz von dem alten Penner mit den prall gefüllten Plastiktüten und dem anderen Kerl, der ihm tragen half.

Fin verfrachtete Séamus mitsamt seinen Habseligkeiten auf den Beifahrersitz und fuhr unbehelligt los. Die Stoßdämpfer des alten Landrovers ächzten, als er vom Parkplatz auf die Landstraße rumpelte.

»Haben Sie etwa die ganzen acht Jahre in diesem Wohnwagen gelebt?«

Séamus glotzte mit unbewegter Miene demonstrativ zum Seitenfenster hinaus, wo der Atlantik mittlerweile ganz im Nebel verschwunden war. Seine knochigen Finger umklammerten die Tüten mit seinen verbliebenen Schätzen, die er fest zwischen seine Knie gepresst hatte. Er schien nach wie vor nicht an einem Gespräch interessiert.

Fin verlangsamte die Fahrt, lehnte sich zu Séamus hinüber, griff nach dem Sicherheitsgurt und schnallte ihn an. Der Alte rührte sich nicht, bemühte sich nach Kräften, so zu tun, als sei er überhaupt nicht da.

Aber Fin ließ nicht locker. Auch er wusste, was Sturheit ist. Vielleicht lag es ja einfach am Gesprächsthema. »Haben Sie viele Ausstellungen gemacht?«

Es dauerte einige Kurven, bis er ein knappes »Ja« vernahm. Na also.

Fin wischte mit seinem Hemdsärmel über die angelaufene Windschutzscheibe, was die Sicht nicht wesentlich verbesserte. »Dann müssen Sie doch Unmengen von Bildern gemalt haben.«

»Hab' ich«, grummelte Séamus unfreundlich, »haben sich aber alle heut' Morgen in Rauch aufgelöst.«

Vielleicht doch kein so gutes Thema. Aber Fin wollte kein anderes einfallen. »Sie müssen doch mehr Bilder haben als in diesen alten Trailer reingepasst haben.«

»Natürlich hab' ich noch mehr Bilder«, antwortete Séamus, wenn auch widerstrebend, »Hunderte.«

»Und wo sind die alle?«

»In einem Schuppen. Bei meiner Tochter.«

»Na, das ist ja wunderbar. Genau da fahren wir doch jetzt hin.«

Séamus schnaubte verächtlich. »Bild' dir bloß nicht ein, dass ich dort bleibe.«

»Jetzt warten Sie doch erst mal ab«, erwiderte Fin aufmunternd, »Ihre Tochter freut sich sicher, Sie nach so langer Zeit wiederzuhaben.«

»Machst du Witze? Bríd und ihr feiner Gatte waren es doch, die mich in dieses Heim reingesteckt haben!«

»Mr. Le Brun, irgendwo müssen Sie hin.« Er musste dem alten Herrn klar machen, dass er keine große Lust hatte, auf Dauer Kindermädchen zu spielen. »Wo wollen Sie denn sonst unterkommen?«

»Da geh' ich lieber ins Hotel!«

»Bitteschön, wenn Sie das bezahlen können.«

Séamus schwieg.

»Dafür reicht Ihre Rente wohl nicht, oder?«

»Rente? Ich brauch' keine Rente.«

»Und wovon haben Sie all die Jahre gelebt?«

Séamus' Lippen wurden wieder schmal. Er wandte sich ab und widmete sich schweigend der grauen, regennassen Landschaft.

Einige Kilometer lang war nur das Geräusch der Scheibenwischer zu hören, die von Zeit zu Zeit über die Windschutzscheibe schmierten. Aber noch gab sich Fin nicht geschlagen. Der Alte hatte ihn neugierig gemacht.

»Warum haben Sie eigentlich Streit mit Ihrer Tochter? Wegen der Sache mit dem Altersheim?«

»Reicht das etwa nicht?«

»An und für sich schon«, stimmte Fin zu, »aber wenn Sie sich vorher mit ihr gut verstanden hätten, wäre es vielleicht gar nicht erst so weit gekommen.«

»An allem ist nur dieser Schwachkopf Laurence schuld. Dem wär's ganz recht, wenn ich schon längst den Löffel abgegeben hätte!«, blaffte Séamus. »Wie Bríd auf diesen Idioten reinfallen konnte, ist mir bis heute ein Rätsel. Sie war ein hübsches Mädchen, den hätt' sie wirklich nicht nehmen müssen!«

Manche Söhne und Töchter waren in den Augen ihrer Eltern eine Enttäuschung. Das kam in den besten Familien vor. Andererseits war es für viele Kinder nicht leicht, die hochgesteckten Erwartungen der Eltern zu erfüllen. Fin konnte ein Lied davon singen. Sein ganzes Leben hatte er vergeblich versucht, es seinem Vater recht zu machen, und dabei doch nie eine wirkliche Chance gehabt.

»Warum mögen Sie Laurence nicht?«

»Er ist dumm, faul, verlogen, hinterhältig und geldgeil«, zählte Séamus sachlich auf, »arbeitet bei der Stadtverwaltung in Sligo. Ein Bürohengst.« Er spuckte das letzte Wort mit derselben Verachtung aus wie ›Drogendealer‹. Oder ›Engländer‹. »Keine Ahnung, wie eine solche Niete meine Tochter um den kleinen Finger wickeln konnte.«

»Irgendwas wird schon an ihm dran sein, sonst hätte sie ihn nicht geheiratet«, versuchte Fin zu besänftigen.

»Wenn Laurence Jennings auch nur eine einzige gute Seite hat, dann hab' ich sie in den letzten dreißig Jahren beim Blättern übersehen«, stichelte der Alte.

»Sie waren doch auch mal jung«, wagte Fin einen Einwurf, »waren Sie etwa immer der Sonnenschein Ihres Vaters?«

»Meine Eltern waren nicht so wie andere Eltern.«

»Und wie waren sie?« Er sah den Alten an.

Séamus ließ sich Zeit mit einer Antwort. »Anders eben.«

»Wie anders?«

»Mein Vater war ein fahrender Zahnarzt.«

»Ein was?«

»Er war Zahnarzt. Fuhr übers Land, dorthin wo man ihn gerade brauchte«, erzählte Séamus, »und meine Mutter war Sängerin in einer Schaustellertruppe.«

»Klingt so, als hätten sie nicht viel voneinander gehabt.«

»Oh, sie haben sich sehr geliebt«, widersprach Séamus sofort, »sie haben sich halt nicht oft gesehen, das stimmt allerdings. Ich habe auch nur drei Geschwister. Nuala, meine Schwester, ist Schauspielerin geworden und nach Australien ausgewandert. Mein großer Bruder Malachy ist als Holzfäller nach Kanada gegangen. Nur Archie, der Jüngste, der war das schwarze Schaf der Familie.«

»Warum?«

»Er war Finanzbeamter. Ein ungesunder Beruf. Ist mit Mitte fünfzig gestorben. Herzinfarkt.«

Fin versuchte, sich Séamus' Kindheit vorzustellen. Eine Kindheit in einem kargen Land, das gerade erst das Joch der englischen Besatzer abgeschüttelt hatte. Ein Land, das vor nicht allzu langer Zeit noch das Armenhaus Europas gewesen war. »Wo sind Sie aufgewachsen? In einem Wohnwagen?«

»Nein, bei meinem Großvater.« Allmählich begann Séamus aufzutauen. »Er war Fischer. Lebte in einem kleinen Dorf gar nicht weit von Sligo. Er hat mich immer mitgenommen, wenn er hinausfuhr. Es war die schönste Zeit in meinem Leben.«

»Aber Sie sind Maler geworden. Kein Fischer.«

»Ich hatte wohl als Kind schon zu viel Fantasie. Als ich zu Weihnachten Papier und Farben geschenkt bekam, war es um mich geschehen.«

»Und was hat Ihr Vater von Ihrer Kunst gehalten?«

»Meinem Vater war es eigentlich egal«, antwortete Séamus, »und meine Mutter sagte nur, so lange es mir Spaß mache, solle ich es halt versuchen.«

»Na bitte.«

Séamus wandte ihm sein spitzes Kinn zu. »Wie?«

»Versuchen Sie doch einfach ein wenig wie Ihre Eltern zu sein«, riet Fin, »seien Sie Ihrer Tochter gegenüber toleranter. Gelassener.« Er lächelte den Alten aufmunternd an. »Leben und leben lassen, wie es so schön heißt.«

»Pah!«

»Am besten fangen Sie gleich heute damit an.«

»Eher trocknet der Atlantik aus!« Das kleine Loch im Eis begann wieder zuzufrieren. »Hast du Kinder?«

»Ja, eine Tochter. Lily. Sie ist fünfzehn.«

»Fünfzehn. Soso.« Séamus lächelte listig. »Da wird es dir vermutlich auch völlig egal sein, wenn irgend so ein dahergelaufener Rotzbengel sich an sie ranmacht, hab' ich recht?« Seine hellen Augen blitzten vor unverhohlener Schadenfreude.

»Quatsch!« Fin wandte sich ab. »Das kann man überhaupt nicht vergleichen.«

Séamus kicherte.

Fin wusste, dass er recht hatte. Was Lily betraf, war auch er absolut nicht frei von Vorurteilen. Im Gegenteil, er hätte eine ganze Menge zu jenen Jungs sagen können, die bereits auf der Schwelle seiner Haustür in Dublin aufgetaucht waren, um seine Tochter auf ein Date abzuholen, aber er fand, dass es höchste Zeit war für einen Themenwechsel.

»Ich hab' Hunger. Wie sieht's bei Ihnen aus?«

Séamus schien über die Frage ernsthaft nachzudenken, schließlich nannte er vier Tüten mit Lebensmitteln sein Eigen, die er auch sofort diesbezüglich inspizierte. Aber Fin wusste, dass er nichts darin finden würde, worauf er im Moment Lust hatte. Also hielt er an der nächsten Tankstelle und besorgte Sandwiches und zwei Becher Kaffee.

Auf der Schnellstraße herrschte wenig Verkehr und sie erreichten Sligo am späten Nachmittag. Brooklawns war ein kleiner ruhiger Vorort westlich des quirligen Stadtzentrums, wo Möwen auf den Dächern hockten und frische salzige Luft den nahen Atlantik ahnen ließ.

Der Regen hatte aufgehört. Unter einem grauen Himmel tropften nasse Palmen in gepflegten Vorgärten, auf der Straße davor parkten ebenso gepflegte Mittelklassewagen. Zu sehen war niemand, nur ein älterer Mann, der im Nachbarsgarten einem Rosenbusch mit einer gewaltigen Heckenschere auf den dornigen Leib rückte. Diskret beobachtete er Fin, der auf eine Doppelhaushälfte aus rotem Backstein zumarschierte, einen widerwilligen Séamus im Schlepptau.

Eine Frau Anfang fünfzig öffnete ihnen die Tür. Mit einer Hand hielt sie die graue Strickjacke über ihrer dünnen Bluse zusammen, um sich gegen die kühle Luft zu schützen.

»Mrs. Jennings?«

Die Frau blickte erst Fin an, dann den alten Mann, der hinter ihm in Deckung gegangen war. »Vater ...?«

»Sag jetzt nicht, du freust dich, mich wiederzusehen«, bellte

Séamus schroff, »ich hab' dir als Kind schon immer an der Nasenspitze angesehen, wenn du gelogen hast.«

»Aber ... wo bist du gewesen?« Sie war verwirrt. »Wir dachten schon, du–«

»Ich sei tot, ja? Na, das könnte euch so passen!« Séamus wagte sich aus Fins Schatten.

»Was redest du da für einen Blödsinn? Du warst es doch, der sich einfach sang- und klanglos aus dem Staub gemacht hat!«, gab Bridget Jennings im gleichen Tonfall zurück.

»Und ich hatte auch allen Grund dazu!«

Echte Wiedersehensfreude sah anders aus. »Können wir vielleicht drinnen weiterreden?«, versuchte Fin den beiden etwas Wind aus den Segeln zu nehmen. Der Nachbar stand mit erhobener Gartenschere am Zaun und beobachtete den Streit mit wachsendem Interesse.

Nur zögernd hielt Bridget ihnen die Tür auf.

»Sind Sie von der Polizei?«, fragte sie Fin, als sie durch den Hausflur vorausging.

»Nein, nicht direkt.« Fin hatte noch gar keine Chance bekommen, sich vorzustellen. »Mein Name ist Fin O'Malley. Die Polizei hat mich gebeten, Ihren Vater hier abzuliefern.« Das stimmte nicht ganz, war aber recht nah dran an der Wahrheit.

Bridget führte sie ins Wohnzimmer, wo ein künstliches Kaminfeuer mollige Wärme vorgaukelte. Geblümte Tapeten wetteiferten mit gestreiften Polstermöbeln, aufgerüschten Gardinen und bestickten Sofakissen um Aufmerksamkeit. Porzellanfiguren auf dem Kaminsims und Kunstblumensträuße im Fenster rundeten das Bild vom trauten Heim ab. Nur der helle flauschige Teppich bot ein wenig Entspannung fürs Auge. Manche Menschen bezeichneten eine solche Einrichtung als gemütlich. Fin bekam schon jetzt keine Luft mehr.

Auf dem grünrotgoldgestreiften Sofa hockte ein Mann hinter einem Teeservice.

»Laurence, mein Mann«, stellte Bridget an Fin gewandt vor.

Laurence Jennings mochte früher ein gutaussehender Bursche gewesen sein, vielleicht einer der Gründe, weshalb Bridget Browne ihn unbedingt hatte heiraten wollen. Er hatte noch immer volles dunkles Haar und erstaunlich wenig Falten im Gesicht, aber mit den Jahren war er ein wenig aus der Form geraten. Zu wenig Bewegung, zu viel gutes Essen, der Job am Schreibtisch in der Stadtverwaltung hatte Spuren hinterlassen. Im Moment hätte er eine gute Figur in einem Wachsfigurenkabinett abgegeben, als Darsteller in der Szenerie »Tee am Nachmittag«. Die Tasse halb erhoben, die Lippen gespitzt, bereit einen Schluck zu schlürfen, hockte er da wie erstarrt und schaute seine Besucher über den Rand der Tasse an. Nein, eigentlich schaute er nur Séamus an.

»Vater …?« Er schaffte es gerade noch, die Tasse sicher zum Tisch zurückzubalancieren, wo sie laut klappernd auf der Untertasse landete.

»Damit hast du nicht gerechnet, was?« Séamus mochte seine Abneigung nicht verbergen.

»Wo hast du gesteckt?« Der vorwurfsvolle Klang seiner Stimme konnte nicht wirklich überzeugen. »Wir haben uns Sorgen gemacht.«

»Ja, das kann ich mir vorstellen«, erwiderte Séamus, nicht ganz frei von Ironie.

»Wir haben sogar eine Vermisstenanzeige aufgegeben«, erklärte Laurence an Fin gerichtet, als ob er derjenige wäre, dem er Rechenschaft ablegen müsste, »wir haben ganz Irland nach ihm umgekrempelt.«

Sehr gründlich konnte die Suche nicht gewesen sein, der Croagh Patrick lag nur wenig mehr als hundert Kilometer von Sligo entfernt. »Und Sie haben sich all die Jahre nie gefragt, wo Ihr Vater abgeblieben ist?«, fragte Fin verwundert. »Ich meine, kein Mensch verschwindet einfach so …«

»So wie es aussah, war es ja wohl seine eigene freie Entscheidung gewesen, bei Nacht und Nebel abzuhauen«, antwortete Bridget ungerührt.

»Gebt ruhig zu, ihr wart froh, als ich weg war«, schnauzte Séamus.

»Quatsch!«, schnauzte seine Tochter zurück.

»Das ist nicht wahr!«, hieb Laurence in dieselbe Kerbe.

So hatte sich Fin die Familienzusammenführung nicht vorgestellt. Der lautstarke und wenig liebevolle Austausch von Freundlichkeiten schmerzte in seinen malträtierten Ohren.

»Vielleicht war das Pflegeheim doch keine so gute Lösung«, wandte er vorsichtig ein.

»Es war das Beste für ihn, glauben Sie mir«, versicherte Bridget im Brustton ehrlicher Überzeugung.

»Wir wollten immer nur das Beste für Vater«, fiel Laurence eine Spur zu scheinheilig ein, während er sich geistesabwesend einen Keks in den Mund stopfte und hektisch zu kauen anfing.

»Oh ja, mein Bestes wolltet ihr schon immer«, äffte Séamus, »mein Geld, das wolltet ihr!«

»Als ob wir auf die paar jämmerlichen Kröten angewiesen wären«, wehrte sich Laurence mit vollem Mund, »dabei war das Pflegeheim wirklich nicht billig.«

»Ihr musstet es ja nicht lange bezahlen.«

»Nein, Gott sei Dank nur zwei Monate.«

Sie schienen sich erstaunlich schnell damit abgefunden zu haben, dass der Alte wohl nicht mehr auftauchen würde. Zumindest nicht lebend.

»Er hat schon immer seinen eigenen Kopf gehabt«, meinte Bridget resigniert und setzte sich zu ihrem Mann aufs Sofa. Niemand kam auf den Gedanken, den beiden Besuchern einen Platz oder gar eine Tasse Tee anzubieten. »Meine Mutter hat ihn verlassen, als ich sechzehn war–«

»Ich war froh, als ich die alte Hexe los war!«

Bridget ging nicht darauf ein. »Wir hatten kaum noch Kontakt. Und nach ihrem Tod wurde es auch nicht besser. Irgendwann hat er's dann einfach auf die Spitze getrieben. Ist auf den Klippen rumgeklettert. In seinem Alter. Es kam wie's kommen musste, er hat sich ein Bein gebrochen. Einen Monat Krankenhaus. Dann zwei Monate Reha –«

»Währenddessen hattet ihr nichts Eiligeres zu tun, als mein Haus zu verkaufen«, warf Séamus ein, »so schafft man Tatsachen, nicht wahr?«

»Man konnte dich doch nicht alleine lassen, ständig hattest du irgendwelchen Blödsinn im Kopf«, fuhr Bridget ihren Vater vorwurfsvoll an, »ich dachte, in St. Agnes werden sie eher mit dir fertig.«

»Gefragt haben sie mich natürlich nicht«, sagte Séamus zu Fin, »es sollte ja nur vorübergehend sein. So läuft das doch immer.« Und an seine Tochter gewandt. »Ich brauch' kein betreutes Denken!«

Bridget verdrehte theatralisch die Augen. »Was du wieder für einen Unsinn redest!« Sie stieß ihren Mann an. »Laurie, sag du doch auch mal was!«

Laurence verteilte den Keks, den er gerade kaute, in seinen Backentaschen, was ihn wie einen Hamster aussehen ließ. »St. Agnes ist ein schönes Haus«, mümmelte er, »draußen bei Strandhill. Gar nicht weit weg von deinem alten Zuhause. Von deinem Zimmer konntest du sogar das Meer sehen.«

»Sehen, ja. Mehr aber auch nicht. Sie haben mich ja nicht rausgelassen«, maulte Séamus, »gar nichts durfte ich. Sogar meine Staffelei haben sie mir weggenommen.«

»Weil der ganze Flur nach Ölfarbe und Terpentin gestunken hat«, erwiderte Bridget gereizt.

»Und ständig sollte ich irgendwelche Pillen schlucken«, fuhr der Alte ungerührt fort, »ich bin kerngesund, ich brauch' keine Pillen. Ich hab' das ganze Zeug im Klo runtergespült.«

Fin erinnerte sich an das Mosaik aus Pillen, das im Wohnwagen an der Wand gehangen hatte. Von Ärzten und Medikamenten schien Séamus eine ganz eigene Auffassung zu haben.

»Auch wenn's euch nicht gefällt, es geht mir prächtig«, stellte Séamus fest.

»Und woher stammt das Pflaster auf deiner Stirn?«, fragte Laurence ohne echtes Interesse.

»Der Wohnwagen, in dem Ihr alter Herr die letzten Jahre gelebt hat, ist abgebrannt«, erklärte Fin.

Die letzten Kekskrümel wollten Laurence im Hals stecken bleiben. »Heißt das, du willst bei uns wohnen?«, fragte er entgeistert.

»Das geht nicht«, fiel Bridget mindestens ebenso entsetzt ein, »wir haben überhaupt keinen Platz. Und wer soll sich um dich kümmern? Laurie hat einen anstrengenden Job, ich hab' meinen Haushalt zu versorgen. Und zwei Kinder–«

»Zwei? Liz vielleicht. Gráinne hast du ja erfolgreich aus dem Haus geekelt.«

»Grace! Sie heißt Grace! Und ich habe sie nicht rausgeekelt, sie ist von selbst gegangen.«

»Ein kluges Kind. Sie hat so gar nichts von dir.«

»Halt den Mund!«

»Und Gott sei Dank auch nichts von deinem Mann.«

Bridget schnellte vom Sofa. »Raus hier oder ich vergesse meine gute Erziehung!«

»Erziehung, ha!«, schnappte Séamus. »Aber keine Sorge, ich hatte eh nicht vor zu bleiben.«

Fin sah den Alten an. So war das nicht geplant gewesen.

»Nicht bleiben? Ist das ein Versprechen?«, wollte Laurence allen Ernstes wissen.

»Ich bin bloß gekommen, um meine Bilder abzuholen.«

Im Zimmer wurde es plötzlich still. Angenehm still. Zumindest für Fins Gehörgänge.

»Bilder …?« Bridget und Laurence sahen einander an. Unsicher.

»Ja, genau. Meine Bilder. Hinten im Schuppen.«

»Die Bilder, ähm …« Laurence druckste herum.

»Die … haben wir … nicht mehr«, stammelte Bridget verlegen.

»Was?«, brüllte Séamus.

Fin hielt sich das Ohr zu.

»Die haben wir verkauft.«

»Ihr habt was?«

Fin hielt sich das andere Ohr zu.

»Seid ihr wahnsinnig?«

»Naja, da war so ein … so ein Trödler, der … der hat sie alle mitgenommen«, gestand Laurence.

»Ein … ein Trödler?« Séamus konnte es nicht fassen.

»Ob er wirklich ein Trödler war, haben wir nicht gefragt«, entgegnete Bridget, »ich glaub', er hat noch nicht mal einen Namen genannt. Wenn doch, dann hab' ich ihn vergessen. Jedenfalls waren wir froh, dass wir den ganzen alten Plunder los waren.«

»Plunder?«

»Er war aus Dublin«, erinnerte sich Laurence.

»Zumindest hatte er ein Dubliner Nummernschild.« Bridget zuckte mit den Achseln.

Séamus stützte sich zitternd an der Rückenlehne eines Sessels ab. »Ihr habt einfach … einfach alles verscherbelt?«

»Naja, wir dachten halt …«

»Wann war das?«, wollte Fin wissen.

Bridget und Laurence sahen sich an. »Das ist noch keine sechs Wochen her, oder?«

»Ein netter Kerl. Gar nicht so, wie man sich einen Trödler vorstellt. Sah eher aus wie ein Student, so mit langen Haaren und so 'ner modischen roten Brille«, erinnerte sich Bridget,

»hat mich eigentlich gewundert, dass sich so einer für diese ollen Schinken interessiert hat.«

»Einfach alles verscherbelt ...«, krächzte Séamus. Sein Blick verlor sich hilflos im Raum.

»Merkwürdig war allerdings, dass nur zwei Tage später eine Galerie in Dublin angerufen hat und nach Séamus gefragt hat«, erinnerte sich Laurence.

»Davon hast du gar nichts erzählt«, wunderte sich Bridget.

»Was haben Sie denen gesagt?«, fragte Fin.

»Naja ...« Laurence wollte nicht so recht raus mit der Sprache. Seine Augen wanderten nervös durchs Zimmer, er brachte es nicht fertig, Fin oder Séamus anzusehen. »Ich hab' gesagt, dass Séamus ... nun ja ... nicht mehr ganz richtig im Kopf und in einem Heim sei–«

»Was?«, empörte sich der Alte. »Ich kann dir sagen, wer von uns beiden nicht ganz richtig im Kopf ist!«

Laurence überhörte die Attacke. »Und da die Bilder eh alle weg waren, war für mich die Sache erledigt.« Er sah seine Frau hilfesuchend an. »Was hätte ich denn sonst sagen sollen?«

»Ist alles weg?«, wagte Séamus fast schon ängstlich zu fragen.

»Alles.«

»Auch die Skizzen?«

»Alles.«

6. Sligo

Fin bedauerte, dass er Séamus' Angebot, seine Bilder anzuschauen, ausgeschlagen hatte. Vielleicht wäre es ganz interessant gewesen, zu sehen, was der Alte da zu Papier gebracht hatte. Interessant zu erfahren, wofür sich eine Dubliner Galerie nach so langer Zeit plötzlich interessiert hatte. Und wofür sich ein Trödler so erwärmen konnte, dass er alles bis auf den letzten Fitzel Papier mitgenommen hatte. Wollte man Séamus glauben, so hatte es mindestens einen Lastwagen gebraucht, um alles abzutransportieren, was Laurence und Bridget allerdings nicht bestätigen wollten.

Es gab schon eigenartige Zufälle, dachte Fin, als er den Landrover zurück ins Stadtzentrum lenkte.

»Sie haben mein Leben verkauft. Einfach so verscherbelt. Alles im Sonderangebot«, murmelte Séamus noch immer fassungslos über den Frevel. Bleich wie ein Gespenst hockte er neben ihm. Oder wie einer, der ein Gespenst gesehen hatte. Unter keinen Umständen hatte er bei seiner Tochter bleiben wollen, was Fin einigermaßen ratlos machte. Eigentlich gingen ihn die familiären Probleme im Hause Browne nichts an, aber er wollte den Alten nicht einfach so sich selbst überlassen.

»Ich frage mich, was sie mit dem ganzen Geld aus dem Verkauf gemacht haben.« Séamus konnte sich nicht beruhigen.

»So wie ich Laurence verstanden habe, war es wohl nicht viel gewesen.«

»Das glaube ich nicht«, erwiderte Séamus eisig, »die Bilder waren ein Vermögen wert.«

Das war wahrscheinlich Ansichtssache, vermutete Fin, aber er behielt seine Meinung für sich.

»Ich muss meine Bilder finden«, erklärte Séamus und begann hektisch mit seinen Tüten zu rascheln.

»Aber nicht heute«, bremste ihn Fin, ehe ihm der Alte womöglich noch aus dem fahrenden Wagen hüpfte.

»Ich muss sofort los«, sagte Séamus eifrig, »ich muss nach Dublin.«

»Sie müssen erstmal ein Dach über dem Kopf haben, dann können Sie immer noch weitersehen.« Fin zweifelte keine Sekunde an der Entschlossenheit des Alten, doch zuallererst würde er ihm eine Bleibe besorgen. Bridget und Laurence hatten keinerlei Anstalten gemacht, sich um ihren Vater zu kümmern. »Er ist erwachsen«, hatte Bridget nur gesagt, »außerdem macht er eh, was er will.« So war ihm auf die Schnelle nichts Besseres eingefallen, als bei der örtlichen Tourismuszentrale nachzufragen, die würden sicher weiterhelfen können. Was Séamus morgen anstellte, ging ihn, Fin, dann nichts mehr an. Er sah auf die Uhr. Wenn er den Alten abgesetzt hatte und sich ein bisschen beeilte, konnte er noch pünktlich zum Abendessen in Foley sein. Heute war Montag, da machte Isobel im Pub immer ihren famosen Lammbraten.

Während sich der Wagen durch den Feierabendverkehr von Sligo quälte, brabbelte Séamus auf dem Beifahrersitz vor sich hin. Fin ignorierte es. Er hielt nach einem Parkplatz Ausschau und hatte Glück. Gerade wurde eine Lücke frei, schräg gegenüber der Tourismusinformation.

Fin stieg aus und grätschte über eine Pfütze. »Sie warten hier. Ich bin gleich wieder da.«

Er wusste nicht, ob Séamus ihn gehört hatte. Er sah noch immer ziemlich mitgenommen aus. Seine struppigen Haare hatten sich aus dem Pferdeschwanz gelöst, er hockte da und starrte entrückt durch die Windschutzscheibe, in Gedanken wohl bei seinen Bildern.

Fin beeilte sich.

Die Mitarbeiterin der Tourismuszentrale bemühte sich aufopferungsvoll, nachdem Fin eine phantasievolle Geschichte zum Besten gegeben hatte, und suchte ihm sofort mehrere Adressen heraus. Da er aber nicht wusste, wie viel Geld Séamus augenblicklich bei sich hatte, tendierte er eher zu einer bescheidenen Unterkunft. Nach einem kurzen Telefonat verließ er das Büro mit der Adresse eines kleinen, preiswerten Bed & Breakfast ganz in der Nähe.

Während er in Gedanken die Wegbeschreibung noch rekapitulierte, die man ihm mitgegeben hatte, hörte er plötzlich einen Motor aufheulen. Er blickte auf und sah einen silberfarbenen Wagen über die Straße schlingern, als ob der Fahrer die Kontrolle über ihn verloren hätte. Reifen rutschten über den Asphalt, Blech schmirgelte gegen anderes Blech. Glas splitterte.

Jemand schrie.

Etwas flog durch die Luft.

Fins Herzschlag setzte aus. Genau dort hatte er den Landrover geparkt. Für den Bruchteil einer Sekunde leuchteten Bremslichter auf, dann gab der Fahrer plötzlich Vollgas, jagte seinen Wagen über die nächste Kreuzung und verschwand in einer Seitenstraße.

Stimmen wurden laut, Menschen liefen zusammen. Gestikulierten. Redeten durcheinander.

»Séamus?«

Fin begann zu laufen, hetzte über die Straße, rempelte sich einen Weg durch die Menge.

»Séamus!«

Der Alte lag auf dem Asphalt, inmitten seiner aufgerissenen Plastiktüten, zwischen verstreuten Dosen, Toastscheiben und zerbrochenen Eiern.

»Was zum Teufel!« Fin kniete sich neben ihn. Auf den ersten Blick konnte er keine offensichtlichen Verletzungen entdecken. »Séamus?«

Der Alte war bei Bewusstsein. »Meine Bilder«, stöhnte er, »ich muss doch meine Bilder suchen ... Ich ... ich ...« Seine Stimme versagte.

Fin legte ihm beruhigend eine Hand auf die Schulter. Um ihn herum redeten alle durcheinander.

»Gehört der alte Herr zu Ihnen?«

»Ihr Vater?«

»Gott sei Dank hat es nur die Tüten erwischt.«

»Haben Sie das gesehen? Dieser Rowdy! Einfach rücksichtslos!«

»Der Opa hätte mal besser aufpassen sollen.«

»Ein Krankenwagen ist unterwegs.«

»Also wenn ihr mich fragt – das war Absicht.«

Es war diese eine Bemerkung, die Fin aufhorchen ließ. Er schaute auf, schaute in die Runde, schaute in die Gesichter der Umstehenden, aber er konnte den Redner im Gedränge nicht ausmachen.

Das war Absicht ...

Er betrachtete gedankenvoll die verschrammte Delle in der Wagentür. Auf eine Beule mehr oder weniger kam es bei der alten Karre nicht an. Der Landrover war stabil gebaut, der Schaden am Wagen des Unfallgegners vermutlich erheblich größer.

Das war Absicht ...

Merkwürdig. Warum war ihm genau derselbe Gedanke durch den Kopf gegangen?

Fin begleitete Séamus ins Krankenhaus. In der Notaufnahme wurde er gründlich durchgecheckt bis hin zu einer kompletten Röntgenaufnahme, das übliche Prozedere.

»Das Auto hat ihn wohl nur gestreift und zu Boden geworfen«, meinte der diensthabende Arzt mit einem Blick in seine Untersuchungsergebnisse, »der Fahrer kann nicht sehr schnell gefahren sein, da hat Ihr Vater gewaltiges Glück gehabt.«

Fin korrigierte den Irrtum nicht. Er sah hinüber zu der traurigen Gestalt, die apathisch auf der Untersuchungsliege kauerte. Im kalten Neonlicht wirkte die Haut des alten Mannes fast weiß, die Falten in seinem Gesicht schienen abgrundtiefe Gräben. Er hatte das Hemd nur flüchtig zugeknöpft, die Knopfleiste war zerrissen, ob durch den Unfall, Fin konnte es nicht sagen. Die Hose war so weit nach oben gerutscht, dass der Saum knapp unter den Knien hing und zwei unterschiedlich gemusterte Strümpfe offenbarte. Der Mantel ruhte als nasses schmuddeliges Bündel auf seinem Schoß, unter der Liege standen Gummistiefel wie zwei verstoßene Waisenkinder.

»Er hat ein paar Prellungen. Vielleicht auch eine Gehirnerschütterung, das müssen wir aber erst noch untersuchen. Wir würden ihn gern über Nacht hierbehalten«, sagte der Arzt.

Damit wäre Fin die Sorge um eine Bleibe für Séamus los. Aber ihm war klar, wohin sie den Alten danach bringen würden.

St. Agnes.

»Sie waren Zeuge des Unfalls?« Eine Polizeiuniform war neben Fin aufgetaucht.

»Kann man so sagen.«

»Fahrerflucht«, der Polizist schüttelte den Kopf, »die Menschen werden immer rücksichtsloser, man kann nicht genug aufpassen heutzutage. Aber vielleicht kriegen wir den Burschen. Ein Zeuge hat sich das Kennzeichen gemerkt. Wir haben es an die Kollegen weitergeleitet, die suchen bereits nach dem Wagen.«

»Es war Absicht«, hörte Fin sich sagen.

»Absicht? Wie darf ich das verstehen?«

»Jemand hat den alten Mann überfahren wollen«, erwiderte Fin, »das meine ich mit Absicht.«

»Das müssen Sie mir erklären.«

»Der Kerl hat noch kurz angehalten, hat wohl im Rückspiegel geschaut, ob er den Mann auch erwischt hat. Erst dann ist er abgehauen.«

»Das ist ein ganz typisches Verhalten bei Fahrerflucht«, erklärte der Polizeibeamte, »hören Sie, Mister …«

»O'Malley.«

»Mr. O'Malley …«, der Polizist zögerte, »O'Malley? Den Namen hab' ich schon mal gehört. Kennen wir uns von irgendwoher?«

Fin konnte sich denken, woher. Aus der Zeitung. »Nein, ich glaube nicht. Ich bin nicht von hier«, antwortete er rasch.

»O'Malley …«, der Polizist kam ins Grübeln, »sagen Sie, sind Sie nicht der Typ, den Richter Hogan auf den Croagh Patrick geschickt hat?«

Fin wand sich.

»War da nicht Alkohol im Spiel?«

Er ahnte schon, worauf das hinauslaufen würde.

»Hören Sie, Mr. O'Malley, es gibt keinerlei Hinweise auf eine Straftat. Auch die anderen Zeugen haben ausgesagt, es sei ein Unfall gewesen. Der alte Mann wollte plötzlich die Straße überqueren, das Auto musste ausweichen«, sagte der Polizist, »seien Sie froh, dass es so glimpflich ausgegangen ist.«

Er glaubte ihm nicht. Hielt ihn wahrscheinlich für einen Säufer, der weiße Mäuse sah.

»Aber Sie müssen etwas unternehmen!«, drängte Fin ungewollt heftig. »Ich bin selber Polizist gewesen, ich weiß wie –«

Der andere fiel ihm ins Wort: »Ich sagte Ihnen bereits, wir suchen nach dem Unfallverursacher«, er bemühte sich sichtlich um Höflichkeit, »wenn Sie mich jetzt bitte entschuldigen.«

Damit ließ er Fin stehen.

Kein Polizist ließ sich gerne erklären, was er zu tun habe. Schon gar nicht von einem Ex-Polizisten.

Das war nun schon das zweite Mal heute, dass die Polizei keinen Handlungsbedarf sah. Dass man einen alten Mann wie Séamus offenbar nicht ernst nahm.

Fin versuchte, sich vorzustellen, was er anstelle des Polizisten getan hätte. Damals, als er noch selbst bei der Polizei gewesen war. Vermutlich hätte er sich genauso verhalten. So wie nach allen Aussagen die Dinge lagen, gab es objektiv keinen Grund, tätig zu werden. Eine Fahrerflucht. Ein bisschen Blechschaden. Ein alter Mann, der mit einem blauen Auge davongekommen war. Kein Polizist leitete ein Ermittlungsverfahren ein aufgrund eines unguten Gefühls in der Magengegend. Schon gar nicht, wenn es nicht sein eigener Magen war. Die Polizei ermittelte erst, wenn es einen Toten gab. Soweit das landläufige Vorurteil, dem sich Fin allerdings nur ungern anschließen wollte.

Durfte er so lange warten?

Fin war kein Polizist mehr. Nichts und niemand konnte ihn daran hindern, etwas zu unternehmen.

Seine Vernunft riet ihm, sich rauszuhalten. Aber wann hatte er schon mal auf seine Vernunft gehört?

7. Foley

»Nora Nichols.«

»Séamus Le Brun. Angenehm.«

»Le Brun?«

»Meinetwegen auch einfach Browne.«

»Von den Brownes aus Malin Beg?«

»Nein. Sligo. Mullaghmore.«

»Hab' mal von einem Cathal Browne gehört. Der war Fischer in Mullaghmore.«

»Mein Großvater.«

»War er nicht ein Enkel von Aidan Browne, dem letzten Bewohner von Inish Dair?«

»Richtig. Aidan hat die Insel verlassen, nachdem ein Brand Haus und Hof zerstört hat. Muss so um 1850 herum gewesen sein.«

»Es waren die Feen, die damals sein Haus abgefackelt haben«, erklärte Nora, ohne mit der Wimper zu zucken, »in der Osternacht 1857.«

»Unsinn!«

»Aidans Vater Dougal hatte das Haus auf einem Versammlungsplatz der Feen gebaut. Sie hatten ihn gewarnt, aber er wollte ja nicht hören.«

»Soviel ich weiß, hat Moses Murphy das Feuer gelegt«, widersprach Séamus, »eigentlich sollte er Rosaleen heiraten, die Tochter von Hector O'Brien, aber Rosaleen liebte nun mal

Aidan. Und als die beiden mit Aidans Boot durchgebrannt sind, hat Moses sich gerächt und den Hof angezündet.«

»Nie und nimmer!«

»Doch, genau so war es. Es gibt einen Grabstein auf dem Friedhof von Mullaghmore«, beharrte Séamus, »einen Grabstein für Aidan und Rosaleen Browne. Meine Ururgroßeltern.«

»Neinneinnein, die Feen waren's«, protestierte Nora vehement, »und sie haben auf dem Platz, auf dem Aidans Haus gestanden hat, eine Eiche gepflanzt. Außer diesem Baum wächst dort nichts im Umkreis von fünfzig Metern. Nicht mal Gras. Die Feen halten den Platz nämlich frei.«

»Dort steht keine Eiche. Dort steht eine Eibe.«

»Eine Eiche!«

»Nein, eine Eibe!«

»Eine Eiche!«

»Ich bin dort gewesen, ich hab's selbst gesehen!«

Nora Nichols kniff die blauen Augen zusammen und musterte Séamus prüfend von Kopf bis Fuß. »Was willst du trinken?«

»Was Anständiges.«

»Ronan, zwei Fisherman's Fellow!«

Wenn Nora Nichols einen Fisherman's Fellow spendierte, war dies ein untrügliches Zeichen dafür, dass sie einen Seelenverwandten gefunden hatte, mit dem sie über Feen und Kobolde reden konnte. Zwar verstand Fin nicht, worüber die beiden Alten da stritten, aber er wusste, er musste sich um Séamus keine Sorgen mehr machen, denn die alte Nora Nichols hatte ihn praktisch adoptiert, kaum dass sie das Pub in Foley betreten hatten.

Séamus war nur widerwillig mitgekommen. Er wollte nach Dublin, er wollte seine Bilder wiederhaben, koste es, was es wolle. Dass sein Unfall in Sligo vielleicht gar kein Unfall gewesen war, diese Auffassung teilte der Alte nicht. »Ich hätte besser aufpassen sollen«, hatte er gesagt, »aber so ist das halt mit uns alten Leuten. Wir haben's eilig, und da guckt man nicht links, nicht rechts ...«

Erst als Fin ihm versprochen hatte, ihm bei der Suche nach seinen Bildern zu helfen, hatte Séamus eingewilligt, mit ihm nach Foley zu kommen. Die Aussicht auf einen neuerlichen Aufenthalt in St. Agnes hatte ein Übriges getan. Nach Fins Meinung brauchte Séamus einen Ort, wo er sicher war, für den Fall, dass tatsächlich jemand hinter dem Alten her war. Und für Fin gab es nur einen einzigen Ort in ganz Irland, wo man sicher war. Schließlich hatte Séamus ihn gerettet, und Fin hatte das Gefühl, ihm etwas schuldig zu sein.

Im Augenblick schienen die Bilder allerdings vergessen. Séamus blühte in der Gegenwart von Nora Nichols regelrecht auf. Seit Fin in diesem Dorf lebte, war es für ihn ein vertrauter Anblick, dass die schrullige Alte immer in der ersten Reihe stand, wenn irgendetwas passierte. Auch wenn hier oben im entlegenen Nordwesten Irlands nicht wirklich viel passierte. In Foley hatte eine ganz eigene Art von heiliger Dreifaltigkeit das Sagen. Der Pfarrer, der Kneipenwirt und Nora Nichols, die Älteste im Dorf, bildeten die Säulen der kleinen Gemeinde, und was sie sagten oder taten, wurde allgemein respektiert und nur selten hinterfragt. Wer von den Dreien nun der Chef war, das war Ansichtssache oder hing im Wesentlichen davon ab, ob man bei der Lösung eines Problems eher geistigen, geistlichen oder hochprozentigen Beistand benötigte.

Fin würde sich allerdings nicht wundern, wenn Gott weiblich wäre. Zumindest in diesem Dorf.

»Ronan, es tut mir leid, aber ich muss dir gestehen, du hast eine neue Beule in deinem Landrover«, wandte er sich an die zweitwichtigste Instanz im Dorf.

»Ach, das macht nichts. Wollte mir eh bei Gelegenheit einen neuen kaufen.« Ronan winkte ab und stellte Fin ein frischgezapftes Pint vor die Nase. »Erzähl lieber, was passiert ist.«

Es war gut, wieder in Foley zu sein. Das kleine Dorf, das er vor fast einem Jahr geradezu verflucht hatte, bedeutete ihm mittlerweile mehr als er je geglaubt hätte. Es fühlte sich nach Zuhause an, wenn er im Kreis vertrauter Gesichter an der Theke des *Fisherman* stand, sein Bier trank und anhand der Bratendüfte erschnupperte, was Isobel hinten in der Küche zauberte. Sie hatten ihn im Lauf der Monate in ihrer Mitte akzeptiert und nahmen Anteil an seinem Leben, auch wenn es heute Abend in erster Linie Neugier war.

»Jemand dachte wohl, der alte Séamus gäbe eine prima Kühlerfigur ab. Gott sei Dank hat er schlecht gezielt und dabei deinen Wagen getroffen«, skizzierte Fin in kurzen Worten das Erlebte, »und dann hat er sich aus dem Staub gemacht.«

»Du meinst, er wollte Séamus absichtlich überfahren?«

Fin nickte mit Nachdruck. »Die Polizei ist anderer Ansicht«, entgegnete er, »aber ich weiß, was ich gesehen habe.«

Wusste er das wirklich?

Oder lag der Gardai in Sligo doch nicht ganz so falsch und hielt ihn zu Recht für einen Spinner? Je länger der Unfall zurücklag, desto öfter musste Fin sich die Bilder ins Gedächtnis rufen. Hatte der Wagen Séamus wirklich mit Absicht aufs Korn genommen? Oder hatten ihm seine Sinne einen Streich gespielt? War dieser – wie sollte er es anders nennen – Mordversuch an Séamus Le Brun bloß eine Ausgeburt seiner Phantasie? Ein Produkt seiner Langeweile? Hatte Fin immer noch nicht mit dem Gedanken Frieden geschlossen, kein Polizist mehr zu sein? Sah er jetzt überall, wo er hinkam, Verbrechen? War jeder, der sich in seinen Augen eigenartig verhielt, ein potentieller Übeltäter? War am Ende der Wunsch der Vater des Gedanken? Wollte er seinen alten Job zurück?

Hirngespinste.

Er nahm einen Schluck Bier. Nein, so schnell ließ er sich nicht von einer Spur abbringen. Schließlich war da noch die Sache mit dem Wohnwagen. Ein defektes Ventil und ausströmendes Gas führten nicht automatisch zu einer Explosion. Da fehlte der Funke, der sie auslöste.

»Vielleicht war die Gasexplosion auch kein Unfall«, sagte er mehr zu sich selbst, »das müsste man eben rausfinden.«

»Gasexplosion?« Ronan hatte als typischer Kneipenwirt seine Ohren überall. »Welche Gasexplosion?«

Fin erzählte ihm, wie er Séamus kennengelernt hatte, wobei er die Details seiner Gipfelerstürmung wohlweislich beiseiteließ.

»Aber wer hätte einen Grund, diesen alten Knaben umzubringen?«, fragte Ronan, als Fin geendet hatte.

Das beliebte Frage- und Antwort-Spiel: Gab es jemanden, dem Séamus im Weg war? Wusste der Alte etwas, das er besser nicht wissen sollte? Oder besaß er etwas, das jemand anderes unbedingt haben wollte? Hatte Séamus etwas getan, wofür sich ein anderer rächen wollte? Kurzum – wer profitierte von Séamus' Tod?

Fin wusste zu wenig über den alten Mann, um sofort den Finger auf ein mögliches Motiv zu legen.

Geld schied wohl aus. Wenn er dem Besitzer des Campingplatzes glaubte, so hatte Séamus in den letzten Jahren mehr schlecht als recht vom Verkauf seiner Bilder gelebt. Aber hatte Ben Collins nicht auch gesagt, dass der Alte und sein Vater möglicherweise eine gemeinsame Leiche im Keller hatten? Vielleicht war das gar nicht einfach so dahergesagt. Der alte Séamus hatte immerhin achtzig Jahre Zeit gehabt, jemandem auf die Füße zu treten.

Fin beobachtete die beiden Alten, die neben ihm standen, wie sie die Köpfe zusammensteckten und Familiengeschichten austauschten. Ein Gedanke, der viel näher lag als der Campingplatz am Old Head, verlangte nach Klärung. Fin störte nur ungern, aber er brauchte Antworten.

»Sagen Sie, Séamus, was haben Sie damit gemeint, als Sie zu

Ihrem Schwiegersohn gesagt haben, es ginge ihm nur um Ihr Geld?«

Séamus sah ihn einen Moment lang irritiert an. »Habe ich das? Ach weißt du, was man eben so sagt …«

»Séamus, um welches Geld ging es?« Fin ließ nicht locker.

»Ich hab' kein Geld«, erwiderte Séamus, »das bisschen, was ich gespart hatte, haben die beiden wahrscheinlich längst auf den Kopf gehauen.«

»Und Ihre Rente?«

»Ach, die paar Cent …«

Der Alte wich ihm aus, das konnte Fin deutlich spüren. Hatten Bridget und Laurence all die Jahre, in denen Séamus verschwunden war, seine Rente kassiert und einfach ausgegeben? Eine große Summe konnte es nicht gewesen sein. Es kam nicht viel zusammen, wenn man ein Leben lang Leinwände vollpinselte. Aber selbst wenn die Tochter den Vater um seine Rente betrogen hatte, war das noch lange kein Mordmotiv. Im Gegenteil, Bridget und Laurence mussten in diesem Fall ein ausgesprochen großes Interesse daran haben, dass Séamus noch lange am Leben blieb, damit diese kleine Geldquelle nicht versiegte.

Und wenn er sie ertappt hatte? Waren die beiden nicht allzu überrascht gewesen, als Fin mit Séamus auf der Türschwelle auftauchte? Überrascht, dass ihr schöner Plan, den Vater zu beseitigen, nicht geklappt hatte? Hatten sie vielleicht eher damit gerechnet, dass die Garda kommen und ihnen die traurige Nachricht vom Ableben des geliebten Vaters überbringen würde? Und dass sie ihn in einer Leichenhalle identifizieren müssten?

Nein, da ließ er seiner Phantasie vielleicht doch zu viel freien Lauf. Welches Motiv die beiden auch immer gehabt hätten, sie hätten wissen müssen, wo Séamus sich die letzten acht Jahre verkrochen hatte. Und wozu so lange warten?

Merkwürdig war allein dieser ominöse Trödler, der scheinbar aus dem Nichts aufgetaucht war und Séamus' Bilder gekauft hatte. Oder gab es ihn überhaupt nicht, und Bridget und Laurence hatten die Gemälde anderweitig für viel mehr Geld verscherbelt, was sie Séamus gegenüber natürlich nicht zugeben wollten? Ob sich der Handel gelohnt hatte?

»Was glauben Sie, Séamus, wie viel waren die Bilder wert, die Sie bei Ihrer Tochter im Schuppen deponiert hatten?«

»Alle Bilder? Bestimmt tausende von Euro!«, tönte der Alte im Brustton der Überzeugung. »Wenn nicht sogar mehr!«

Ob das stimmte oder nicht, Fin ließ es mal so dahingestellt. »'ne Menge Geld. Es gibt Leute, die wurden für weniger umgebracht.«

Séamus wusste, worauf er hinauswollte. »Bleib mir mit deiner Mordtheorie vom Leib«, wehrte er ab, »das ist Unfug! Kein Mensch ist hinter mir her! Warum auch?«

»Das will ich ja von Ihnen wissen.«

»Und Bridget und ihren sauberen Gatten kannst du eh von deiner Liste streichen. Die sind viel zu blöd für so was, einer wie der andere.«

»Aber wer sonst?«

»Niemand!« Séamus wurde ärgerlich.

»Irgendjemand, mit dem Sie Streit haben. Jemand, der–«

»Der einzige Mensch, mit dem ich je im Leben Streit hatte, war Fearghus O'Toole.«

Na also. »Und worum ging es da?«

»Kann mich nicht mehr erinnern, ist schon zu lange her.«

»Und wo finde ich diesen Fearghus O'Toole?«

»Keine Ahnung. Hab' ihn zuletzt bei einer Ausstellung getroffen. Muss 1992 gewesen sein.«

Wahrscheinlich lebte er gar nicht mehr. Fin seufzte. Einmal mehr wünschte er sich nach Dublin zurück. An seinen Schreibtisch auf der Polizeistation. Er wünschte sich seinen Computer zurück und all die Verbindungen, die er spielen lassen konnte, um an Informationen zu kommen.

Hier in Foley saß er diesbezüglich auf dem Trockenen. Sicher, er hatte einen Computer und eine Internetverbindung, die an Tagen, an denen es nicht regnete, richtig schnell war. Wenn er es darauf anlegte, gab es sogar Mittel und Wege, das polizeiinterne Computersystem anzuzapfen. Er scheute diese Wege allerdings, nicht etwa weil hier in Foley jemand Anstoß nehmen könnte am Beschreiten jener Wege oder gar versuchen würde, ihn daran zu hindern. Würde man eine Straßenkarte von Foley zeichnen, bestünde diese vermutlich ausschließlich aus illegalen Wegen. Nein, er war in seinem Herzen immer noch zu sehr Polizist, um sich mit fragwürdigen Methoden zu behelfen, auch wenn diese vielleicht erfolgversprechend waren. Es musste einen anderen Weg geben. Und er hatte auch schon eine Idee.

Fin stahl sich unbemerkt davon und ging hinauf in sein Zimmer, das über dem Pub lag. Hier hatte er die Ruhe, die er brauchte, um weiter nachzudenken.

Er kannte sich nur zu gut. Seine Neugier war ein zartes Pflänzchen, doch wenn er es ausreichend goss und düngte, konnte es sich zu einem stattlichen Verdacht entwickeln, der ihm schnell über den Kopf wuchs, wenn er nicht aufpasste. Neugier war mitunter ungesund. Aber er wusste auch, er konnte jetzt nicht zur Tagesordnung übergehen. Jemand hatte versucht, einen anderen Menschen zu töten. Und er würde es vielleicht wieder versuchen. Es würde ihm keine Ruhe lassen, und dass er kein Polizist mehr war, machte die Sache nicht einfacher. Aber vielleicht gab es doch eine Möglichkeit, dem Geschehen auf den Grund zu gehen.

Doch zuallererst brauchte er eine Dusche. Dann saubere Kleider. Und sein Handy.

Zehn Minuten später saß er im Bademantel auf seinem Bett

und angelte sein Smartphone vom Nachttisch. Er sah auf die Uhr. Halb zwölf. Er beschloss, dass er es riskieren könnte.

Es klingelte nur ein einziges Mal.

»Da Silva.«

»Hier ist Fin.«

»Wieso fällt mir immer als erstes das Wort ›Ärger‹ ein, wenn ich deinen Namen höre?«

»Danke, es geht mir gut. Und dir?«

»Hör mal, O'Malley, die Kollegen in Mayo–«

»Vergiss die Geschichte in Mayo. Ich hab' eine andere Bitte. Du musst etwas für mich rausfinden.«

Am anderen Ende der Leitung blieb es einen Moment still. Fin fragte sich, was Caitlin gerade machte.

»Ich hab' mich wohl verhört. Glaubst du, ich hab' nichts Besseres zu tun?«, schnappte sie ärgerlich.

Fin hielt kurz die Luft an. »Ähm, an was arbeitest du gerade?« Er versuchte, seiner Stimme einen interessierten Tonfall zu verleihen.

»Das willst du nicht wirklich wissen.«

»Doch.«

Irgendwo plätscherte eine Flüssigkeit in einen Becher. Vermutlich Tee. »Eine Einbruchserie.«

»Klingt spannend«, versuchte Fin zu überzeugen.

»Willst du mich verarschen?«

»In der Zeitung stand neulich, dass eine skrupellose Bande entlegene Farmen in Donegal unsicher macht«, beeilte er sich zu sagen, »ich meine, wenn es dir gelingt–«

»Ich sitze hier im Auto und observiere eine Kirche«, unterbrach sie ihn.

»Eine Kirche. Ähm, ja …« Fin suchte fieberhaft nach einem passenden Text. »Hat sich schon was getan?«

Die Antwort ließ einen Augenblick auf sich warten. »Nein.«

Er konnte sie vor sich sehen, wie sie in ihrem Wagen hockte, in ihren Parka eingegraben, die Füße gegen das Armaturenbrett gestemmt, und an einem Becher lauwarmen Tee aus der Thermoskanne nippte. Er kannte diese Nächte aus eigener Erfahrung.

»Interessant.«

»›Interessant‹ ist die kleine Schwester von ›beschissen‹. Also, weshalb rufst du an?«, fragte Caitlin. »Und wehe, es ist nicht wirklich wichtig.«

Fin schilderte ihr im Telegrammstil, was seit ihrem letzten Telefonat am Morgen passiert war. Caitlin hörte geduldig zu, ohne ihn zu unterbrechen.

»Ich weiß, das ist alles ein bisschen vage, aber ich bin trotzdem der Überzeugung, dass jemand versucht hat, den alten Kerl umzubringen«, schloss er, »und das zweimal innerhalb von vierundzwanzig Stunden.«

»Und was soll ich jetzt tun?«

Fin überlegte kurz, wo er anfangen sollte. »Zuerst würde ich gern rausfinden, ob die Gasleitung am Wohnwagen vielleicht manipuliert war. Dazu müsste jemand die Spurensicherung zum Campingplatz am Old Head rausschicken«, begann er, »dann wüsste ich natürlich gern, wer der Halter des Unfallfahrzeugs ist. Die Polizei in Sligo hat angeblich ein Kennzeichen–«

»O'Malley …«

»Dann interessiert mich, ob gegen Bridget und Laurence Jennings irgendetwas vorliegt. Kleine Betrügereien vielleicht oder irgendwas in der Richtung würde passen. Die finanzielle Situation–«

»Fin.«

»Ja?«

»Du ermittelst wieder.«

»Aber nein, wie kommst du darauf?«

»Du ermittelst«, stellte Caitlin da Silva betont sachlich fest.

»Ich helfe bloß einem alten Mann, der–«

»Du bist kein Polizist mehr, O'Malley. Wie oft muss man dir das noch sagen, bis du es endlich kapierst?«

»Ich kann eben nicht aus meiner Haut«, verteidigte sich Fin, »ich kann mich nicht hinsetzen und warten, bis Séamus etwas zustößt.«

»Überlass der Polizei die Arbeit.«

»Würde ich ja gerne, aber die tun ja nichts«, quengelte er.

»Also Fin, auf einen bloßen Verdacht hin …«

»Hand aufs Herz, Inspector da Silva, was würdest du an meiner Stelle tun?«

Sie ließ sich Zeit mit einer Antwort. Mit etwas Glück hatte er einen wunden Punkt getroffen. »Ich habe dir heute Morgen schon gesagt, dass ich in Mayo keine Zuständigkeit habe.«

In Fins Ohren klang es nicht mehr ganz so ablehnend. »Könntest du nicht sagen, dass es eine Verbindung zu deiner Einbruchserie gibt?«

»Du hast auch auf alles eine Antwort, oder?«

Fin zuckte mit den Achseln, aber er wusste, dass Caitlin das natürlich nicht sehen konnte. »Ich tu mein Bestes.«

Wieder Stille. Im Hintergrund kratzte ein Scheibenwischer. Fin glaubte ihr Zögern spüren zu können. »In Gottes Namen, O'Malley, schick mir eine Mail mit den Informationen, die du hast. Ich werd' sehen, was ich tun kann.« In ihrer Stimme schwang ein Hauch Resignation mit. Vielleicht ahnte sie, dass er keine Ruhe geben würde.

»Danke, Caitlin.«

»Versprechen werde ich dir allerdings nichts.« Damit unterbrach sie die Verbindung.

Fin ließ das Handy auf die Bettdecke plumpsen. Die Anspannung fiel allmählich von ihm ab. Der Anfang war gemacht, mehr konnte er im Augenblick nicht tun. Vielleicht auf Séamus aufpassen, für den Fall, dass es der Unbekannte noch mal versuchen würde. Wenn die beiden Unfälle, die dem Alten zugestoßen waren, zusammenhingen, dann war es denkbar, dass ihnen auf dem Weg vom Old Head nach Sligo jemand gefolgt war. Aber auf der Fahrt nach Foley hatte Fin oft genug in den Rückspiegel geschaut. Er war sich sicher, dass er es gemerkt hätte, wenn ihnen in der weiten Einsamkeit Donegals ein Auto gefolgt wäre.

Als nächstes musste er das Versprechen einlösen, das er Séamus gegeben hatte, und sich um die Wiederbeschaffung seiner Bilder kümmern.

Er hob seine dreckigen Klamotten vom Fußboden auf und hatte das Wort ›Waschmaschine‹ noch nicht zu Ende gedacht, als ihm die Visitenkarte einfiel, die Shauna Adams ihm am Croagh Patrick zugesteckt hatte. Rasch fingerte er sie aus der Tasche seiner Jeans. Aber dann zögerte er. Die Idee, die er plötzlich hatte, war absurd und würde ihn einiges an Überwindung kosten.

Er nahm wieder sein Handy, ohne darüber nachzudenken, dass es fast Mitternacht war.

»Hier ist Fin O'Malley.«

»Mr. O'Malley. Schön, dass es Sie noch gibt. Wo stecken Sie? Ich hoffe, es geht Ihnen gut?« Shauna Adams klang nicht so, als wäre sie ehrlich an seinem Wohlbefinden interessiert.

»Fanden Sie die Suchaktion nicht ein klein wenig übertrieben?«

»Wieso? War 'ne Superstory«, antwortete sie schnippisch, »man hat nicht jeden Tag die Titelseite.«

Fin wollte nicht lange um den heißen Brei herumreden. Vielleicht hatte sie die Informationen, die er brauchte. Wenn nicht, würde es ein kurzes Gespräch werden.

»Sagt Ihnen der Name Séamus Le Brun etwas?«

»Séamus Le Brun?« Falls Shauna Adams über den Gedankensprung überrascht war, dann ließ sie es sich nicht anmerken.

»Lassen Sie mich nachdenken ... Doch, ja, natürlich. Einer von den Sligo Boys.«

»Sligo Boys?«

»Eine Künstlergruppe. Maler, hab' ich recht?«

»Was wissen Sie über Le Brun?« Wenn eine Kulturjournalistin aus Dublin den Namen kannte, dann war Séamus Le Brun in der Kunstszene offenbar kein Unbekannter.

»Nicht viel. Ist vor ein paar Jahren von der Bildfläche verschwunden. Das Letzte, was ich über ihn gehört habe, ist, dass eine Ausstellung, die die National Gallery über die Sligo Boys machen wollte, wohl geplatzt ist, weil sie keine Bilder von Le Brun auftreiben konnten.«

»Was würden Sie sagen, wenn ich weiß, wo Le Brun steckt?«

Trotz vorgerückter Stunde schien Shauna Adams hellwach. »Mr. O'Malley, Sie haben meine ungeteilte Aufmerksamkeit.«

8. The Sligo Boys

Rosses Point war eine schmale Halbinsel westlich von Sligo. Fin lenkte den Landrover über die wenig befahrene Küstenstraße, vorbei an kleinen Sommerpensionen und hohen Hecken, hinter denen sich luxuriöse Ferienhäuser duckten. Der Wind stemmte sich gegen den Wagen, der erste Vorbote kommender Herbststürme. Am äußersten Zipfel der Halbinsel, kurz bevor die Straße im Meer endete, lag der Yachtclub von Sligo. Ein flaches, langgezogenes Clubhaus, eine kleine Marina mit ein paar Booten, die vertäut am Steg vor sich hin schaukelten. Wenig Betrieb an diesem Dienstagmorgen.

Der Wind riss Fin fast die Wagentür aus der Hand, als er ausstieg. Heftige Böen vom Atlantik trieben die Wellen vor sich her, die in langen Bahnen in die weite Bucht hereinrollten. Einzelne Sonnenstrahlen kämpften sich durch die Wolken, strichen über den Strand und spielten mit Spaziergängern und Hunden. Am Horizont ragte die markante Silhouette des Benbulben in den düster werdenden Himmel. Lange würde die Sonne ihren Platz nicht mehr verteidigen können.

Shauna Adams hatte eingewilligt, Fin zu treffen. Sie hatte den Yachtclub vorgeschlagen, weil sie in der Nähe wohnte. Vielleicht hatte sie auch nur einen Ort gesucht, der entlegen genug war, um nicht mit ihm gesehen zu werden.

Fin betrat das Café des Yachtclubs. Selbst hier drinnen konnte man das Klappern in der Takelage der vertäuten Boote hören. Shauna Adams saß an einem Tisch am Fenster, eine Tasse

Kaffee vor sich, mit konzentriertem Blick in ihr Smartphone vertieft, und rauchte. Sie trug dasselbe graue Kostüm wie am vergangenen Samstag.

Während der ganzen Fahrt hatte Fin überlegt, welche Geschichte er ihr auftischen konnte. Welche Karten er aufdecken würde und welche nicht. Es stand außer Frage, dass er sie auf keinen Fall in seine Mordtheorie einweihen würde. Er kannte sie überhaupt nicht und hatte keine Ahnung, wie weit er ihr trauen konnte. Was er am wenigsten brauchen konnte, war eine dicke fette Schlagzeile in der morgigen Zeitung. Was er stattdessen brauchte, waren Informationen, und zwar möglichst schnell. Er wusste, dass Shauna Adams sich mit Kunst auskannte, ein Fachgebiet, mit dem Fin in etwa so viel anfangen konnte wie mit Reisanbau in China. Er wusste aber auch, dass eventuelle Gefälligkeiten bei Journalisten nicht umsonst zu haben waren. Aber nach reiflicher Überlegung war er zu dem Schluss gekommen, dass es vielleicht nützlich sein konnte, sich mit dem Feind zu verbünden.

»Haben Sie keine Angst, dass Sie Ärger bekommen wegen dem Glimmstängel?«, fragte Fin nach dem höflichen Austausch der üblichen Begrüßungsfloskeln.

»Nee, meinem Bruder gehört der Laden hier. Er ist selber Kettenraucher. Und solange es niemanden stört …« Eine Hand schweifte über das leere Café, die andere legte das Smartphone zur Seite. »Kaffee?«

Fin nickte und setzte sich.

Shauna signalisierte einem dünnen Mädchen hinter der Theke und deutete auf ihre Tasse. Einen Augenblick später setzte sich der Kaffeeautomat geräuschvoll gurgelnd in Gang.

»Was haben Sie mit Séamus Le Brun zu schaffen?« Sie kam ohne Umschweife zur Sache.

»Er ist aus einem Pflegeheim ausgebüxt und ich hab' ihn aufgelesen.« Das sollte für den Anfang genügen.

»Und was wollen Sie jetzt von mir?«

»Zugegeben, er ist schon ein komischer Kauz.« Er wählte seine Worte sorgfältig. »Er hat mir eine merkwürdige Geschichte erzählt, und ich weiß nicht, was ich davon halten soll.«

»Geschichte?«

»Er hat eine Tochter, die seine Bilder aufbewahrt hat. Bis vor Kurzem jemand an ihre Tür geklopft hat und ihr alle Bilder abgekauft hat. Und wenn ich sage alle, dann meine ich alle.«

Das dünne Mädchen brachte den Kaffee, während Shauna Adams die Stirn in Falten legte, als versuchte sie, sich einen Reim auf das Ganze zu machen. Vielleicht überlegte sie auch schon, in welcher Information eine Story für sie drinsteckte.

»Kennen Sie seine Arbeiten?«

Fin schüttelte den Kopf.

Shauna wuchtete eine Umhängetasche in der Größe einer Zweizimmerwohnung auf den Tisch und förderte einen dicken Wälzer zutage. »Dieser Katalog ist vor etwas mehr als zwanzig Jahren erschienen. Zur letzten Ausstellung der Sligo Boys.«

»Wer sind die Sligo Boys?«

»Eine Gruppe von Malern hier aus der Umgebung, die sich Mitte der Sechziger Jahre zusammengetan haben. Fünf, um genau zu sein«, erklärte Shauna und blätterte durch das Buch, »sie hatten sich Irland und alles Irische auf ihre Fahnen geschrieben. Sie wollten die irische Kultur gegen den Einfluss der Briten verteidigen. *Back to the roots*, Sie verstehen schon. Das ist in jener Zeit ziemlich gut angekommen, und sie hatten auf ihre Art durchaus Erfolg.« Anhand eines Lesezeichens schlug sie eine Seite auf und drehte das Buch so, dass Fin die Abbildung betrachten konnte. »Das, zum Beispiel, ist ein Le Brun.«

Das Bild zeigte in einer farbenfrohen Szenerie den Alltag einiger Fischer. Männer mit wettergegerbten Gesichtern, die auf einem Pier hockten und ihre Netze flickten. Realistisch eingefangen, gefällig im Pinselstrich, aber nichts Besonderes, dachte

Fin. Er schlug die Seite um, blickte in porträtierte Gesichter, alte wie junge, Momentaufnahmen aus einem Leben, das lange schon Geschichte war. Ein Torfstecher bei der Arbeit. Ein Ochsengespann auf einem Feld. Je weiter er blätterte, desto abstrakter wurden die Darstellungen. Immer wieder tauchten Schlangen als Motiv auf, mal in symmetrischen Spiralen uralten keltischen Symbolen nachempfunden, dann wieder labyrinthisch ineinander verschlungen, so dass die Augen unwillkürlich der Linienführung folgten, um Anfang und Ende zu finden, neugierig, ob man es wohl auf Anhieb schaffte, zum Ausgang zu gelangen, oder doch nur in einer Sackgasse landete.

Dann wurden die Bilder wieder gegenständlicher. Der Heilige Patrick, der mit erhobenem Stock an einem Strand stand und die Schlangen vor sich hertrieb, die von ihm fortströmten wie das Meerwasser bei Ebbe. Ein Thema, das Séamus gleich mehrfach auf Leinwände gebannt hatte.

Vielleicht hatte er sich deshalb am Croagh Patrick verkrochen, um seinem Lieblingsmotiv nahe zu sein.

»Dieses Bild hier wurde vor fünf Jahren bei einer Auktion in Dublin verkauft«, erklärte Shauna und steckte sich eine neue Zigarette an. Wieder St. Patrick mit den Schlangen, dieses Mal fast surreal in grellen Orangetönen gehalten. Farbe, die mit einem breiten Pinselstrich aufgetragen war, als ob der Maler in der zähen cremigen Ölpaste regelrecht gewühlt hatte. Farbe, so dick, dass die Oberfläche beim Trocknen Risse bekommen hatte. Man glaubte die Leidenschaft zu spüren, mit der der Künstler ans Werk gegangen war, selbst in diesem kleinformatigen Druck auf Papier wirkte das Bild fast dreidimensional. Im Original maß das Gemälde fast drei Meter in der Breite. »Ging damals nach Argentinien, glaube ich. Für 120.000 Euro.«

Es war schwer, sich der Magie dieses Gemäldes zu entziehen. Nicht übel, dachte Fin. Séamus hatte nicht übertrieben, was den Wert seiner Werke betraf. »Das heißt aber, dass es durchaus Bilder von Séamus Le Brun gibt.«

»Ein paar seiner Frühwerke hängen hier und da in Museen. Andere sind über den halben Erdball verstreut und nur mühsam aufzutreiben. Von seinen späteren Arbeiten ist so gut wie nichts erhalten. Alles in allem zu wenig für eine große Ausstellung.«

»Was hat es mit dieser Ausstellung auf sich?«

»Die National Gallery wollte eine Retrospektive zusammenstellen anlässlich der Gründung der Sligo Boys vor fünfzig Jahren. Aber ohne die Bilder von Le Brun hat das nicht wirklich Sinn. Der Künstler selbst wie vom Erdboden verschluckt. Es wurde sogar gemunkelt, er sei tot.«

»Was ist mit den anderen Sligo Boys?«

»Alle verstorben bis auf Séamus Le Brun und Fearghus O'Toole.«

Fin erinnerte sich an den Namen. Angeblich der einzige Mensch, mit dem Séamus jemals Streit hatte. Ob die Verblichenen eines natürlichen Todes gestorben waren? »Und die anderen? Sind die schon länger tot?«

Er versuchte so unbefangen als möglich zu klingen, aber Shauna Adams war auf der Hut. Sie hielt mitten im Zug an ihrer Zigarette inne und sah ihn argwöhnisch an. »Wieso interessiert Sie das?«

Witterte sie etwas?

»Nur so.«

Shauna Adams zog eine dünne Broschüre aus ihrer Tasche und fing an zu blättern. »Als Letzter ist Donal Gillespie gestorben. 2011. Im gesegneten Alter von 97 Jahren.«

Auf Anhieb klang das nicht nach Mord. »Und die Bilder der anderen?«

»Es gibt genug Bilder der Sligo Boys, aber Séamus Le Brun und Fearghus O'Toole waren die erfolgreichsten der Fünf.

Auch nach der Auflösung der Sligo Boys haben die beiden noch Bilder gemalt und verkauft«, antwortete Shauna und wischte Zigarettenasche weg, die auf den Tisch gefallen war, »aber wie gesagt, eine Ausstellung ohne Le Brun wäre keine Ausstellung über die Sligo Boys.«

Fin nippte an seinem Kaffee. Die Sonne heizte den Platz hinter der Fensterscheibe auf. Ein kühles Bier wäre ihm lieber gewesen. Er wurde das Gefühl nicht los, dass irgendwer nicht nur Séamus Le Brun von der Erdoberfläche verschwinden lassen wollte, sondern auch alles, was dieser Mann im Laufe seines Lebens geschaffen hatte. Was zugegeben schwierig werden dürfte, wenn seine Bilder in Museen hingen oder über die ganze Welt verstreut waren.

»Hat Séamus Le Brun Ihnen erzählt, weshalb er untergetaucht ist?«

»Untergetaucht ist vielleicht das falsche Wort«, erwiderte Fin, »seine Tochter hat ihn in ein Pflegeheim abgeschoben und das Etablissement hat dem alten Herrn offenbar nicht zugesagt.«

»Und wo hat er all die Jahre gesteckt?«

Fin glaubte, ihr die Wahrheit sagen zu können. »Auf einem Campingplatz am Croagh Patrick.«

»Und er hat selber keine eigenen Bilder mehr?« Shauna Adams wollte es nicht recht glauben.

Den Zwischenfall mit dem Wohnwagen behielt er erst mal für sich. »Wie gesagt, seine Tochter hat alles verkauft«, entgegnete Fin, »an einen Trödler. Aus Dublin.«

»Welcher Trödler fährt über Land, geht von Haus zu Haus und kauft Gemälde?«, fragte Shauna ungläubig.

»So lautet die Version der Tochter.«

»Sie glauben, sie hat die Bilder anderweitig zu Geld gemacht und will es nicht zugeben?«

»Wäre zumindest eine Möglichkeit.«

»Durchaus denkbar, dass sie ein kleines Vermögen damit gemacht hat«, dachte Shauna laut nach, »aber irgendwo müssen die Bilder geblieben sein. Wer auch immer sie gekauft hat, wird sie sich wohl kaum zur Wertsteigerung in den Safe legen.«

»Er wird sie vielleicht weiterverkaufen wollen«, vermutete Fin und rückte mit seiner eigentlichen Absicht heraus, »Sie kennen sich doch in der Kunstszene aus. Sie könnten sich doch mal umhören. In Dublin zum Beispiel.«

Shauna Adams blies eine Wolke blauen Dunst vor sich hin. »Und was hab' ich davon?«

Fin hatte schon eine ganze Weile auf genau diese Frage gewartet. »Eine Story?«

»Was für eine Art Story?«

Fin zuckte vielsagend mit den Achseln.

»Hören Sie, Mr. O'Malley, ich bin nicht blöd.« Sie sah ihn lauernd an. »Da steckt doch mehr dahinter, hab' ich recht?«

»Ich weiß nicht, was Sie meinen.«

»Weshalb interessiert sich ein Ex-Bulle für einen verschrobenen Maler?«

Fin leerte seine Kaffeetasse und stellte sie behutsam zurück auf die Untertasse. Die Antwort wollte gut überlegt sein. »Ich mag den alten Knaben«, erwiderte er mit demonstrativer Offenheit, »er will seine Bilder zurück und ich möchte ihm dabei helfen.« Er sah Shauna Adams direkt an, hielt ihrem Blick stand, abwartend, ob sie sich mit seinen Motiven zufrieden gab.

»Und wo ist Séamus Le Brun jetzt?«

Fin riskierte ein kurzes Lächeln, versenkte es aber sofort in seiner leeren Kaffeetasse. Das würde er nicht preisgeben.

Shauna Adams begriff ziemlich schnell. »Gut, ich helfe Ihnen. Aber nur, wenn dabei für mich eine Story rausspringt.«

»Dann sind wir im Geschäft.«

»Ich will die Story aber exklusiv.«

Fin ahnte, dass sie alles tun würde, um sich und ihre Journalistenehre zu rehabilitieren. Sie hatte längst die Nase voll von Supermarkteröffnungen, diamantenen Hochzeiten und prämierten Border Collies oder mit was sich die Lifestyle-Seiten des *Sligo Express* sonst noch schmückten. Sie wollte zurück nach Dublin.

»Ich werde Sie auf dem Laufenden halten.«

Sie drückte ihre halbgerauchte Zigarette in den überquellenden Aschenbecher und begann, ihre Sachen zusammenzupacken.

»Sagen Sie, warum haben sich die Sligo Boys eigentlich getrennt?«, wollte Fin wissen.

»Genau weiß ich das auch nicht, ist schon 'ne Weile her. Anfang der Neunziger oder so.« Shauna ließ Zigaretten und Feuerzeug in der Tasche ihres Blazers verschwinden. »Es gab wohl einen Streit zwischen Séamus Le Brun und Fearghus O'Toole. Hatte angeblich was mit *Aosdána* zu tun.«

Auch wenn er sich nicht mit Kunst auskannte, von *Aosdána* hatte sogar Fin schon gehört. Es war die Vereinigung irischer Künstler schlechthin. Ob Maler, Schriftsteller, Architekten oder Filmemacher, all jene, die sich um die irische Kultur verdient gemacht hatten, konnten Mitglied in dieser Gemeinschaft werden. Illustre Namen fielen ihm ein. Samuel Beckett, Seamus Heaney oder Neil Jordan. Die Zahl der Mitglieder war begrenzt und Mitglied wurde man nicht einfach so, indem man einen schnöden Aufnahmeantrag ausfüllte, nein, wer zu *Aosdána* dazugehören wollte, der musste von anderen Mitgliedern vorgeschlagen werden. Und da sie nicht jeden Maler nahmen, der wusste, wo bei einer Staffelei oben und unten war, war die Mitgliedschaft in diesem elitären Haufen eine große Ehre.

»Sind die beiden etwa bei *Aosdána*?«

Shauna schüttelte den Kopf. »Nein, aber Fearghus O'Toole stand mal auf der Vorschlagsliste. Und Séamus Le Brun muss wohl verhindert haben, dass er letztendlich aufgenommen wurde.«

»Und wie?«

»Keine Ahnung. Das sollten Sie ihn vielleicht selber fragen.«

War es möglich, dass dieser Fearghus O'Toole noch immer einen Groll gegen seinen ehemaligen Kumpel Séamus hegte? Auch nach mehr als zwanzig Jahren?

»Dieser Fearghus O'Toole ... malt der noch?«

Shauna schulterte ihre Tasche. »Ob er noch malt, weiß ich nicht. Aber er lebt auf Achill Island, wenn es das ist, was Sie wissen wollten.«

9. Fearghus O'Toole

Der letzte Seufzer des Sommers war vorüber, die Sonne hatte ihren Kampf wie erwartet verloren. Den ganzen Weg hinunter nach Mayo regnete es Bindfäden. Als er noch in Dublin gelebt hatte, hatte sich Fin nie besonders viele Gedanken über das Wetter gemacht. Hier an der Westküste ging gar nichts ohne eine Bemerkung über den Zustand des Himmels. Man begann damit ein Gespräch, man beendete damit ein Gespräch, und zwischendrin redete man übers Wetter, wenn einem gerade nichts anderes einfiel. Würde diese Angewohnheit eines Tages auch auf ihn abfärben, wenn er nur lange genug hier lebte?

Er fuhr über die neue Brücke, die Achill Island mit dem Festland verband, eine moderne Drehbrücke, ein futuristisch anmutender weißer Fremdkörper, erbaut, um dem zunehmenden Ansturm der Touristen gerecht zu werden.

Die schmale Landstraße beugte sich den Launen des Atlantiks, wich den weiten Sandstränden aus und schlängelte sich durch flache Dünen und Wiesen. Auf der anderen Seite der Bucht ragte kaum sichtbar die Linie einer Küste in den nebelgrauen Dunst.

Keel war gar kein richtiges Dorf. Die scheinbar planlose Ansammlung von Häusern entlang der Hauptstraße glich einer zerrissenen Perlenkette, die jemand achtlos hatte fallen lassen. Rechts eine Kirche, links ein Golfplatz und eine Herde Schafe, die das Grün kurzhielt. Daneben ein Campingplatz, der knöcheltief in Pfützen versank. Trotz des Regens spielten ein paar Jungs in T-Shirts Fußball am Strand, während an der Bushaltestelle gegenüber der Art Gallery eine Handvoll Touristen ausharrte, Wanderer in wetterfester Funktionskleidung. Vermutlich Deutsche.

In der Minaun View Bar hatte Fin nach Fearghus O'Toole gefragt. Jetzt hockte er in einem kleinen Cottage, das sich im Schatten des Mount Slievemore an den Hang kuschelte, und blickte weit über die Keel Bay hinaus. Zu sehen gab es nicht viel. Es war einer dieser Herbsttage, aus denen der Regen sämtliche Farben herausgewaschen hatte. Vor der imposanten Kulisse der Mweelin Cliffs rollte der Atlantik herein, Gischt schäumte auf, als ob Neptun höchstpersönlich in der Küche stand und Suppe kochte.

Drinnen war es mollig warm, was auch der Tatsache geschuldet war, dass Zeitungspapier die alten, verzogenen Fensterrahmen notdürftig abdichtete. Weiße Lacksplitter schälten sich vom Holz wie Haut nach einem Sonnenbrand. Im kalten Kamin fauchte der Wind und brachte Unordnung in die dicke Staubschicht auf den kunstvoll gestapelten Torfbriketts. In Zeiten von Gas und Zentralheizung hatte es auch der Ire gern bequem. Vor dem Heizkörper döste ein kleiner struppiger Hund.

Während der Sturm Regenböen gegen die große Panoramascheibe prasseln ließ und mit harten Strichen die Montbretien im Vorgarten bürstete, bewegten sich die Pflanzen im Zimmer nicht. Festgehalten für die Ewigkeit und geschützt hinter Glasrahmen erfreuten sie den Blick des Betrachters zu jeder Jahreszeit.

»Ich war derjenige von uns beiden, der sich mit Pflanzen auskannte.« Fearghus O'Toole balancierte ein Tablett mit Teekanne und Tassen herein. »Ich wollte am liebsten nur Blumen malen, Séamus dagegen hatte es mehr mit der Mystik.

Sagengestalten, keltische Symbole und so ein Kram, in die er immer Gott weiß was hineininterpretierte.«

Fearghus O'Toole hatte ihm bereitwillig die Tür geöffnet. Fin vermutete, dass er sich über jeden Besuch freute, egal aus welchem Grund er hereinschneite. Die Bemerkung, er sei ein Freund von Séamus, hatte genügt. Hauptsache, der Besuch brachte etwas Abwechslung in den Alltag eines alten Mannes.

Fearghus verteilte die Tassen und goss Tee ein. Er war das vollkommene Gegenteil von Séamus Le Brun, klein und rundlich, mit weißen Locken und einem ebenso weißen Vollbart. Mit der passenden Verkleidung hätte er den perfekten Santa Claus geben können. Der Typ Großvater, den man jedem Kind wünschte.

»Wir haben früher viel gemalt, bei dem wunderbaren Licht bis zu zehn Bilder an einem Tag.« Er ließ sich ächzend in einen der klobigen, bunt zusammengewürfelten Sessel sinken. »Heute … naja, wenn mich mein Rheuma mal nicht plagt, ist es ein guter Tag.«

Fin schaufelte Zucker in seinen Tee. »Haben Sie sich gut gekannt, Sie und Séamus?«

Fearghus lachte, dass seine kleine Knubbelnase ganz runzlig wurde. »Wir sind zusammen aufgewachsen. Damals in Mullaghmore. Ich hatte vier Brüder, und er hat mit seinen Geschwistern bei seinem Großvater gelebt. Ich kann Ihnen sagen, da war einiges los. Auch wenn die Zeiten damals schlimm waren.« Er schüttelte den Kopf, als könne er seinen eigenen Erinnerungen nicht trauen. »Sein Großvater war Fischer. Séamus hatte sogar ein eigenes kleines Boot, mit dem waren wir oft draußen auf dem Meer. Die Welt lag im Krieg und wir spielten Tom Sawyer und Huckleberry Finn auf dem Mississippi.«

»Und wie sind Sie zum Malen gekommen?«

Fearghus schlürfte geräuschvoll und mit sichtlichem Behagen seinen Tee. »Séamus war der Erste, der mit einem Malkasten ankam. Keiner hat uns gezeigt, was man damit anstellen konnte. Wir haben einfach drauflos gemalt und es hat uns nicht mehr losgelassen. Immer und überall hatten wir Papier und Farben dabei. Zuerst malten wir das, was wir um uns herum sahen, und dann malten wir die Dinge, die wir nicht sehen konnten. Der Phantasie sind eben keine Grenzen gesetzt. Damals gab es ja noch kein Fernsehen und kein Kino, zumindest nicht in Mullaghmore. Da mussten wir uns unsere eigene Welt ohne fremde Hilfe erschaffen. Mit großer Kunst hatte das natürlich nichts zu tun.«

»Aber irgendwann konnten Sie davon leben.«

»Das kam später, viel, viel später«, erwiderte Fearghus, »als wir uns zu den Sligo Boys zusammengetan haben. Ich muss gestehen, ich weiß nicht mal mehr, wer von uns die Idee dazu hatte. Wir haben eine gemeinsame Ausstellung gemacht, eine Zeitung hat darüber geschrieben und die Sligo Boys waren geboren.«

Fin ließ seinen Blick über die gerahmten Gemälde schweifen. Im Gegensatz zu Séamus' plakativem Pinselstrich war Fearghus seinen Motiven mit Akribie und feiner Feder zu Leibe gerückt. Filigrane Farne, Moose und Flechten, die so echt wirkten, dass man sie anfassen wollte. Manche Gewächse erschienen durch ihre übersteigerte Größe fast schon bizarr, phantastische Landschaften, wie sie einst Tolkien in seinem *Herrn der Ringe* erschaffen hatte.

»Die Leute mochten Ihre Bilder.«

Fearghus war seinem Blick gefolgt. »Ja, warum auch immer. Lag vielleicht daran, dass jeder von uns seinen eigenen Stil mit einbrachte und wir auf diese Weise alle Wünsche unseres Publikums bedienen konnten. Richard zum Beispiel war unheimlich gut mit Seestücken, ich hatte es mit Pflanzen aller Art, Séamus mit seinen keltischen Motiven.«

»Er hat oft Schlangen gemalt.«

»Die Geschichte vom Heiligen Patrick, der die Schlangen aus Irland vertrieben hat, hatte es ihm angetan. Überhaupt mythische Geschichten und Legenden, da kannte er sich aus. Er glaubte an die Anderswelt. An Elfen und das kleine Volk.« Ein Lächeln huschte über sein Gesicht, als er sich zurückerinnerte. »Einmal kam er zu mir und hat allen Ernstes behauptet, er habe das Tor zur Unterwelt gefunden.«

»Das Tor zur Unterwelt?« Fin war ebenso verwundert.

»Ja, genau so nannte er es. Das Tor zur Unterwelt.«

»Und wo?«

»Auf irgendeiner Insel. Draußen vor Mullaghmore liegen ja genug herum.« Fearghus schmunzelte.

Fin wagte einen Vorstoß. »Warum sind die Sligo Boys auseinander gegangen?«

Fearghus stellte seine leere Tasse auf den Tisch. »Ach, alte Geschichten ...«

»Fast dreißig gemeinsame Jahre sind eine verdammt lange Zeit.«

»Vielleicht eine zu lange Zeit«, murmelte der Alte in seinen Bart. Fin hatte Mühe, ihn zu verstehen. »Man glaubt, die Menschen zu kennen, aber plötzlich stellt man fest, dass sie einem trotz all der Jahre fremd geblieben sind.«

»Ich hab' gehört, es gab Streit zwischen Ihnen und Séamus.«

»Streit, naja ...«, druckste er herum. Es war ihm anzumerken, dass er lieber nicht darüber reden wollte.

»Es ging um *Aosdána*, nicht wahr?«, bohrte Fin nach.

»Unsinn!« Fearghus machte eine abwehrende Handbewegung. »Das hatte gar nichts mit *Aosdána* zu tun!«

»Womit dann? Worüber haben Sie und Séamus gestritten?«

Fearghus wich seinem Blick aus. Schaute zum Fenster hinaus, wo ein undurchdringliches Grau die gesamte Keel Bay verschluckt hatte. Man konnte keine zehn Meter weit sehen. An der Scheibe klebten unzählige langbeinige Schnaken, die im

Wind zitterten und selbst den dicksten Regentropfen trotzten. Es war ein Wunder, wie sie es schafften, nicht davongeweht zu werden.

»Was soll schon der Grund sein, weshalb sich zwei alte Böcke gegenseitig auf die Hörner nehmen?« Fearghus' Stimme war rau und leise. Er kämpfte mit seiner Erinnerung. »Eine Frau natürlich.«

Fin sah ihn überrascht an.

»Sie hieß Maeve. Eine Kunststudentin aus Dublin, die ihre Studienarbeit über die Sligo Boys machen wollte«, erinnerte sich Fearghus, »Anfang der Neunziger muss das gewesen sein, als sie Kontakt zu uns aufnahm. Wir waren beide Ende Fünfzig, ich war eingefleischter Junggeselle, hatte nie geheiratet. Und Séamus? Seine Frau hatte ihn gerade verlassen und war mit der gemeinsamen Tochter nach Sligo gezogen. Es war nicht immer einfach mit ihm. Heute würde man wohl sagen, er sei sprunghaft. Damals war er einfach nur cholerisch. Ein unverbesserlicher alter Sturkopf.«

»Und dann kam Maeve …«

»Ein ganz und gar zauberhaftes Geschöpf.« Fearghus lächelte und seufzte, als sähe er sie in diesem Augenblick vor sich. »Natürlich hatte dieses Küken nichts mit uns alten Säcken im Sinn, aber man wird ja noch träumen dürfen. Wir beide erlebten gerade unseren zweiten Frühling, buhlten um ihre Gunst, stritten uns und einmal haben wir uns sogar geprügelt.«

»Und Maeve?«

»Sie tat, als merke sie nichts. Am Ende des Sommers ging sie zurück nach Dublin, und ich habe nie wieder etwas von ihr gehört«, erzählte der Alte.

»Aber was hat das Ganze mit *Aosdána* zu tun?«

»Mit *Aosdána*? Gar nichts«, tat Fearghus unwirsch ab, »mein Name stand mal auf der Vorschlagsliste. Nur meiner. Séamus' Name nicht. Ich hatte keine Ahnung, wer ausgerechnet mich vorgeschlagen hatte. Séamus hat mir das wohl übel genommen, obwohl ich ja genaugenommen nichts dafür konnte. Er war eifersüchtig, hat überall rumerzählt, ich sei ein alter Säufer und nicht mehr Herr meiner Sinne. Der Teufel weiß, warum er das getan hat. Er hatte keinen Grund dazu.«

»Und Sie wurden nicht bei *Aosdána* aufgenommen.«

»Ach, *Aosdána* war doch gar nicht so wichtig«, meinte Fearghus betont gleichgültig. Aber es nagte an ihm. »Schlimmer war, dass Séamus und ich nicht mehr miteinander geredet haben. Ich bin dann fortgezogen. Hierher nach Achill.«

»Wann haben Sie ihn zuletzt gesehen?«

Fearghus dachte nach. Seine wässrigen Augen durchforsteten seine Erinnerung. »Das muss mindestens zwanzig Jahre her sein. Die letzte Ausstellung der Sligo Boys. Wenn ich daran denke ... Donal, Michael, Richard ... Von ihnen lebt keiner mehr. Nur noch Séamus und ich sind übrig geblieben.« Er schüttelte den wehmütigen Gedanken ab und goss eine neue Tasse Tee ein. »Wie geht es dem alten Knaben eigentlich?«

»Wie's einem mit zweiundachtzig so geht«, antwortete Fin zurückhaltend und hielt Fearghus seine Tasse hin, »haben Sie von der geplanten Ausstellung in der National Gallery gehört?«

»Natürlich. Sie haben mich vor einigen Wochen angerufen. Wollten Bilder von mir haben. Vielleicht auch das ein oder andere neue Werk«, antwortete der alte Mann, »beinahe hätte ich gar nichts gehabt, was ich ihnen hätte geben können.«

»Wieso?« Fin wurde hellhörig.

»Bei mir ist vor etwa drei Monaten eingebrochen worden«, berichtete Fearghus, »ich war ein paar Tage bei meinem Bruder in Galway. Das Wochenende vor dem Bankfeiertag. Da ist doch tatsächlich so ein Kerl in mein Haus eingestiegen und hat alles von oben nach unten gekehrt. Zum Glück ist er dabei von meiner Haushälterin Miss O'Reilly überrascht worden. Sie hatte vor, in meiner Abwesenheit mal gründlich durchzuputzen. Sie hat Geräusche gehört, oben auf dem Dachboden. Mein ehemaliges Atelier. Nun ist die gute alte Mary ein gestandenes robustes Weibsbild, müssen Sie wissen, keine Frau, der man so schnell Angst einjagen kann. Sie ist der Sache auf den Grund gegangen und hat den Einbrecher gestellt. Oder sagen wir besser, sie hat ihn in die Flucht geschlagen.«

»Wurde was gestohlen?«

»Nein, eigentlich nicht. Ein paar alte Skizzenbücher. Wertloser Plunder. Und ein uraltes Bild von Séamus, das er mir mal geschenkt hatte.« Fearghus schien fast ein wenig gekränkt. »Ein Bild von Séamus, das hat er mitgehen lassen. Für meine Bilder hat er sich gar nicht interessiert. Der hatte doch keine Ahnung von Kunst!«

»Hat man den Einbrecher gefasst?«

»Nein. Die Polizei war da, aber da nichts Wertvolles gestohlen worden ist, haben sie es nicht wirklich ernstgenommen. Ein Lausbubenstreich, meinten sie.«

»Konnte Ihre Haushälterin den Täter denn nicht beschreiben?«

»Oh doch, das konnte sie! Und wie sie das konnte! Sie behauptete, dass sie ihn überall sofort wiedererkennen würde«, sagte Fearghus und legte eine kleine Kunstpause ein, »es sei ein großer haariger Troll gewesen.«

»Ein was?«

»Sie haben richtig gehört. Ein Troll.« Fearghus lächelte milde.

Fin wünschte sich spontan Nora Nichols an seine Seite. Sie hätte Bescheid gewusst. Ihm sagen können, ob es tatsächlich Trolle gab, die sich unrechtmäßig Zutritt zu fremden Häusern verschafften und es auf Gemälde abgesehen hatten. Aber eigentlich brauchte er die alte Nora nicht, um sicher zu sein, dass dieser Troll garantiert menschlichen Ursprungs war. »Ich glaube, ich würde mich trotzdem gerne mal mit Miss O'Reilly unterhalten. Wo kann ich sie denn finden?«

»Das dürfte eine etwas einseitige Unterhaltung werden. Sie liegt auf dem Friedhof, Gott hab sie selig. Zwei Tage nach dem Schrecken ist das alte Mädchen von einem Auto überfahren worden.«

Fin starrte ihn an. »Lassen Sie mich raten – es war Fahrerflucht?«

»Woher wissen Sie das?«, fragte Fearghus erstaunt.

Nein, es stimmte ganz und gar nicht, dass hier im äußersten Westen Irlands nicht viel passierte.

10. Ór!

Wer auch immer hinter all den merkwürdigen Vorfällen steckte, er meinte es ernst. An Unfälle glaubte Fin schon lange nicht mehr. Da schreckte jemand auch vor Mord nicht zurück.

»Séamus, jemand will Sie umbringen!«

»Blödsinn!« wiegelte der Alte ab. »Du siehst zu viele schlechte Filme.«

»Jede Wette, die Haushälterin von Fearghus O'Toole–«

»Der alte Fearghus! Wie geht's ihm eigentlich?«

Fin schloss die Augen und bemühte sich um Fassung. Am liebsten hätte er den Alten angebrüllt. Aber er wollte nicht aus der Rolle fallen. Nicht hier im *Fisherman*. Nicht vor allen Leuten.

Er hatte sich zu Séamus an den Tisch gesetzt, um ihn auf den letzten Stand seiner Ermittlungen zu bringen. Auch wenn er das Gefühl nicht loswurde, dass den alten Mann nicht wirklich interessierte, was er trieb. Er hatte gerade sein Abendessen beendet, und nach dem Zustand der leeren Teller und der Tischplatte zu urteilen, hatte es geschmeckt. Und Séamus hatte nicht alleine diniert. Nora Nichols stand am Tresen, ganz sicher nicht, um ein Dessert zu ordern. Sie hatte eher einen Digestif der besonderen Art im Sinn.

»Séamus, ich war bei Fearghus, weil–«

»Du glaubst doch nicht ernsthaft, dass Fearghus mich umbringen will?«

»Nein, eigentlich nicht, aber bei ihm wurde eingebrochen und–«

Der Alte hörte ihm überhaupt nicht zu. »Wegen der Geschichte mit der hübschen Studentin?«

»Nein, wenn Fearghus wirklich–«

»Und *Aosdána*, ja, da hab' ich mich in der Tat nicht mit Ruhm bekleckert. Ich geb' ja zu, das war nicht fair. Aber du musst wissen, ich war damals wahnsinnig eifersüchtig auf ihn und da–«

»Séamus!« Fin hieb mit der Faust auf den Tisch, dass das Besteck auf den Tellern klappernd auf und ab hüpfte, »jetzt hören Sie mir endlich mal zu, zum Donnerwetter! Ich rede hier von Mord!« Sofort hatte er die volle Aufmerksamkeit des halben Pubs, worauf er liebend gerne verzichtet hätte. Er senkte seine Stimme wieder. »Séamus, irgendwer hat versucht, Sie mit dem Auto zu überfahren.«

»Ich hab' doch schon gesagt, ich hab' nicht aufgepasst.«

»Und Ihr Wohnwagen?«

»Das war kein Einbruch. Waren wahrscheinlich 'n paar Besoffene auf der Suche nach 'nem bisschen Zeitvertreib.«

»Einbruch?« Hatte Fin das gerade richtig verstanden?

Séamus merkte, dass er sich verplappert hatte, und wand sich. »Naja, da hat jemand versucht, ein Fenster einzuschlagen. Dachte wohl, da ist niemand zu Hause.«

»Und?«

»Nichts. Ich hab' ihm 'ne Bratpfanne über den Schädel gezogen und dann ist er abgehauen.«

»Und was hat die Polizei gesagt?«

»Ach, die Polizei. Als ob die sich für so Kinderkram interessiert.« Er schob das Besteck über die Tischplatte. »Bei mir ist doch nichts zu holen.«

»Wann war das?«

Seamus musste nachdenken.

»Anfang Juni?«, half Fin aus.
Der Alte nickte. »Ja. Könnte hinkommen.«
»Jetzt erzählen Sie mir aber nicht, es sei ein Troll gewesen.«
Séamus blickte ihn verständnislos an. »Ein Troll?«
»Egal. Aber die Gasexplosion«, versuchte Fin zu überzeugen, »wenn Sie mich fragen, da hat jemand nachgeholfen.«
»Ach, Unsinn! Ben Collins hat schon vor Wochen gesagt, ich soll mich um die Gasanschlüsse kümmern«, spielte Séamus die Explosion herunter, »ich war selbst schuld, ich hätt' auf ihn hören sollen.«
Irgendwie wurde Fin das Gefühl nicht los, dass Séamus nicht wollte, dass sich jemand in sein Leben einmischte. Er war lange genug Polizist gewesen, um zu spüren, wann jemand etwas verheimlichte. Aber was?
»Séamus, geht das nicht in Ihren Dickschädel hinein?« Fin redete langsam und betont ruhig. »Da draußen läuft ein Mensch herum, der versucht hat, Sie umzubringen.«
Séamus lachte auf. »Mein lieber Freund, du kannst mir viel erzählen. In meinem Alter lass ich mir doch keine Angst mehr einjagen.«
Fin wollte nicht glauben, was er hörte.
»Erzähl mir lieber, was du wegen meiner Bilder unternommen hast. Du hast versprochen, du hilfst mir.«
Fin merkte, dass der Alte ablenken wollte. »Ich bin dran, keine Sorge. Ich hab' eine Kunstexpertin auf den Fall angesetzt.« Das war zwar ein klein wenig geflunkert, aber Fin musste dafür sorgen, dass Séamus erstmal den Kopf unten hielt. So lange er hier in Foley blieb, war er in Sicherheit.
Nora Nichols kam an den Tisch und stellte zwei Tonkrüge randvoll mit einer dampfenden Flüssigkeit ab. Einen schob sie Séamus vor die Nase. Sie sah heute ungewohnt schick aus, hatte eine buntgeblümte Bluse aus ihrem Schrank gekramt und ihre weißen Locken zu einem undefinierbaren Etwas aufgetürmt.

Die blauen Augen wirkten durch einen Hauch Make-up tatsächlich noch eine Spur blauer als sonst. War Séamus Le Brun der Grund für dieses bemerkenswerte Erscheinungsbild? Aber Nora machte keine Anstalten sich an den Tisch zu setzen. Stattdessen schaute sie über Fin hinweg zur Tür. »Sieh an, da kommt ja unsere kleine spanische Polizistin.«

Fin drehte sich ungläubig um.

Traditionell traute sich kein Gesetzeshüter nach Foley. Und schon gar nicht in den *Fisherman*, da gehörte schon Mut dazu. Foley lag so sehr am äußersten Rand der irischen Insel, wie es am Rand der Legalität lag. Hier mogelte man sich durch den Alltag, ohne sich allzu viele Gedanken um Spielregeln zu machen. Dublin war weit, sehr weit, der eigene Vorteil dagegen lag meistens näher. Andere übers Ohr zu hauen war in diesem Dorf Volkssport. Man konnte sicher sein, wenn es irgendwo eine Gesetzeslücke gab, dann gab es jemanden in Foley, der sie fand. Und wenn nicht, dann wurden Vorschriften auch schon mal so lange kreativ interpretiert, bis alles passte. Foley war in jeder Hinsicht ein altes Schmuggler- und Piratennest geblieben, ein Mikrokosmos, wo man sich schon aus Tradition selbst genügte.

Detective Inspector Caitlin da Silva hatte es nicht so mit Traditionen und sie störte sich auch nicht an den misstrauischen Blicken der anderen Gäste, als sie Fins Tisch ansteuerte. Zwar kannten sie die junge Frau, aber sie beobachteten die Polizistin mit Argwohn. Bei Fin legten sie einen anderen Maßstab an, er war schließlich nicht mehr bei der Garda.

Fin kannte Caitlin noch nicht lange, aber lange genug, um auf den ersten Blick zu sehen, dass sie schlechte Laune hatte. Verdammt schlechte Laune.

Ohne Gruß zog sie einen Stuhl heran und ließ sich mit Schwung drauffallen. »Was wird hier gespielt, O'Malley?«, schnauzte sie ihn an.

Fin wusste nicht, wie ihm geschah. »Wie bitte?«

»Glotz mich nicht an wie ein neugeborenes Lamm!«, giftete sie. »Ich will wissen, was los ist!«

»Äh, darf ich vorstellen, das ist Séamus Le Brun …«

Nein, Caitlin da Silva wollte keinen anderen Gesprächspartner. Ihre dunklen Koboldaugen fixierten Fin, während sie eine kleine versiegelte Plastiktüte aus ihrer Parkajacke zog und in die Mitte des Tisches warf. Es knallte, dass sein Trommelfell schepperte. »Ich erwarte eine Erklärung!«

Die erwartete Fin auch. Vorsichtig riskierte er einen Blick.

»Das haben die Kollegen in Mayo an der Brandstelle auf dem Campingplatz gefunden«, half Caitlin nach.

Der Inhalt der versiegelten Tüte bestand aus zwei Münzen, beide etwa so groß wie Zwei-Euro-Stücke. Aber es waren keine Zwei-Euro-Stücke. Die Oberfläche war rußgeschwärzt, darunter schimmerte es golden. Wenn die Münzen das Feuer überstanden hatten, waren sie wohl echt, vermutete Fin.

»Also?«

Das Temperament musste sie von ihrem Vater haben, ebenso den südländischen Teint und die schwarzen Haare, kurz geschnitten und wie immer verstrubbelt. Von der irischen Mutter hatten nur die Sommersprossen durchgeschlagen, die sich gerade in einer tiefen Falte zwischen ihren Augenbrauen versammelten, während sie ihn wütend anblitzte. »Ich warte …«

»Ich … äh, weiß nicht … was …«, stammelte Fin und warf Séamus einen verstohlenen Blick zu, doch der tat unbeteiligt, nibbelte an seinem Fisherman's Fellow und betrachtete ein Plakat an der Wand gegenüber. Nora Nichols hatte sich verkrümelt.

»Was hast du gestern Abend gemeint, als du sagtest, es gäbe vielleicht eine Verbindung zu unserer Einbruchsserie?«

»Gar nichts! Überhaupt nichts!« Fin war völlig perplex.

Sie lehnte sich nach vorn. »Die Einbrüche! Steckt ihr hier in Foley mit drin?«, zischte sie gerade so laut, dass keiner der

Umstehenden sie hören konnte. »Wundern würde es mich jedenfalls nicht.«

»Caitlin, ich hab' keine Ahnung, von welchen Einbrüchen du redest«, verteidigte sich Fin.

»Einbrüche in Kirchen. In Heimatmuseen. Die Diebe lassen alles mitgehen, was nach Edelmetall aussieht, vorzugsweise Gold. Kerzenleuchter, Altargefäße oder Goldschmuck. Auch alte Münzen.«

»Und woher stammen diese beiden Münzen?«

»Sag du's mir.«

»Ich seh' sie zum ersten Mal.«

»Die Dinger tauchen auf keiner unserer Listen auf. Niemand hat sie als gestohlen gemeldet«, erklärte Caitlin, »aber das will nichts heißen. Die Münzen sind sehr alt. So was findet sich schon mal beim Graben draußen auf einem Acker. Vielleicht hat jemand sie gefunden und nicht gemeldet.«

Dünne knochige Finger angelten scheinbar unbemerkt nach der Tüte, während sie redete. Blitzschnell hieb sie mit der flachen Hand dazwischen. Séamus zuckte zurück.

»Vielleicht können Sie mir ja was zu den Münzen sagen«, fauchte sie ihn an.

»Die gehören mir«, schnappte Séamus.

»Ach, tatsächlich?«

»Ja«, er nickte heftig, »ich hab' sie … ich hab' sie … von meinem Großvater.«

»Und woher hat Ihr Großvater die Münzen?«

Séamus schwieg und verschanzte sich hinter seinem Becher.

»Erzählen Sie doch keinen Scheiß!«, stieß sie ärgerlich aus.

Fin fragte sich, ob die Goldmünzen der Grund waren, weshalb Séamus nicht gewollt hatte, dass er sich allzu sehr mit seinem Leben beschäftigte. »Haben Sie noch mehr davon?«

Séamus wich seinem Blick aus und inspizierte mit einem Fingernagel die Essensreste auf der Tischplatte.

»Mr. Le Brun, Sie erzählen mir jetzt auf der Stelle, woher die Münzen stammen!«

»Feengold.«

Nora Nichols hatte unbemerkt zwei weitere Tonkrüge organisiert und setzte sich zu ihnen an den Tisch.

»Richtig«, stimmte Séamus zu und blickte auf, »Feengold!«

»Wenn Sie mir jetzt weismachen wollen, ein verdammter Leprechaun hätte Sie zum Ende eines Regenbogens geführt und Ihnen einen Topf voll Gold geschenkt, dann ...« Caitlin da Silva ließ offen, was sie mit ihm zu tun gedachte, aber Fin ahnte, dass es Séamus nicht gefallen würde.

»Trink erst mal.« Nora Nichols schob Caitlin einen Becher über den Tisch. Ob sie hoffte, dass die Polizistin nach dem Genuss dieses Gebräus eher geneigt war, an Feen zu glauben?

»Ich trinke nicht.« Caitlin da Silva schob den Becher zur Seite.

»Du trinkst nicht?«, fragte Fin erstaunt.

»Nicht vor acht Uhr abends.«

Fin sah auf die Uhr. In einer Stunde wäre der Fisherman's Fellow kalt. Und einen Fisherman's Fellow musste man heiß trinken.

»Irgendwo auf dieser Welt ist es immer acht Uhr abends.« Er schob ihr den Becher wieder hin und schnappte sich den übriggebliebenen. »Komm erst mal runter. Sláinte!«

Caitlin betrachtete argwöhnisch das Getränk. »Was ist das?«

»Ein Fisherman's Fellow.«

»Ich hab' nicht gefragt, wie das Zeug heißt. Ich wollte wissen, was drin ist.«

»Das musst du den Wirt fragen. Es ist sein Spezialrezept«, gab Fin Auskunft, »aber ich kann dir gleich verraten, er wird die Aussage verweigern.«

Sie schnupperte an dem Gebräu, ehe sie vorsichtig einen Schluck probierte. »Heilige Hölle!« Sie hustete. »Was zum Teufel ist das? Wollt ihr mich umbringen?«

»Bier, Whisky, brauner Zucker, eine Prise Chili …«, zählte Fin auf.

»Kardamom«, ergänzte Nora, »Nelken …«

»Das Zeug fällt unters Kriegswaffenkontrollgesetz«, stellte Caitlin fest und rang nach Atem.

Nora nahm ungerührt einen kräftigen Schluck. »Orangenschale …«

Was auch immer im Fisherman's Fellow drinsteckte, es schien eine beruhigende Wirkung auf Caitlin da Silva zu haben. Sie riskierte sogar einen zweiten Schluck. »Naja, wenn man den ersten Schock überwunden hat …«

»Hast du am Old Head noch mehr gefunden? Ich meine, außer den Münzen«, wagte Fin zu fragen.

Caitlin sah Fin eine Weile an, als schien sie zu überlegen, ob sie ihn an ihrem Wissen teilhaben lassen sollte. Ein weiterer Schluck des heißen Höllengebräus musste helfen. »Die Gasexplosion wurde vermutlich durch einen defekten Schlauch ausgelöst«, erklärte sie schließlich.

»Ein Schlauch kann keine Gasexplosion auslösen«, belehrte Fin.

Sie gönnte ihm den Punkt. »Wenn genug Gas ausströmt, genügt ein winziger Funke«, ergänzte sie, »ein elektrisches Gerät, das eingeschaltet wird oder –«

»Zum Zeitpunkt der Explosion war niemand im Wohnwagen.«

»Oder ein Handy –«

»Da war kein Handy.«

»Doch, da war ein Handy«, widersprach Caitlin, »zumindest hat die Spurensicherung die Überreste eines Handys gefunden.«

»Unmöglich. Ich hatte kein Handy dabei und Séamus besitzt keins«, erklärte Fin, »dann muss irgendjemand das Handy im Wohnwagen platziert haben, um die Explosion gezielt auszulösen.« Er hatte es geahnt. Da war es wieder, dieses vertraute Kribbeln, wenn er endlich eine Spur gefunden hatte. »Ich hab' ja gleich gesagt, jemand versucht, Séamus umzubringen.«

Caitlin beließ es erst mal bei dieser Behauptung. »Die Spuren sind noch nicht alle ausgewertet. Ich halte nichts von voreiligen Schlüssen«, bremste sie.

»Und der Wagen in Sligo?« So schnell gab sich Fin nicht geschlagen.

»Ein Mietwagen aus Dublin«, antwortete Caitlin, »die Kollegen haben ihn mittlerweile auf dem Parkplatz eines Supermarktes außerhalb von Sligo sichergestellt. Schäden an Scheinwerfer und Stoßstange könnten zu dem Unfall passen.«

»Und der Fahrer?«

»Was denkst du? Auf und davon natürlich.«

»Aber er muss bei der Mietwagenfirma doch einen Namen angegeben haben«, entgegnete Fin, »lass mich raten. Die Papiere waren falsch?«

»Paul Grogan. Student aus Dublin. Hat seinen Führerschein vergangene Woche als gestohlen gemeldet.«

»Na, der kann viel erzählen.«

»Die Polizei in Dublin hat ihn schon überprüft. Er hat ein Alibi.«

»Mist«, fluchte Fin. Das wäre auch zu einfach gewesen. »Und der Angestellte von der Mietwagenfirma? Vielleicht kann er den Mann beschreiben, der den Wagen gemietet hat.«

»Vorausgesetzt, es war ein Mann.« Ganz Profi hielt Caitlin sich alle Optionen offen. »Er hat gesagt, er habe jeden Tag so viele Kunden, da kann er sich unmöglich an jeden einzelnen erinnern.«

»Er muss es geplant haben«, dachte Fin laut nach, »erst will er Séamus mit der fingierten Gasexplosion beseitigen, und als das nicht klappt, heftet er sich bis Sligo an unsere Fersen und versucht dort sein Glück. Auf jeden Fall muss es derselbe Kerl gewesen sein, der vor drei Monaten Mary O'Reilly über den Haufen gefahren hat.«

»Wen?«

»Mary O'Reilly. Die Haushälterin von Fearghus O'Toole.«

»Hab' ich da im Mittelteil was verpasst?«

»Fearghus O'Toole, ein alter Freund von Séamus. Bei ihm wurde eingebrochen. Die Haushälterin hat den Täter überrascht und in die Flucht geschlagen. Zwei Tage später war sie tot. Von einem Auto überfahren. Ehe sie den Einbrecher möglicherweise identifizieren konnte. Zur selben Zeit wird bei Séamus im Wohnwagen eingebrochen. Das kann doch kein Zufall sein«, berichtete Fin, »ich brauche das Unfallprotokoll. Und das Protokoll vom Einbruch.«

»Wie bitte? Ich hör' wohl nicht recht.«

»Caitlin, wir sprechen hier von Mord, das liegt doch auf der Hand«, ereiferte sich Fin, »wir müssen ermitteln.«

»Wir?« Es klang, als betonte sie jeden einzelnen Buchstaben. »O'Malley, wenn du ermitteln willst, dann geh zurück zur Truppe.«

Fin ignorierte ihren Einwand. »Vielleicht hängen die Fälle ja wirklich zusammen. Vielleicht hat der Einbrecher bei Séamus und bei Fearghus O'Toole Gold gesucht?«

»Sicher. Und Fearghus O'Toole und Séamus Le Brun sind die Köpfe einer landesweit operierenden Diebesbande«, meinte Caitlin da Silva mit gespieltem Ernst.

»Quatsch.«

Wie auch immer Séamus Le Brun in den Besitz dieser beiden Goldmünzen gekommen war, an Einbruch mochte Fin nicht glauben. Er konnte sich einfach nicht vorstellen, dass der kauzige Alte in krumme Geschäfte verwickelt war. Aber wenigstens glaubte er jetzt zu wissen, wovon Séamus all die Jahre gelebt hatte. Er nahm die Tüte mit den Münzen und wog sie in der Hand. Er hatte keine Ahnung, wie viel so ein Goldstück wert war, aber wenn man beim Verkauf einen guten Preis erzielte und bescheiden war, dann konnte man bestimmt eine Weile davon leben.

Er drehte die Münzen um. Eine der Rückseiten war vom Feuer fast unversehrt und die Prägung trotz des offensichtlichen Alters erstaunlich gut erhalten geblieben. Der Kopf einer Frau. Die Haare ein Knäuel wild ineinander verwobener Schlangen.

Medusa.

Vielleicht hatte Séamus die Goldstücke tatsächlich von seinem Großvater. Das würde seine Vorliebe für Schlangendarstellungen erklären.

»Was hat es mit diesen Schlangen auf sich?«, wandte er sich an den Alten.

»Gar nichts«, erwiderte Séamus fast schon gewohnt schmallippig.

»Wollen Sie mir nicht doch verraten, woher Sie die Münzen haben?«

»Die Münzen gehören mir!« Séamus ließ seinen Becher mit Nachdruck auf den Tisch knallen, als müsse er seinen Besitzanspruch unterstreichen.

Mehr würde er wohl nicht aus ihm herausbekommen.

»Nun, es gibt ja noch andere Mittel und Wege, etwas über diese Münzen herauszufinden«, meldete sich Caitlin zu Wort. Sie hatte ihr Smartphone gezückt und durchforstete ihr Adressbuch. »Es gibt da einen Experten, der uns bei unseren Ermittlungen unterstützt. Der sollte uns doch weiterhelfen können.« Sie wurde fündig. »Ein Professor Dr. Michael Tadleigh Sullivan.«

»Teddy Sullivan?«

»Teddy? Ein Freund von dir?« Caitlin war überrascht.

»Kommt drauf an, ob wir denselben Teddy Sullivan meinen«, schränkte Fin ein, »wir sind zusammen zur Schule gegangen.«

»Er ist Archäologe im Nationalmuseum von Dublin.«

»Ich könnte mich ja mal mit ihm unterhalten.« Fin war klar, dass er gerade zwei Beweisstücke in der Hand hielt und ihm war auch klar, dass Caitlin da Silva sie nicht so ohne weiteres rausrücken würde. Aber er konnte ihr eine Menge Zeit und Arbeit ersparen. »Teddy und ich waren die dicksten Kumpels.«

11. Teddy

Er hatte Teddy Sullivan gehasst. Damit war er allerdings in guter Gesellschaft gewesen. Streber waren in der Schule von Natur aus unbeliebt, aber Tadleigh Sullivan hatte alles Erdenkliche angestellt, um außer mit schulischen Leistungen auch mit einem kaum zu überbietenden Maß an Unpopularität zu glänzen. Er hatte sich erfolgreich Feinde gemacht, indem er seine Mitschüler bei Streichen bei den Lehrern verpetzte, schamlos heimliche Liebschaften ausplauderte und seine Nase grundsätzlich in Dinge steckte, die ihn nichts angingen. Ständig hatte er irgendwo rumgeschnüffelt und unerfreuliche Dinge ans Licht gezerrt und ausposaunt, eben weil er gerne im Dreck wühlte, vorzugsweise im Dreck anderer Leute. Vielleicht waren dies ja die idealen Voraussetzungen, um Archäologe zu werden.

Menschen konnten sich ja bekanntlich ändern, dachte Fin, während er die Kildare Street in Dublin hinauflief, auch wenn er in all seiner Voreingenommenheit nicht wirklich daran glauben wollte. Vor dreißig Jahren hatten sie sich das letzte Mal gesehen und er hatte Teddy keine Sekunde vermisst, aber wenn er ihm mit den Münzen weiterhelfen konnte, dann wollte auch Fin nicht nachtragend sein.

An der Bushaltestelle vor dem Museum buhlte eine ganze Reihe riesiger Plakate um Aufmerksamkeit. Auf schreiend bunten Farbflächen tummelte sich ein wunderliches Panoptikum fantastischer Figuren; ätherische Elfen, kleinwüchsige Kobolde und muskelbepackte Sagenhelden, umschlungen von allerlei keltisch inspirierten Ornamenten. Der Ire hatte ein Faible fürs Mystische. Wenn einem der Metzger hinter der Theke erzählte, sein Onkel habe ihm einen todsicheren Tipp fürs Pferderennen gegeben, so war das nicht ungewöhnlich. Auch nicht, wenn man wusste, dass besagter Onkel schon seit drei Jahren unter der Erde lag. Unerklärliche Ereignisse trugen ihren Teil zum irischen Alltag bei. Irgendwo gab es immer einen Kobold, dem man die Schuld in die Schuhe schieben konnte, egal, ob die Suppe versalzen war, ein Virus den Computer lahmlegte oder die Aktienkurse in den Keller rauschten. Zufälle gab es nicht.

Fin blieb vor einem Plakat stehen und blickte direkt in das Gesicht einer geheimnisvollen Frau mit Schlangenhaar.

Keine Frage, hier war er richtig.

Er betrat das altehrwürdige Gebäude durch den Haupteingang, ging zur Kasse und ließ sich den Weg beschreiben. *Head of Conservation* stand auf dem Messingschild neben der dicken Eichentür. Tadleigh Sullivan hatte Karriere gemacht.

»Herein«, tönte es kaum hörbar auf sein Klopfen hin. Teddys Stimme war schon früher eher zarter Natur gewesen. Und auch der Rest von Teddy hatte sich all die Jahre wenig verändert.

»Finbar O'Malley! Dass ich das noch erleben darf!« Teddy Sullivan strahlte frisch und rosig wie ein neugeborenes Ferkel. Die blonden Haare waren dünner geworden und von grauen Strähnen durchsetzt, aber Fin musste neidvoll eingestehen, dass sein ehemaliger Schulkamerad zehn Jahre jünger wirkte als er selbst. Die Hand zur Begrüßung ausgestreckt kam er auf ihn zu, gut zwei Kopf kleiner als er, pummelig wie eh und je, aber der graue Anzug sah nicht aus, als ob er von der Stange war. Der Spitzname ›Teddy‹ kam nicht von ungefähr. Natürlich war es eine Koseform für Tadleigh, aber Teddy Sullivan hatte auch etwas Tapsiges und Knuddeliges an sich. Fin wusste allerdings, dass man nicht den Fehler machen durfte, in das äußere Erscheinungsbild allzu viel Vertrauen zu legen. Das rächte sich irgendwann. Bären waren nichts zum Knuddeln. Bären waren Raubtiere. Auch wenn man es Tadleigh Sullivan auf den ersten Blick nicht ansah.

»Schön, dich zu sehen!« Teddy schien sich über das unverhoffte Wiedersehen ehrlich zu freuen.

Fin schüttelte seine Hand, die ihn an einen lauwarmen Pudding erinnerte, und murmelte etwas Zustimmendes.

»Tee? Kaffee?«

»Mach dir keine Umstände.«

»Kein Problem. Alles da. Setz dich doch.« Teddy ging zu einer Anrichte mit Kaffeemaschine und Geschirr.

Fin setzte sich artig vor den schweren Schreibtisch, der suggerierte, dass die Person, die dahinter residierte, wichtig war. Die vollgestopften Bücherregale, die bis zur Decke reichten, das Kabinett, das mit aufwändigen Intarsien verziert war, das dezente Gemälde, selbst das glänzende Parkett, alles wirkte edel. Hinter dem Schreibtisch hingen Fotos an der Wand. Teddy Sullivan im Kreise von Kollegen bei Ausgrabungen irgendwo in einer der Wüsten dieser Erde. Sonnenverbrannte Gesichter, in ihrer Mitte etwas, das aussah wie eine Statue, gerade dem Sand und dem Vergessen entrissen. Teddy Sullivan mit einem siegreichen Lächeln auf den Lippen wie einst Howard Carter bei der Entdeckung der Grabkammer des Tutenchamun. Ein Mensch, der es zweifellos geschafft hatte. Die Aussicht aus dem Fenster war immerhin hässlich, wie Fin mit leiser Genugtuung feststellte. Ein Blick auf den Parkplatz des Parlamentsgebäudes.

»Wir haben uns eine Ewigkeit nicht gesehen, stimmt's? Nicht mehr seit der Schulzeit.« Teddy stellte eine Tasse Kaffee vor Fin auf den Schreibtisch, Milch und Zucker in Reichweite.

»Kann mich gar nicht erinnern, dass dein richtiger Name Michael ist«, entgegnete Fin, nur um irgendetwas zu sagen.

Teddy setzte sich. Seine kleinwüchsige Figur ließ den Schreibtisch noch gewaltiger wirken. »Ist er auch nicht. Michael hieß mein Vater. Ich hab' seinen Namen einfach zu meinem dazugefügt. Tadleigh konnte sich an der Universität nämlich keiner merken. Ich war in Cambridge«, ließ er wie nebenbei fallen, »und du bist Polizist geworden. Wie dein Vater, wenn ich mich richtig erinnere, stimmt's?«

Fin nickte. Caitlin da Silva hatte ihn als Kollegen angekündigt. Das hatte ihm erspart, den Dienstausweis zu zücken, den er nicht mehr besaß. Und die Schmach, vor einem Erfolgsmenschen wie Teddy Sullivan als Loser dazustehen. Chefkonservator am Irischen Nationalmuseum in Dublin, das las sich deutlich besser auf der Visitenkarte als Detective Sergeant, arbeitslos.

»Mann, was hatten wir damals eine tolle Zeit«, stellte Teddy beinahe besinnlich fest.

Fin wollte das nicht so recht bestätigen, lächelte aber pflichtschuldigst. Er konnte sich nur vage an die seltenen Besuche bei Teddy zu Hause erinnern. Sie hatten in derselben Straße gewohnt. Teddys Vater war früh gestorben, seine Mutter früh ergraut. Alleinerziehend mit sieben Kindern, eine verhärmte, ewig nörgelnde Frau, die ein strenges Regiment geführt und ihren jüngsten Sohn vor seinen Schulkameraden regelmäßig rumkommandiert und lächerlich gemacht hatte. Erst musste das Zimmer aufgeräumt werden, dann durfte er zum Fußballspielen, während sie sich keifend und streitsüchtig und allzu oft mit einer Flasche Whisky aufs Sofa zurückzog, Whisky, den Teddy heimlich im Pub an der Ecke besorgen musste. Er hatte brav gekuscht und die Gängeleien mit stoischem Gleichmut ertragen. Nein, Tadleigh Sullivan hatte es im Leben nicht leicht gehabt, und Fin hatte fast ein schlechtes Gewissen, dass er ihn nie gemocht hatte. Denn der einzige Grund, weshalb er und seine Kameraden Teddy in ihrer Mitte geduldet hatten, war so simpel wie schäbig gewesen: Teddy hatte sie abschreiben lassen. Die wirklichen Freunde jedenfalls hatte man an den Fingern einer Hand abzählen können. Fin O'Malley hatte ganz sicher nicht dazugehört.

»Erinnerst du dich noch an die kleine Blonde, hinter der wir beide her waren?«, grinste Teddy.

»Susan?«

»Susan, ja, so hieß sie. Echt scharfe Braut. Was wohl aus ihr geworden ist?«

»Wir haben geheiratet.«

»Oh, echt? Gratuliere.« Sein Lächeln war nahezu faltenfrei. »Eine Sandkastenliebe sozusagen. Wie romantisch.«

Fin wollte den Ausflug in sein Privatleben nicht weiter vertiefen. Bei Teddy Sullivan sollte man lieber vorsichtig sein. Aber um die üblichen Höflichkeiten, die man bei solchen Gelegenheiten austauscht, kam er wohl nicht herum. »Und du? Bist du verheiratet?«

»Nein.«

»Ach, du wirst die Richtige schon noch finden.« Es reizte Fin, den armen Teddy aufzuziehen wie damals in der Schulzeit. Aber aus dem Alter sollte er nun wirklich raus sein. »Und sonst? Wie geht's deiner Mutter?«

Teddy sah aus, als hätte er gerade mit Essig gegurgelt. »Sie ist letztes Jahr gestorben.«

»Oh, das tut mir leid.«

›Mir nicht‹, schien Teddy auf der Zunge zu liegen, aber er schluckte es runter und fand, dass es offenbar Zeit war, zum eigentlichen Grund von Fins Besuch zu kommen.

»Schon wieder ein neuer Einbruch, wenn ich Inspector da Silva am Telefon richtig verstanden habe, stimmt's?«

»Nicht direkt.« Fin holte die beiden Münzen hervor, die er zwischenzeitlich so gut es ging gesäubert hatte, und reichte sie Teddy.

Der Archäologe zeigte sich interessiert. »Eine Medusa. Ein außergewöhnliches Motiv.«

»Auf den Plakaten zu eurer Ausstellung ist auch eine Medusa drauf.«

»Ausstellung?« Teddy schaute ihn irritiert an.

»Die Plakate draußen vor dem Museum.«

»Ach, die ... nee, die sind nicht von uns. Die sind für die Fashion Week, die gerade hier in Dublin stattfindet.« Seinem abfälligen Unterton konnte man entnehmen, dass ein Mensch, der auch nur einen Funken Kultur besaß, ein solches Event ganz gewiss nicht in seinen Terminkalender eingetragen hatte. »Woher stammen die beiden Münzen? Ein Einbruch?«

»Das wissen wir noch nicht«, antwortete Fin zurückhaltend, »sie sind im Rahmen von Ermittlungen aufgetaucht.«

»Was es mit den Münzen auf sich hat, kann ich dir nur sagen, wenn ich weiß, wo du sie her hast. Besser noch, wo sie gefunden wurden«, erwiderte Teddy, »alles andere wäre reine Spekulation.«

»Séamus–« Fin korrigierte sich sofort, »–ein Nachbar aus meinem Dorf hat sie wohl schon vor Jahren gefunden.«

»Wo?«

»Das will er nicht verraten.«

»Unterschlagen von wichtigen archäologischen Funden ist strafbar. Das muss ich dir als Polizist ja wohl nicht sagen, stimmt's?«, bemerkte Teddy und lächelte nachsichtig. »Hat dieser Séamus noch mehr davon?«

»Nein.« Fin hoffte, dass er recht hatte.

Teddy Sullivan ließ die Münzen durch seine Finger wandern und betrachtete sie von allen Seiten. »Sie erinnern mich an Dukaten, die ich vor Jahren mal in Granagh House gesehen habe. Der Earl of Monaghan hatte da eine ganz interessante Sammlung.«

»Hatte?«

»Tja, auch bei ihm ist vor einigen Monaten eingebrochen worden«, antwortete Teddy mit Bedauern.

Sollte Séamus doch ein krummes Ding gedreht haben? Fin mochte den Gedanken nicht weiterspinnen. »Und wo hatte der Earl die Münzen her?«

»Streedagh Strand.«

Fin verstand den bedeutungsvollen Blick seines Gegenübers nicht. Sollte ihm dieser Ort irgendetwas sagen?

»Klingelt da nichts bei dir?«

Wenn etwas klingelte, dann so leise, dass Fin es nicht hörte. »Nee. Sollte es?«

»Hast in der Schule mal wieder nicht aufgepasst, stimmt's? Ich erinnere mich, Geschichte war nie dein Fall«, grinste Teddy schadenfroh, »fünfzehnhundertachtundachtzig. Die Spanische Armada.«

»War das nicht Sir Francis Drake und dieser ganze Kram?«

»Richtig. Dieser ganze Kram. Die Engländer haben die Spanier im Ärmelkanal vernichtend geschlagen. Ein paar Schiffe konnten entkommen, suchten ihr Heil in der Flucht und wählten in ihrer Not den Weg um Nordengland, Schottland und Irland herum, um über den Atlantik nach Spanien zurückzusegeln«, frischte Teddy sein Wissen auf, »drei Schiffe, *La Juliana*, *La Lavia* und die *Santa María le Vison*, gerieten vor Sligo in einen Sturm und wurden an die Küste geworfen. Mehr als tausend Seeleute ertranken, dreihundert überlebten, nur um an Land von Strandräubern und englischen Soldaten ermordet zu werden. Eine Handvoll Spanier entkam, fand bei englandfeindlichen Iren, meist Katholiken, Unterschlupf und konnte sich später über viele Umwege in die Heimat durchschlagen.«

»Ich verstehe.« Fin konnte Teddys Gedankengänge nachvollziehen.

»Da waren einige spanische und portugiesische Adlige an

Bord und mit ihnen eine Menge Dukaten und Juwelen«, brachte Teddy die Geschichte auf den Punkt.

»Ich kann mich nicht erinnern, dass jemals etwas gefunden wurde.«

»Natürlich hat man damals nach dem Schiffbruch die Wracks geplündert«, erwiderte Teddy, »aber unsere Ausgrabungen stehen auch erst am Anfang. Die *Juliana* wurde erst vor rund dreißig Jahren entdeckt. Bisher haben wir nur die großen Fundstücke bergen können. Kanonen, Anker und so. Diese Arbeiten verschlingen eine Menge Geld.«

Fin geriet ins Grübeln. Streedagh Strand war nicht weit von Mullaghmore entfernt, man konnte praktisch hinspucken. Gut möglich, dass Séamus Goldmünzen gefunden hatte, die an Bord eines der spanischen Schiffe gewesen waren.

Teddy unterbrach seine Gedanken. »Falls dein Nachbar diese Münzen zufällig am Streedagh Strand gefunden hat, dann muss ich das wissen«, meldete sich der Archäologe, »du weißt schon, nationales Kulturgut und so.«

»Glaubst du im Ernst, dass das spanische Dukaten sind? Kann man das rausfinden?« Fin deutete auf die Münzen, die Teddy noch immer in Händen hielt.

»Möglich«, meinte Teddy, »lass die Münzen doch einfach hier, dann kann sie unser Labor genauer unter die Lupe nehmen.«

Fin würde sich hüten. Die Jahre hatten nichts geändert. Nach wie vor traute er Teddy nicht über den Weg, ohne dass er konkret sagen konnte, woran es lag. »Tut mir leid, das kann ich nicht. Das sind Beweisstücke. Ich bin nicht befugt, du verstehst sicher …«, erwiderte er mit gespieltem Bedauern, »aber ich habe Fotos anfertigen lassen.«

Er reichte ihm die Abzüge über den Schreibtisch und erhielt im Gegenzug die beiden Münzen zurück, wenn auch mit sichtlichem Zögern.

»Wie du meinst«, sagte Teddy und versuchte, seine Enttäuschung zu verbergen. Hatte er eine archäologische Sensation gewittert? »Kann ich dir sonst noch irgendwie helfen?«

»Danke, Teddy, du warst mir bereits eine große Hilfe.« Fin stand auf.

Teddy tat es ihm gleich und begleitete ihn zur Tür. »Wir sollten bei Gelegenheit mal einen trinken gehen. Unser Wiedersehen begießen.«

»Das sollten wir unbedingt«, stimmte Fin zu und machte gute Miene zum bösen Spiel, »leider muss ich wieder nach Donegal zurück.«

»Ach, ich dachte, du lebst in Dublin.«

»Nein. Foley.«

»Foley? Das klingt nach dem Arsch der Welt.«

»Glaub mir, Teddy, es ist der Arsch der Welt.«

12. Susan

»Hallo Lily!«

»Hi Dad.«

Sie trafen sich, gerade als Fin einen Parkplatz vor Susans Haus gefunden hatte. Oder Matthews Haus.

»Wie geht's, Kleines?«

»Gut.« Sie hauchte ihm einen Kuss aus dunkelrotem Lippenstift auf die Wange.

Für Fins Geschmack schmierte sie sich entschieden zu viel Make-up ins Gesicht. Er konnte nicht verstehen, dass Susan ihr das erlaubte. Die schwarze Lederjacke, das knallbunte, knappe Tank-Top, die engen Jeans mit Löchern, darunter High Heels. So was trugen junge Mädchen heutzutage, da machte er sich keine Illusionen. Dazu als unvermeidliches Accessoire die Ohrstöpsel eines Smartphones mit einem lässig aus irgendeiner Tasche baumelnden Kabel. Niemand ging mehr ohne. Fin fragte sich, ob sie das Ding wenigstens zum Schlafen weglegte. Er hatte seine Zweifel. Alle hingen sie an ihren Smartphones, als erhielten sie gerade eine überlebenswichtige Bluttransfusion. Fin reizte die Vorstellung, das Kabel einfach mal durchzuschneiden, nur um zu sehen, ob die Menschen dann zusammenklappten.

Er konnte sich an Zeiten erinnern, als er ihr zum Geburtstag das heißersehnte Simpsons-T-Shirt geschenkt hatte. Zugegeben, das war lange her, aber es fühlte sich an wie gestern.

Wahrscheinlich lag es irgendwo unterm Bett, zusammen mit ihrem Teddy, einer Peinlichkeit aus Kindertagen. Genauso abgemeldet wie ihr alter Dad. Wer wohl mittlerweile den Platz des Teddys eingenommen hatte?

Immerhin trug sie keinen dieser unschönen Blechpickel im Gesicht. Was Tattoos betraf, da war Fin sich nicht ganz sicher. Solange sie es nicht offen zur Schau stellte, wusste er nichts davon. Und fragen wollte er sie nicht.

Waren ihre langen Haare nicht blonder als sonst? Sie hatte sie zu einem lässigen Knoten geschlungen, ein fragiles Gebilde, das wohl nur mit Hilfe von Haarspray den Gesetzen der Schwerkraft trotzte. Fin wusste nicht, ob ihm das gefiel. Sie war doch erst fünfzehn. Und hatte es absolut nicht nötig, sich so aufzubrezeln.

»Wie nennst du das da auf deinem Kopf?«

»Das trägt man jetzt so.« Sie zupfte an einer verirrten Strähne, die sich aus dem künstlichen Gebirge geflüchtet hatte. »Das nennt man Sleek Look.«

»Sieht eher aus wie etwas, womit die Katze gespielt hat.«

»Oh Dad, du hast überhaupt keine Ahnung. Das ist eben hip.«

Nein, er hatte keine Ahnung. Und hip war er schon gar nicht. Er wunderte sich, was so falsch war an Jeans und T-Shirt.

»Fleißig eingekauft?« Er deutete auf die prall gefüllten Plastiktüten in ihren Händen.

»Bei *Dare&Wear* ist diese Woche Sale«, informierte Lily und hielt ihm eine der Taschen vor die Nase. Schon wieder keltische Ornamente, mittendrin der schwarze Schattenriss eines Trolls, ein langer dürrer Kerl, der mit wilden Verrenkungen über die Tüte hüpfte.

Irland war fest in der Hand von Elfen und Kobolden. Der irische Kalender bot ausreichend Gelegenheiten, bei denen der Ire seine Affinität zum Kleinen Volk unter Beweis stellen konnte, egal ob er sich nun zum Puck Fair verkleidete oder im großen Stil zur St. Patrick's Day Parade. Halloween war über Umwege ein irischer Exportschlager geworden, und bei Sportveranstaltungen jeglicher Art bevölkerten ganze Heerscharen von Trollen und Leprechauns die Fankurven. Manchmal mochte man glauben, ein ganzes Land war dabei, sich und seine Kultur auf Fabelwesen zu reduzieren. In Vorgärten gaben sich Keramikkobolde ein Stelldichein, und die Schaufenster der Souvenirläden waren voll von rothaarigen Wichten mit grünen Hüten. Was in Wahrheit dahintersteckte, das wussten oft nur noch die Alten, für die meisten Jungen war es Plastikkitsch. Aber den Touristen gefiel's, und folglich pflegte der Ire sein Image, auch wenn es vielleicht ein zweifelhaftes war.

»Du scheinst ja 'ne Menge Taschengeld zu haben.«

»Geht so. Matthew gibt mir hin und wieder was dazu.«

Matthew. Aha. Wollte sich wohl bei Lily einschleimen.

»Von dir kommt ja nix.«

Treffer. Versenkt. Kein Kunststück bei dieser Angriffsfläche.

»Hilfst du mir mit dem Schlüssel? Rechte Jackentasche.«

Fin ergriff dankbar den Rettungsring, fischte artig den Schlüssel aus Lilys Jacke und schloss die Haustür auf.

»Schmeiß einfach irgendwohin.«

Fin legte den Schlüssel in eine Schale unter der Garderobe. Wieder ein Troll. Derselbe wie auf der Tüte. Dieses Mal auf drei Eintrittskarten. »Was ist das?«, fragte er Lily.

»Wir gehen heute Abend zu einer Modenschau.«

»Wer ›wir‹?«

»Matthew, Mom und ich.«

»Modenschau?«

»Moms Firma macht die Werbung für die Fashion Week. Da haben wir Freikarten für die Show heute Abend in den Docklands.«

»Fin?«

Er fuhr herum.

Susan war im Flur aufgetaucht. »Sieh an, der vermisste Wanderer vom Croagh Patrick«, stieß sie belustigt hervor.

Eine solche Meldung schaffte es sogar bis in die Hauptstadt. Diese Geschichte würde ihm in zehn Jahren noch anhängen. Shauna Adams hatte ganze Arbeit geleistet. Hoffentlich legte sie sich bei der Suche nach Séamus' Bildern genauso ins Zeug.

»Ich nehme nicht an, dass ihr euch Sorgen um mich gemacht habt.«

»Ich hab' doch gleich gesagt, dass Dad nichts passiert ist«, erwiderte Lily.

»Was willst du eigentlich hier?« Susan lehnte sich gegen den Türrahmen, die Arme vor der Brust verschränkt. Ihre typische Abwehrhaltung.

»Ich? Du warst es doch, die letzte Woche angerufen hat«, verteidigte sich Fin.

Susan gönnte sich einen Augenblick, um sich zu erinnern, dann verschwand sie in einem Zimmer.

»Ist wohl wegen Amsterdam«, sagte Lily und raschelte mit ihren Einkaufstüten davon.

»Amsterdam?«

Ein weißer Hundekopf erschien in der Tür. Ein Paar dunkle Augen fixierte ihn.

»Pebbles!«

Fin streckte abwehrend beide Hände aus. Zu spät. Zwei Pfoten landeten auf seiner Brust, fünfundzwanzig Kilo weißer Schäferhund brachten ihn mit Schwung zu Fall.

»Nein, Pebbles! Hör auf! Pebb–«

Eine große Zunge schlabberte durch sein Gesicht. Die Hündin winselte begeistert und wedelte mit dem Schwanz, der scheinbar völlig schmerzfrei mal gegen den Türrahmen, mal gegen den Garderobenschrank knallte.

»Sie freut sich halt, dich zu sehen«, hörte er Lily aus ihrem Zimmer rufen.

»Könnte sie das nicht mit etwas weniger Enthusiasmus tun?«, schrie er und versuchte erfolglos, sich den Hund vom Leib zu halten. Aber er sollte nicht undankbar sein. Immerhin schien Pebbles das einzige Lebewesen in diesem Haus zu sein, das sich uneingeschränkt freute, ihn zu sehen.

Lily tauchte auf und zog Pebbles am Halsband mit sich. Fin kam mühsam wieder auf die Beine. »Was ist mit Amsterdam?«, rief er ihr hinterher und wischte sich mit dem Jackenärmel übers Gesicht.

»Eine Klassenfahrt.« Susans Stimme kam aus dem Wohnzimmer. »Ich brauche deine Unterschrift.«

»Unterschrift?« Fin folgte der Stimme.

»Es ist eine Auslandsreise.« Susan stand an einem Schreibtisch, blätterte in einem Ordner und zog ein paar Formulare hervor. »Da müssen beide Erziehungsberechtigte ihr Einverständnis geben.« Ihr war anzumerken, dass ihr das überhaupt nicht passte.

»Ach, jetzt bin ich plötzlich wieder Erziehungsberechtigter«, meckerte Fin. Er nahm ihr die Papiere aus der Hand und überflog sie. »Amsterdam.« Ihn interessierte nicht wirklich, was da geschrieben stand. »Sind die total bescheuert?«

»Wieso? Was hast du gegen Amsterdam?«

»Ein einziger Drogensumpf!«

Susan verdrehte die Augen theatralisch zur Decke. »Mein Ex-Mann, der Ex-Bulle. Kann mir jemand verraten, wie ich das all die Jahre ausgehalten habe?«

»Du solltest dir wirklich etwas mehr Gedanken über unsere Tochter machen.«

»Und das sagst ausgerechnet du?«

»Mann, jetzt streitet euch doch nicht schon wieder!« Lily war hereingekommen, weniger um Frieden zu stiften, eher um ihre neuesten Errungenschaften vorzuführen. Das ärmellose Hemdchen mit dem bekannten Koboldmotiv auf der Brust war aus hauchdünnem Stoff und endete bereits knapp über dem Bauchnabel. Die ausgefranste Jeansshorts darunter glich eher einem zu breit geratenen Gürtel und saß so eng, dass Fin schon beim Hinschauen Atemnot bekam.

»Da bitte, da hast du's. So lässt du sie rumlaufen. Sie sieht aus, als ob sie anschaffen geht!«

Lily schnitt eine Grimasse. »Ich hör wohl nicht recht!«

»Nimm einfach den Knopf aus dem Ohr, vielleicht geht's dann besser. Oder ist der festgewachsen?«, erwiderte Fin ungnädig. »Willst du etwa so nach Amsterdam fahren?«

»Ich versteh' deinen Aufstand nicht, Finbar«, fuhr Susan dazwischen, »so laufen doch alle jungen Mädchen rum.«

»Mag sein. Aber meine Tochter nicht«, entgegnete er pampig.

»Aber das ist von *Dare&Wear*, das ist absolut angesagt. Das muss ich haben«, schmollte Lily trotzig.

Fin ignorierte ihren Einwurf. »Selbst wenn es von Armani wäre, ich würde sie so nicht auf die Straße lassen«, sagte er an Susan gerichtet, »das Kind wird sich den Tod holen in dem durchsichtigen Fummel!« Ihm war durchaus klar, dass sein Auftritt eine simple Retourkutsche für Susan war, die ihm vor gar nicht allzu langer Zeit vorgeworfen hatte, die gemeinsame Tochter in Gefahr gebracht zu haben. »Und für so was habt ihr Geld, ja? Oder hat Matthew den Kram bezahlt?« Er sah Lily an. »Wolltest du dieses Zeug am Ende heute Abend anziehen?«

Lily schnitt eine Schnute und schwieg. Fin hatte wohl ins Schwarze getroffen.

»Das hat nichts mit Matthew zu tun.« Susan wollte sich nicht auf diese Diskussion einlassen. Sie wedelte mit dem Kugelschreiber. »Also, was ist jetzt mit Amsterdam?«

»Ich kann doch nicht ein fünfzehnjähriges Mädchen, das nicht in der Lage ist, auf sich selbst aufzupassen, in eine Stadt wie Amsterdam schicken!« Das erste Mal seit langem verspürte Fin so was wie Oberwasser. Sie brauchten ihn. Und wenn es nur für eine dämliche Unterschrift war.

»Wenn ich mich umziehe und dir verspreche, diese Sachen nicht mit nach Amsterdam zu nehmen, darf ich dann fahren?«, bettelte Lily.

Fin tat, als müsse er das Für und Wider ernsthaft gegeneinander abwägen. Er hatte seiner Tochter noch nie wirklich etwas abschlagen können. Schon gar nicht, wenn sie ihn mit diesem Kleinmädchenblick bedachte. »Ich will, dass du dich anziehst wie ein anständiges Mädchen.«

Lily biss sich auf die Lippen, als müsse sie sich eine Bemerkung verkneifen. »Ja, Dad.«

»Meinetwegen.«

»Danke, Dad!« Lily huschte aus dem Zimmer.

»Siehst du, geht doch«, sagte er zu Susan, »die Kleine hat schließlich Grips.«

»Hat sie bestimmt von dir.«

»Erraten.«

»Muss wohl so sein. Ich hab' meinen nämlich noch.« Sie hielt ihm den Kugelschreiber hin. »Unten links. Zweite Zeile.«

Fin hätte gerne was erwidert, aber ihm fiel nichts Passendes ein. Es war schwer, gegen Susan anzukommen. Meist hatte sie das letzte Wort.

Er setzte seine Unterschrift auf das Formular. »War sonst noch was?«

»Nein.«

Er machte auf dem Absatz kehrt und verließ grußlos die Wohnung. Im Vorbeigehen schnappte er sich unbemerkt die drei Eintrittskarten und steckte sie ein. Susan hatte vielleicht gewonnen, aber wer glaubte, er würde zulassen, dass sich seine Tochter halbnackt auf einer Modenschau herumtrieb, der kannte Fin O'Malley schlecht. Niemand würde Lily anbaggern.

Niemand würde sie entdecken. Er wusste doch, wie so was lief. ›Ich bring' dich ganz groß raus, Baby …‹

Ja, er war ein Spielverderber. Er war gemein. Er war nachtragend. Er war eifersüchtig. Er war … Ihm fiel nichts mehr ein. Egal, es fühlte sich auf jeden Fall verdammt gut an.

13. Dare & Wear

Das Gefühl hielt nicht lange an. Der Ärger war schnell verflogen, zurück blieb der schale Geschmack des Versagens. Er hatte sich kindisch benommen, und im Grunde tat es ihm leid, dass er Lily den Abend verdorben hatte. Aber sich einen Ruck zu geben und die Karten zurückzubringen, das brachte er trotzdem nicht über sich.

Eigentlich hatte er gleich nach Donegal zurückfahren wollen, dann aber überlegt, ob er nicht seine Mutter besuchen sollte, wenn er schon mal in Dublin war. Doch seine schlechte Laune war ihm Ausrede genug, es wie so oft zu verschieben, und so hatte er den Wagen abgestellt, um eine Kleinigkeit essen zu gehen und danach nach Hause zu fahren.

Er schlenderte den Custom House Quay hinunter Richtung Hafen. Ein kalter Wind scheuchte Wolkenfetzen aufs Meer hinaus und kräuselte das schmutzigbraune Wasser des Liffey. Die letzten Strahlen einer tiefstehenden Septembersonne spiegelten sich in den Fassaden am Ufer. Vor einem Jahr, als er noch Polizist gewesen war, hatte es hier in der Nähe ein gemütliches Pub gegeben, wo man erstklassige Fish & Chips essen konnte, aber er hatte es nicht wiedergefunden. Wie so viele andere Gebäude im alten Hafenviertel hatte es Platz machen müssen für das neue Dublin. Moderne Hochhausfassaden aus Beton und Glas beherbergten Banken und IT-Firmen, ehemalige Speicher waren zu teuren Apartmenthäusern umgebaut worden, kleine

Kneipen waren trendigen Coffee-Shops gewichen, und über allem lag eine Aura des Aufbruchs. Vergessen war die große Krise, die Immobilienpreise zogen wieder an und Kräne und Bagger lärmten, als ob nichts gewesen wäre. Die Stadt veränderte sich im Zeitraffer. Das konnte man mögen. Musste man aber nicht.

Büromenschen in Anzügen und Kostümen bevölkerten das Straßenbild, eilten vorbei, in der einen Hand das Handy, in der anderen den unvermeidlichen Coffee-to-go. Dazwischen Radfahrer und neugierige Touristen, junge Leute, Teenager auf dem Weg zu irgendeiner Party.

Fin blieb stehen. Nein, so konnte es nicht weitergehen. Er wusste, es musste etwas passieren, wenn er Lily nicht verlieren wollte. Denn so wie er sich im Augenblick aufführte, war er auf dem besten Weg dahin. Vielleicht sollte er mehr Verständnis für seine Tochter aufbringen, die Welt mal mit ihren Augen sehen. Den Streit, den er mit Susan hatte, nicht immer auf ihrem Rücken austragen.

Und ein Job musste endlich her. Er brauchte Geld, damit er seiner Tochter auch was bieten konnte. Zwar half er im *Fisherman* aus und machte sich auch schon mal in der Küche nützlich, aber bisher erhielt er als Gegenleistung nur Essen und ein Dach über dem Kopf. Vielleicht sollte er sich endlich dafür bezahlen lassen.

Aber eigentlich war er kein Koch. Er war und blieb Polizist.

Er trat einen Schritt zur Seite, um einem verbissen dreinblickenden Jogger Platz zu machen, nahm sein Handy und wählte Caitlin da Silvas Nummer.

»Na, was hat dir dein alter Kumpel Teddy verraten?«

»Er hätte die Münzen am liebsten gleich behalten.«

»Ja, so sind sie, die Archäologen. Gib ihnen ein kleines Puzzlestück und sie sind nicht mehr zu halten. Fangen sofort an zu graben. Wie wir Polizisten.«

»Ich traue ihm nicht. Er hatte so einen gierigen Blick.« Fin wusste nicht, weshalb er das sagte. Vielleicht aus purer Antipathie gegen Teddy Sullivan.

»Haben wir den nicht alle, wenn es um Gold geht?«, philosophierte Caitlin. »Aber abgesehen von dem gierigen Blick, hatte er auch irgendwelche Fakten für uns?«

Fin lehnte sich ans Geländer und schaute über den Fluss. »Er meinte, es seien spanische Dukaten. Möglich, dass sie damals beim Schiffbruch der Armada über Bord gegangen sind.«

»Das heißt, die Münzen sind echt und wahrscheinlich ziemlich wertvoll.«

»Teddy sagte, er hätte ähnliche Münzen in Granagh House gesehen. Allerdings sind sie dem guten Earl of Monaghan bei einem – Überraschung – Einbruch abhanden gekommen.«

»Ähnliche Münzen? Oder dieselben?«

Fin ahnte, worauf sie hinauswollte. »Vergiss es. Séamus Le Brun ist kein Einbrecher.«

»Nein, das vielleicht nicht. Aber schon mal dran gedacht, dass er möglicherweise den Täter kennt? Und ihn deckt?«

Fin sträubte sich gegen diesen Gedanken. »Und bei dir? Hast du was Neues?«

»Die Spurensicherung hat die Reste des Handys untersucht, das im Wohnwagen gefunden wurde. Jemand hat es tatsächlich manipuliert und als eine Art Zeitzünder benutzt. War auf vier Uhr nachts eingestellt.«

Fin rutschte das Herz in die Hose.

»Ziemlich dilettantisch gemacht, aber es hat funktioniert. Nur später eben.«

Er würde nie wieder etwas Schlechtes über Dilettanten sagen. »Glaubst du jetzt, dass es jemand auf Séamus abgesehen hat?«

»Ich glaube lediglich, dass es kein Unfall war«, stimmte Caitlin zu, aber sie tat sich hörbar schwer mit diesem Zugeständnis.

»Was Neues zum Unfallfahrer?«

»Nein, aber ich hab' mir Laurence Jennings näher angeschaut. Den Schwiegersohn von Séamus«, antwortete Caitlin, »er war vor zwei Jahren in einen kleinen Immobilienskandal verwickelt. Er und ein Kollege von der Stadtverwaltung in Sligo sollen Schmiergelder angenommen und dafür dubiose Bauanträge durchgewinkt haben. Man konnte ihm aber nichts nachweisen, und die Ermittlungen wurden eingestellt. Allerdings hat man ihm nahegelegt, in den Vorruhestand zu gehen.«

Sieh an, Laurence Jennings arbeitete nicht mehr. Ein kleiner warmer Geldregen käme ihm da sicher nicht ungelegen. »Dann wüsste ich zu gerne, wie's auf seinem Konto aussieht.«

»So lange wir nichts Konkretes gegen ihn in der Hand haben, werden wir dafür keine Genehmigung kriegen.«

»Wir sollten ihn trotzdem im Auge behalten.«

»O'Malley, besorg dir einen Schreibtisch und stell ihn in irgendeine Gardastation in diesem Land, dann kannst du alles im Auge behalten, wonach dir gerade der Sinn steht«, schlug Caitlin da Silva vor.

Er stieß sich vom Geländer ab. Die leidige Diskussion über seine Rolle in diesem Fall wollte er nicht schon wieder führen. »Ich melde mich wieder.« Er beendete das Gespräch.

Vielleicht hatte sie ja recht, vielleicht sollte er tatsächlich in den Polizeidienst zurückkehren. Das würde nicht nur seine Geldprobleme lösen. Er könnte auch Laurence Jennings auf den Zahn fühlen. Oder Michael Tadleigh Sullivan. Er hätte Zugriff auf die Zeugenaussagen von Achill Island. Oder den Untersuchungsbericht vom Campingplatz. Dann hätte er endlich den Überblick, den er brauchte. Wohin er sich auch drehte, überall gab es eine Spur, und jede führte in eine andere Richtung. Es war ein Labyrinth.

Ja, es war tatsächlich ein Labyrinth.

Fin stand wieder vor einem dieser Plakate für die Fashion Week. Wieder vor dem Kopf der Medusa. Und je länger er ihr Schlangenhaar betrachtete, desto mehr hatte er wieder das Gefühl, den Linien folgen zu können wie den geheimnisvollen Pfaden eines Labyrinths. Solche Rätsel hatten schon immer eine magische Anziehungskraft auf ihn ausgeübt. Schnell hatte er den Ausgang gefunden. Rechts unten hinter dem Ohr der Medusa. Dort, wo winzig klein ein Name stand. Paul Grogan. Copyright.

Paul Grogan. Der Student mit dem Alibi.

Fin studierte das Plakat. In einem kleinen Kasten am Rand war das Programm aufgelistet. Eines der Events des heutigen Tages war die Präsentation der Junior Designer, gesponsert vom Modelabel *Dare&Wear*. Die Preise für die Tickets hatten allerdings alles andere als Nachwuchsniveau.

Besaß er nicht eine Eintrittskarte? Genaugenommen sogar drei? Er zog sie aus der Tasche seiner Jacke. Da stand zwar der Name Matthew Clarke auf einer der Karten, aber Fin konnte sich nicht vorstellen, dass jemand am Eingang seinen Ausweis kontrollieren würde. Er sollte es riskieren.

Wohin auch immer diese Spur führte, sie war viel zu verführerisch, als dass er ihr nicht folgen durfte.

Der Ort des Geschehens war nur einen Katzensprung vom Ufer des Liffey entfernt. Das CHQ Building war eine der angesagtesten Locations in Dublins neuem Stadtviertel, wenn es um aufsehenerregende Events jeglicher Art ging. Das ehemalige Lagerhaus war mit einem luftigen Stahlskelett und entsprechend viel Glas aufpoliert worden und bot auf verschiedenen Ebenen Platz für die unterschiedlichsten Veranstaltungen und mit Bars und Restaurants ebenso viele Arten der Zerstreuung.

The Vaults lag auf der untersten Ebene, eine Reihe von Backsteingewölben, in denen man im neunzehnten Jahrhundert Tabak und Wein gelagert hatte. Über dem Eingangsbereich wehten großflächige Stoffbanner im Wind, jedes in einer anderen

Farbe, aber alle mit dem gleichen markanten Troll-Motiv von *Dare&Wear*. Die Menschenschlange darunter ließ auf ein Event der ersten Kategorie schließen. Jeder musste dabei sein, ob er wollte oder nicht. Wehe dem, der keine Karte mehr ergattert hatte.

Fin dachte für einen Moment an Lily, schob den Gedanken aber rasch zur Seite und sich selbst ins Gedränge. Er versuchte, sein schlechtes Gewissen nicht allzu offen zu zeigen, schon wegen der durchtrainierten Security-Männer, die in dunklen Anzügen neben dem Eingang standen und mit Sonnenbrille und scheinbar desinteressiertem Gesichtsausdruck die hereinströmende Menge scannten. Am Ende war es einfacher als er gedacht hatte. Eine grellgeschminkte junge Frau schaute eher auf seine Kleidung als auf sein Ticket und ließ ihn mit hochgezogener Augenbraue passieren.

Zwischen Designerfähnchen, langen Roben und edlem Zwirn fiel Fins Auffassung von Stil zweifellos auf. Zwar hatte er am Morgen die sauberen Jeans aus dem Schrank gekramt, und das Wolljackett, das er schon gefühlt zwanzig Jahre auftrug, besaß trotz der aufgescheuerten Nähte immerhin noch alle Knöpfe. Wenn er allerdings gewusst hätte, dass er zu einer Modenschau gehen würde, hätte er statt zu seinem alten *Fuck the Queen*-T-Shirt vielleicht lieber zu etwas Neutralerem gegriffen. Doch die Masse an Menschen und das schummrige Licht im Gewölbe sorgten dafür, dass er letztlich weniger irritierte Blicke erntete als befürchtet.

Fin schob sich durch die Menge, versuchte sich zu orientieren und fragte sich, wo um alles in der Welt er hier Paul Grogan finden würde. Einfach fragen? Aber wen? Wer hatte hier etwas zu sagen? Alle sahen sie aus wie Modeschöpfer oder Models, alle waren sie durchgestylt vom Scheitel bis zur Sohle, alle waren sie jung und schön. Sie bewegten sich auf vertrautem Terrain und wussten Bescheid. Was sie auch lauthals kundtaten, um sich über die wummernden Bässe der Musik hinweg Gehör zu verschaffen. Fin schnappte hier eine Diskussion um den *Crude Ethno-Style* auf, dort ging es um den genialen *Destroyed Effect*, während bei einer anderen Gruppe der *Clean Millenium Style* das Thema des Abends war. Er hatte nicht die leiseste Idee, wovon die Leute redeten. Mühsam arbeitete er sich nach vorne durch und ergatterte schließlich einen Stehplatz in der dritten Reihe zum Laufsteg, wo er endlich begutachten durfte, was das Publikum zu diesen fachmännischen Kommentaren beflügelt hatte.

Zu einem nervtötenden Elektro-Beat präsentierten gerade zwei dünne, langbeinige Models das, was im Augenblick unter dem Begriff irische Mode angesagt schien. Die Kleidchen glichen übergroßen Hawaiihemden, nur waren sie statt mit Palmen und Papageien mit Farnen und Fabelwesen bedruckt. Auch das Labyrinth fand sich als Motiv wieder und war auf den seidig schimmernden, fließenden Stoffen eine Herausforderung für die Augen. Die vorherrschende Farbe war Grün, selbst die Gesichter der Models waren so geschminkt, dass man glauben wollte, jemand hätte ihnen Moos auf die Wangen geklebt. Die Lippen leuchteten grasgrün, die Haare im Kontrast dazu schreiend orange. Üppige orangefarbene Dreadlocks, die die Mädchen tatsächlich aussehen ließen wie schicksalhafte Medusen. Dazu der blasse Teint und fertig war die irische Trikolore. Den Zuschauern gefiel's, wenn man den Applaus als Messlatte nahm, und auch Lily war der Marke *Dare&Wear* aus unerfindlichen Gründen verfallen.

Für Fin war der Inbegriff für irische Mode der Aranpullover. Warm, kratzig und wetterfest, das Strickmuster mit einem rätselhaften Mythos behaftet und aufgrund der hohen Nachfrage vorwiegend amerikanischer Touristen heutzutage nicht selten in China hergestellt. Aber mit dieser Auffassung stand er wohl alleine. Zumindest heute Abend.

Die nächste Garnitur schwebte über die Bühne, barfuß und elfengleich, in Kleidern, die im Wesentlichen aus Nichts bestanden. Zarte grüne Schleier, hier ein Stück grober Stoff, der wie ein Fischernetz aussah, da ein paar Stickereien, die an Tang und Seerosen erinnerten. Hier hatte eindeutig Shakespeares Ophelia Pate gestanden. Den grimmigen Blicken und heruntergezogenen Mundwinkeln der Models nach zu urteilen machte der Job nicht wirklich Spaß. Vielleicht gehörte das zur Präsentation dazu, aber Fin hatte durchaus Verständnis, wenn jemand eine Stinklaune hatte, der als Wasserleiche herumlaufen musste.

Und immer wieder orangefarbene Dreadlocks. Wohl das Markenzeichen des Designers. Eine Medusa nach der anderen stolzierte über den Laufsteg und rief Beifallsstürme hervor.

»Wer hat Sie denn hier reingelassen?«, hörte er plötzlich eine Stimme neben sich.

»Dasselbe könnte ich Sie fragen.« Er blickte auf Shauna Adams herab, an diesem Tag aus gegebenem Anlass in grünes Tweed gekleidet. »Suchen Sie etwa hier nach den Bildern von Séamus Le Brun?«

»Was denken Sie? Ich hab' schließlich einen Job, mit dem ich meine Brötchen verdiene.«

Er musste sich zu ihr hinabbeugen, um sie über die Musik hinweg zu verstehen. »Ich dachte, Ihr Ding ist eher die ernste Kultur.«

»Es gibt Leute, an denen kommt heutzutage niemand vorbei.«

»Und wer wäre das?«

»Gruagach.«

Es hörte sich an wie Schluckauf. »Wer?«

»Nicholas Nolan. Noch nie von ihm gehört?«

»Nee.« Fin musste passen. »Normalerweise verkehre ich nicht in diesen Kreisen.«

»Ja, das ist nicht zu übersehen«, erwiderte Shauna mit einem

Seitenblick auf sein T-Shirt, »Nicholas Nolan ist der Chef von *Dare&Wear*. Der neue Stern am Designerhimmel. Liebling der Dubliner Modeszene. Das irische Wunderkind. Suchen Sie sich was aus.«

»Und was interessiert ausgerechnet den *Sligo Express* an diesem Wunderkind?«

»Nicholas Nolan stammt aus Sligo. Gibt nicht viele Leute von dort, die international Karriere gemacht haben«, klärte Shauna auf, »nächste Woche eröffnet er einen neuen Flagshipstore in Paris. Mit etwas Glück schickt mein Boss mich hin.«

»Und der hat diesen ganzen Kram hier entworfen?«

»Nicht direkt. Das, was da gerade über den Catwalk läuft, ist die Abschlussklasse des Dublin Institute of Design. Nicholas Nolan unterrichtet dort Fashion Design. Aber die Klamotten tragen durchaus seine Handschrift.«

»Und die Leute kaufen so was?«, wunderte sich Fin. »Das kann doch kein Mensch anziehen.«

»Bleiben Sie bis zur Style Night heute Abend, dann sehen Sie's.«

»Danke, ich hab' genug gesehen«, schnaubte Fin, »ich brauch' jetzt dringend was zu trinken.«

»Die Bar ist dort drüben.«

Hoffentlich konnte man sich dort unterhalten, ohne sich anschreien zu müssen. Gemeinsam bahnten sie sich einen Weg durch die Menge.

»Wie kommt's, dass so ein Land-Ei so 'ne steile Karriere hinlegt?«, fragte Fin.

»Das fing eigentlich ganz unspektakulär an«, meinte Shauna und schubste eine grüne Satinrobe unsanft zur Seite, »vor drei Jahren hat Nicholas Nolan noch Hawaiihemden entworfen. Schrille Farben gegen den irischen Regen. Als Motive wählte er Elfen, Trolle und Kobolde. Alles sehr verspielt, aber es kam an bei den Iren. In Zeiten der Krise besann man sich plötzlich auf alles Irische. Es war mit einem Mal total schick, regionale Produkte zu kaufen. Überall suchte man nach irischen Wurzeln, und warum sollte da nicht ein irischer Designer kommen und die Modewelt aufmischen?«

»Das nenne ich mal 'ne irische Karriere.«

»Kann man so sagen. Kommt aus ziemlich ärmlichen Verhältnissen. Kinderreiche Familie. Prügelnder Vater. Ist dann zu Pflegeeltern gekommen, aber da war's wohl auch nicht viel besser. Also geschenkt wurde dem armen Jungen nichts, der musste richtig ackern für seinen Erfolg«, erzählte Shauna, »anfangs haben ihn alle für seine Entwürfe nur belächelt. Aber irgendwann ist der Knoten dann geplatzt. Mittlerweile munkelt man sogar, dass Nolan für eins der großen Modehäuser als Chefdesigner im Gespräch ist. In einer Reihe mit Karl Lagerfeld, Vivienne Westwood oder Tom Ford.«

»Nicht schlecht«, meinte Fin anerkennend, »und wer ist Gruagach?«

»Gruagach heißt der Troll, Nicholas Nolans Markenzeichen.«

»Diese komische Figur, die überall –«

Eine laute Stimme ließ Fin innehalten.

»Ich dachte, wir hätten das ein für alle Mal geklärt! Warum fängst du schon wieder damit an?«

Ein langer hagerer Kerl mit Wollmütze und bunten Klamotten stand an der Bar und redete auf eine junge Frau ein. Der Aufmachung nach musste sie eine der ätherischen Dreadlock-Elfen vom Laufsteg sein, die ihn wenig elfenhaft anging.

»Stimmt überhaupt nicht! Du hast nie gesagt, dass –«

»Und ob ich das hab'! Tausendmal mindestens! Weil es offenbar nicht in dein hübsches Köpfchen reingeht!«

Ein Dritter drängte sich zwischen die beiden Streithähne und versuchte, mit ruhiger Stimme zu schlichten. »Hör mal, Nicky, das ist jetzt vielleicht nicht der richtige Zeitpunkt –«

»Du hältst dich da raus, klar?«, fuhr ihn der Paradiesvogel

an. »Das geht dich nichts an! Und überhaupt, mit dir hab' ich auch noch ein Hühnchen zu rupfen!«

Zwei Kleiderschränke in dunklen Anzügen nahmen demonstrativ Aufstellung, aber der Wortführer winkte sie ab.

»Weißt du was, du kotzt mich an«, meinte der erfolglose Schlichter, drehte sich um und verschwand in der Menge.

»Wir sprechen uns noch!«, rief ihm der Andere hinterher.

Das Mädchen wollte nicht so schnell aufgeben. »Nicky, wegen New York –«

»Gracie, ich hab' mich entschieden und damit basta! Ende der Diskussion!«

»Aber –«

»Ich sagte Ende! Schluss! Aus!« Er brüllte ihr jedes Wort einzeln ins Gesicht.

Das Mädchen kämpfte sichtlich mit den Tränen, aber sie hielt seinem wütenden Blick stand, wenn auch nur kurz. Sie stampfte mit dem Fuß auf und rauschte davon.

»Das ist Nicholas Nolan«, erklärte Shauna lapidar.

»Netter Zeitgenosse«, kommentierte Fin.

Ein Handy bimmelte, Shauna Adams drehte sich kurz weg und meldete sich. Das Gespräch war kurz. »Das war Nolans Managerin. Vielleicht krieg' ich doch noch ein Interview mit dem großen Meister. Ich muss los.«

Schon war sie im Meer aus Menschen untergetaucht. Fin hatte sie noch fragen wollen, was sie über Séamus' Bilder herausgefunden hatte. Zu spät.

Nachdenklich beobachtete er Nicholas Nolan, der sich schnell wieder beruhigt hatte, am Tresen stand und auf seinem Smartphone herumwischte. Wenn er der Chef von *Dare&Wear* war, konnte er vielleicht mit dem Namen Paul Grogan etwas anfangen. Auf einen offiziellen Interviewtermin wollte Fin allerdings nicht warten.

Kurzentschlossen drängelte er sich an der Theke nach vorn,

stellte sich neben Nolan und knallte seine Eintrittskarte hin, die gleichzeitig als Coupon für ein Freigetränk diente. »Ein Bier, bitte!«

»Haben wir hier nicht«, antwortete der Barkeeper.

»Kein Bier?«

»Nur alkoholfreie Getränke. Saft. Mineralwasser. Longdrinks.«

»So 'n Mist, was trinkt man denn da so?«

»Vielleicht ein Chapala? Ein Red Rose? Lemon Highball? Dublin Doodler? Summer Fizz?«, zählte der Barkeeper auf.

Fin wurde schon vom Zuhören schwindlig, da brauchte es gar keinen Alkohol. »Ähm …« Ratlos sah er seinen Nachbarn an.

»Nehmen Sie einen Lemon Highball. Es sei denn, Sie stehen auf zuckrige Mädchenbrause«, entgegnete Nolan, ohne von seinem Smartphone aufzuschauen.

Fin nickte dem Barkeeper zu. Verstohlen musterte er Nolan von der Seite. Er trug ein grasgrünes, seidig schimmerndes Hemd mit bunten Stickereien und Perlen, dazu eine schwarze, gummiartige Hose, die ihn noch dünner scheinen ließ als er eh schon war. Die langen Fingernägel, die ohne Unterlass den Bildschirm des Smartphones bearbeiteten, waren grell orange lackiert, und orange und grün war auch die ballonförmige Strickmütze auf seinem Kopf. Ein paar rötliche Haarsträhnen hatten sich befreit, wahrscheinlich verbargen sich unter der Mütze dieselben Dreadlocks, die er seinen Mädchen verpasst hatte. Ob Nicholas Nolan auch für seinen Troll Modell gestanden hatte?

Der Barkeeper stellte ein hohes Glas mit rötlichweißem Inhalt auf die Theke. Fin mochte keine klebrigen Longdrinks, aber manchmal musste man eben Opfer bringen.

»Was trinken Sie da? Ist es etwa das, wonach es aussieht?« Er deutete mit seinem Drink auf das halbvolle Glas, das vor Nolan stand.

»Milch. Erraten.« Nolan sah auf. Er hatte helle, grüne Augen, die Fin mit einem argwöhnischen Blick bedachten. Er gehörte offenbar nicht zu den Leuten, die man ungestraft von der Seite anlabern durfte.

Fin ließ sich nicht einschüchtern. »Echt? Jetzt veräppeln Sie mich aber.«

Statt einer Antwort zog Nolan einen Flyer aus einem Ständer auf der Theke und schob ihn Fin hin. »Eine Kampagne des Gesundheitsministeriums. Ohne Alkohol durchs Leben. Ich bin der Schirmherr, also sollte ich mit gutem Beispiel vorangehen.«

Fin überflog das Faltblatt, blieb an so sinnigen Sätzen hängen wie »Milch – ein Stoff, der nie aus der Mode kommt« oder »Geh mit der Mode – trink Milch« und an Fotos von gut gelaunten jungen Menschen, deren Oberlippen ein üppiger weißer Milchbart zierte. Er war nicht wirklich überzeugt von der Wirkung der Kampagne, aber wenn es half, dass Jugendliche weniger Alkohol tranken, warum nicht? Es war ein nobles Anliegen, einerseits – andererseits war eine große Molkerei aus dem County Wicklow mit im Boot, was wiederum die Vermutung nahelegte, dass Nicholas Nolans Engagement nicht ganz unentgeltlich war.

Wieder dieser misstrauische Blick. Nicholas Nolan wusste nicht, wo er ihn hinstecken sollte. »Sie sind nicht aus der Modebranche, Mr. ...« Er schielte auf die Eintrittskarte, die noch auf der Theke lag. »Mr. Clarke.«

»Sieht man das?« Fin tat überrascht.

»Nur wenn man ganz genau hinschaut.«

Er war jünger als Fin vermutet hatte. Mitte zwanzig, höchstens. Sein Gesicht war blass, fast weiß, was darauf schließen ließ, dass er es nicht unnötig oft der Sonne aussetzte. Ein paar kleine Aknenarben waren geschickt überschminkt; in der Modebranche hatten auch Männer keine Berührungsängste mit Make-up. Dadurch kamen seine unzähligen Sommersprossen besser zur Geltung. Zusammen mit den grünen Augen und den roten Haaren hatte es Nolan leicht, den Bilderbuch-Iren überzeugend rüberzubringen.

»Was machen Sie hier?« Da war mehr als Neugier in seiner Stimme. Irgendetwas an Fin schien Nolan nicht zu passen.

»Och, ich bin nur als Begleitung hier, ich hab' von dem ganzen Modekram keine Ahnung«, erwiderte Fin, »meine Freundin ist ein absolutes Fashion-Victim und wollte die Show heute Abend für kein Geld der Welt verpassen.«

»Tja, was wäre die Modewelt ohne die Frauen«, sinnierte Nolan und nippte an seiner Milch, ohne Fin aus den Augen zu lassen.

»War das Ihre Freundin eben?«, wagte Fin sich einen Schritt nach vorne.

Nolan hielt kurz inne, als müsse er überlegen, ob er darauf antworten sollte. »Nein, nicht wirklich. Eine meiner Mitarbeiterinnen. Die Kleine glaubt, sie müsse eine Kinderkollektion entwerfen. Und dazu bräuchte sie ein Kind. Von mir.«

Die Antwort war ein wenig zu selbstgefällig für Fins Geschmack, aber er spielte das Spiel mit. »Also die Weiber, wirklich … Die haben manchmal echt Vorstellungen …«

»Ja, nicht wahr?«

Nolan tippte auf sein Smartphone, der Bildschirm wurde dunkel.

Fin musste sich beeilen, ehe sein Gesprächspartner entschwand. »Sagen Sie, kennen Sie Paul Grogan?«

»Paul Grogan?«, wiederholte Nolan überrascht.

»Der Name steht auf den Plakaten draußen. Er hat wohl die tollen Bilder von der Schlangenfrau entworfen.«

»Neinnein, die Entwürfe sind alle von mir«, korrigierte Nolan, »Paul Grogan ist mein Assistent an der Designschule. Er kümmert sich lediglich ums Layout und den ganzen Computerkram, von dem ich nichts verstehe.«

»Echt? Mann, wo haben Sie bloß die ganzen Ideen her?«

Nolan quetschte sein Handy in seine enge Hose. »Hören Sie, Mr. Clarke, es war nett, mit Ihnen zu plaudern, aber–«

»Ich hab' gelesen, Sie sind aus Sligo, nicht wahr?«

»Für jemanden, der mit der Modebranche nichts am Hut hat, sind Sie erstaunlich gut informiert.«

»Ich gehe eben mit offenen Augen durch die Welt«, rechtfertigte sich Fin betont locker.

»Wenn Sie meinen, auf diesem Weg zu einem Interview zu kommen, Mr. Clarke, dann muss ich Sie enttäuschen.«

»Ich bin kein Journalist«, beteuerte Fin.

»Wer sind Sie dann? Was wollen Sie von mir?«, fauchte Nolan unverhofft feindselig.

»Ehrlich, ich will nur–«

»Geld? Geht es um Geld?« Nolan rückte plötzlich näher und senkte seine Stimme, bis sie nur noch ein leises gefährliches Zischen war. »Vergessen Sie's! Die Story wird Ihnen eh keiner glauben!«

»Welche Story?«, fragte Fin verblüfft.

»Mit Leuten wie Ihnen werd' ich noch allemal fertig!« Nolan wandte sich ab, das Zeichen, das er seinen Bodyguards gab, konnte Fin nicht sehen. Er spürte nur, wie ihn ohne jede Vorwarnung zwei Paar Hände unsanft von hinten packten und von der Bar wegzogen.

»He! Was soll das?«, protestierte er. »Ich möchte doch nur–«

»Aber Mr. Nolan möchte nicht«, raunte eine Stimme in sein Ohr.

Die beiden Kleiderschränke zerrten Fin ohne Mühe durch die Menge, ohne dass jemand Notiz von ihnen nahm. Sicherheitskräfte, die einen offensichtlich betrunkenen Gast entsorgten. Nichts weiter. Er wehrte sich, versuchte sich aus ihren Griffen herauszuwinden, aber es war zwecklos. Ehe er sich versah, fand er sich in einem langen Korridor wieder. Das Hinweisschild zur Herrentoilette wischte vorbei, dann eine Tür, die sich öffnete. Kühle Nachtluft schlug ihm entgegen. Er merkte noch, wie er Schwung aufnahm und dann in hohem Bogen die Stufen einer Treppe hinuntersegelte. Um Haaresbreite verfehlte er eine Reihe Müllcontainer und landete mit lautem Krachen in einem Berg aus Tüten und Pappkartons.

»Lass dich hier nicht noch mal blicken!«

Eine schwere Stahltür knallte ins Schloss. Dann war es still.

»Scheiße …«, stöhnte Fin, »was war das denn?«

Mühsam suchte er seine Sinne zusammen und rappelte sich auf. Versuchte erfolglos, sich irgendwelchen öligen Dreck von der Jacke zu wischen. Er stank nach ranzigem Fritierfett. »Na toll …«, seufzte er und klaubte sich ein paar gammelige Salatblätter aus dem Kragen.

Irgendwo plätscherte es. Im Schein einer Straßenlaterne sah er eine schwankende Gestalt, die gerade hinter einen der Müllcontainer pinkelte. Eine kratzige Stimme intonierte etwas, das entfernt an ›A long way to Tipperary‹ erinnerte, gefolgt von einem nicht enden wollenden Hustenanfall. Ein Feuerzeug klickte, untrügliches Zeichen, dass das wesentliche Geschäft beendet war.

Ein Mann wankte hinter dem Container hervor, in einer Hand eine Zigarette, die andere brauchte er, um sich festzuhalten. Er trug einen trotz der Umstände gut sitzenden Smoking, seine Fliege und die Frisur waren zwar etwas derangiert, aber das schien ihn nicht wirklich zu stören.

Als er Fin entdeckte, blieb er stehen. »Super-Stil«, lallte er, »geiler Allover Print … Sieht aus wie e-echt …«

Fin blickte irritiert an sich herab.

»Wie-wie nennst du das?«

»Das?« Er betrachtete ratlos seine nassen, verdreckten Klamotten. »Gossenpunk?«

»Genial, Mann. Du hast e-echt Zukunft. Hör mal, ich-ich bring dich ganz groß raus …«

14. The Siren & Seal

Koks. Gras. Speed.

Irgendetwas musste sich dieser Freak reingezogen haben. Eine andere Erklärung hatte Fin nicht. In diesen Kreisen kursierten doch immer die neuesten Partydrogen, kleine bunte Helferlein, die das nervenaufreibende Dasein als Promi erträglich machten. Seine ehemaligen Kollegen von der Drogenfahndung hatten als ungebetene Gäste schon so manche fröhliche Fete gesprengt.

Verfolgungswahn war ein ziemlich sicheres Indiz dafür, dass jemand was eingeworfen hatte. Fremde Menschen wollten einem plötzlich an den Kragen, hinter jeder Tür lauerte ein Feind. Sprunghafte Ausbrüche, wirres Gefasel, ein sonderbarer Blick, Fin kannte die Symptome zwar nur aus Lehrgängen, aber nach seiner Auffassung passte bei Nicholas Nolan alles zusammen. Welchen Reim sollte er sich sonst auf den Zwischenfall machen?

Er brauchte dringend was zu trinken. Etwas Richtiges zu trinken. Auf der Suche nach einem Pub lief er den abendlichen Quay entlang und wich den Besoffenen aus, die ihm entgegentorkelten. Vor einigen Tagen war im George's Dock das alljährliche Oktoberfest eröffnet worden. Ein ganzer Liter Bier in einem einzigen Glas, für so manchen Iren der Inbegriff des Himmels auf Erden. Aber Fin stand der Sinn nicht nach deutscher Blasmusik und Bierzeltseligkeit. Er flüchtete auf die andere Seite des Liffey, dorthin, wo die Abrissbirne noch nicht alles plattgemacht hatte.

Ein Schild zog ihn an. *The Siren & Seal*. Der Name war genauso fehl am Platz wie das Pub selbst, das einzige weit und breit in dieser Ecke des Grand Canal, zwischen Bürotürmen, Apartmentblocks und leerstehenden Lagerhallen.

Der Lärm zweier Fußballmannschaften empfing ihn von einem überdimensionalen Flachbildschirm, aber nirgends ein Gast, der ihnen Aufmerksamkeit schenkte. Eine Klimaanlage hielt die Raumtemperatur konstant auf Grönland-Niveau. Das Pub war so gemütlich wie ein Kühlschrank am Monatsende, die Einrichtung auf Antik getrimmt und wohl eher aus Pappmaché als aus Holz. Das Älteste in dem Laden war ein blasser Student, der als Barkeeper verkleidet hinter dem Tresen stand und ihn fragend anschaute. Das Zweitälteste war ein zehnjähriger Single Malt.

Egal. Fin orderte einen überteuerten Whisky, legte das Geld auf die Theke und verschwand erst mal Richtung Toilette, um von seinen Klamotten zu retten, was zu retten war. Das Ergebnis war nicht wirklich überzeugend, das T-Shirt okay, die Jeans passabel, die angesiffte Jacke legte er einstweilen auf den Barhocker neben sich.

Wenigstens war der Whisky sein Geld wert, er wärmte und versöhnte Fin ein klein wenig mit der Welt da draußen.

Er war nicht mehr allein. Eine junge Frau saß ein Stück weiter an der Theke und brütete über einem Glas mit klarem Inhalt und einem Zitronenscheibchen. Eher Gin Tonic als Mineralwasser. Sie steckte in etwas, das Fin in seiner modischen Ignoranz am ehesten als Teppich bezeichnet hätte, das in Wahrheit aber wohl eine Art Umhang war, aus dickem Tweed, bestickt mit bunten Ornamenten. Ein nicht weniger dicker Schal war um ihren Hals geschlungen, so als wolle sie gleich zu einer Polar-Expedition aufbrechen. Die orangefarbenen Dreadlocks hatte sie zu einem Pferdeschwanz gebündelt, die Schminke im Gesicht nur flüchtig abgewischt.

Fin erkannte sie. Er hatte sie auf dem Laufsteg gesehen. Und an der Bar, wo sie Nicholas Nolan eine Szene gemacht hatte.

Und auf einem Bild in einem Wohnwagen.

Er hatte mit vielem gerechnet. Damit allerdings nicht. Aber er hatte ein gutes Gedächtnis für Gesichter.

Er nahm seinen Whisky und schlenderte zu ihr hinüber. Sie beachtete ihn nicht, ihr Blick klebte an einem Smartphone, das neben ihrem Glas lag.

»Ist der Stuhl hier noch frei?« Fin deutete auf den Barhocker neben ihr.

»So frei wie mindestens zwanzig andere Stühle in diesem Pub«, blaffte sie zurück, ohne aufzuschauen.

Fin setzte sich trotzdem. »Darf ich Sie zu einem Drink einladen?« Was Besseres fiel ihm auf die Schnelle nicht ein.

Er bekam prompt, was er verdiente. »Eh Alter, willst du mich anbaggern oder was soll das werden?«, giftete sie ihn an. Ein Paar hellblauer Augen bohrte sich in seine.

So weit war es jetzt also, dass man ihn mit ›Alter‹ anfauchte. Aber sie hatte recht, er könnte glatt als ihr Vater durchgehen. Aus der Nähe betrachtet war sie kaum älter als Lily. Vielleicht Anfang zwanzig.

»Wenn du vorhast, deine Sorgen zu ertränken, vergiss es«, sagte er, »die Biester sind zäh. Und ich weiß, wovon ich rede.«

»Wüsste nicht, dass dich das irgendwas angeht!«

Der Barkeeper schaute kurz herüber, ehe er durch die Fernsehkanäle zappte und an einer Dokumentation über Orchideen hängen blieb, was den Geräuschpegel dankenswerterweise erträglicher machte.

»Das tut es auch nicht, Gracie«, erwiderte Fin, »oder ist dir Gráinne lieber?«

Sie stutzte, sah ihn an. »Gráinne … so nennt mich nur mein

Großvater.« Ihre blauen Augen hatten winzige goldfarbene Einsprengsel. Eine irische Seenlandschaft mit kleinen Inseln. Schmale Flüsse aus verschmierter Wimperntusche flossen in sie hinein.

»Séamus Le Brun.«

»Du kennst ihn?« Alle Feindseligkeit war mit einem Mal verschwunden.

Fin nippte an seinem Glas und nickte. »Ich habe dein Bild in seinem Wohnwagen gesehen.«

Sie lächelte. »Das ist uralt. Mindestens zehn Jahre.«

Er versuchte sich die Zeichnung in Erinnerung zu rufen. Ein kleines Mädchen mit langen Haaren, Sommersprossen und Zahnlücke. Die albernen orangeroten Troddeln standen ihr überhaupt nicht. Wieder musste er an Lily denken. Was stellten die jungen Frauen von heute nicht alles an, um sich aufzuhübschen, nur um am Ende die natürliche Schönheit hinter einer Maske zu verstecken.

»Gráinne … Eigentlich mag ich es nicht, wenn man mich so nennt. Nur mein Großvater darf das«, erklärte sie, »ich heiße Grace. Gráinne ist irisch für Grace. Er fährt nun mal auf alles Irische ab.«

Grace passte zu ihr. Gráinne war viel zu schwermütig für ein junges Mädchen.

»Wie geht es ihm?«

»Gut soweit«, antwortete Fin ausweichend.

»Ich hab' eine ganze Weile nichts von ihm gehört«, erwiderte Grace, »er hat kein Telefon. Kann mit diesem neumodischen Kram nichts anfangen, sagt er. Ich hab' ihn im Frühjahr besucht. Irgendwann demnächst wird es in Dublin eine große Ausstellung mit seinen Bildern geben. Ich freu' mich schon drauf, wenn er kommt.«

Er ließ sie in dem Glauben. »Du warst draußen am Old Head?«

»Ja, aber verrat mich nicht. Meine Eltern sollen nicht wissen, wo er steckt. Opa ist nämlich untergetaucht«, erklärte sie mit Verschwörermiene, »Mom und Dad meinen, dass er in ein Altersheim gehört. Da war er aber anderer Ansicht und hat sich einfach dünne gemacht.« Sie grinste verschmitzt. Der Gedanke, einen derart coolen Großvater zu haben, gefiel ihr. »Du musst wissen, meine Mutter und er verstehen sich nicht besonders.«

Sie zeigte sich ausgesprochen redselig, obwohl Fin für sie ein wildfremder Mensch war. Offenbar genügte ihr, dass er vorgab, Séamus zu kennen, um ihr ganzes Familienleben vor ihm auszubreiten.

»Es ist aber schon ziemlich einsam da auf dem Campingplatz. Dein Großvater wird nicht jünger. Und dieser alte klapprige Wohnwagen ist auch keine Dauerlösung.«

»Ihm genügt es, sagt er«, entgegnete Grace, »woher kennst du ihn eigentlich?«

Die Wahrheit würde er auf keinen Fall preisgeben. »Über seine Bilder«, war die vage Auskunft.

»Bist du auch aus Sligo?«

»Aus der Nähe.« Ihr Interesse an seiner Person passte ihm überhaupt nicht. Viel lieber wollte er mehr über die junge Frau erfahren. »Wartest du auf einen Anruf?«

Ihr Gesicht verdüsterte sich. »Ja.« Sie blickte auf das Smartphone, das schweigend vor ihr lag. »Nein, eigentlich nicht.«

»Von Nicholas Nolan?«

»Woher ...?« Sie sah ihn fragend an. Zum ersten Mal glaubte er, eine Spur von Misstrauen in ihrem Blick lesen zu können.

»Ich war bei der Show heute Abend. Ich hab' euren Streit mitbekommen.«

»Dieses Arschloch!«, spuckte sie verdrossen aus.

»Und ich dachte schon, ihr zwei wärt zusammen.«

»Sind wir auch. Irgendwie ...«

»Worum ging's denn bei dem Streit?« Wenn sie bisher so mitteilsam gewesen war, was sprach dagegen, dass sie ihm ihr Herz ausschüttete? Fin hatte schon immer einen prima Mülleimer abgegeben. Er wurde auch dieses Mal nicht enttäuscht.

»Es ging um New York.«

Er wartete. Vielleicht musste er doch etwas nachhelfen. »New York?«

»Nicky hat eine Einladung zur Fashion Week. Er kriegt einen Preis verliehen.«

»Ist doch toll.«

»Natürlich wird er dabei auch seine neue Kollektion präsentieren.« Ihre Finger angelten nach der Zitronenscheibe im Glas.

»Und wo ist das Problem?«

Grace seufzte frustriert. »Er hat gesagt, dass er in New York endlich mit Profis arbeiten möchte. Nicht mit Studenten. Oder Amateuren.«

»Verstehe.« Zumindest glaubte Fin, dass er das tat.

»Er will richtige Models auf dem Laufsteg haben. Kate Moss oder irgendwas in der Liga«, sie sah ihn an, »ums kurz zu machen, er hat mich aussortiert.«

»Ich fand die Show heute Abend ziemlich gut«, log Fin aufmunternd.

»Vierunddreißig«, sagte sie unvermittelt, »die wichtigste Zahl im Leben eines Models.«

Vierunddreißig? Was meinte sie damit? Das Alter? Wohl kaum. Das Gewicht? Da kam man der Sache schon näher. Oder den IQ?

»Ich hab' keine Lust mehr, mich bis auf die Knochen runterzuhungern, damit ich in Vierunddreißig reinpasse«, erklärte sie, saugte an der Zitronenscheibe und verzog das Gesicht.

Naja, wenn man ein Kind plante, dann war der Zeitraum, in dem man Kleidergröße Vierunddreißig tragen konnte, natürlich begrenzt. »Nicholas sagte mir, du wolltest ein Kind von ihm.«

»Du hast mit ihm geredet?« Sie sah ihn erstaunt an, als hätte er ihr gerade von einer Audienz beim Papst berichtet.

»Wie du schon sagtest, 'ne ziemliche Arschgeige«, erwiderte Fin, »eitel und eingebildet. Der Typ glaubt tatsächlich, er könnte die irische Jugend bekehren, indem er sie zum Milchtrinken verführt.«

»Nicky trinkt wirklich am liebsten Milch. Hat er als kleiner Junge schon gern gemocht«, beteuerte sie, »außerdem weiß er, wovon er redet. Er hatte vor Jahren mal ein Alkoholproblem. Aber das ist schon lange vorbei. Er ist absolut trocken.«

Ganz so übel schien er dann doch nicht zu sein. Zumindest nicht in Graces Augen.

»Ihr kennt euch schon länger?«

»Er ist auch aus Sligo. Wir sind zusammen zur Schule gegangen. Da gab es 'ne Theatergruppe, für die hat er die Kostüme entworfen, und ich durfte ihm dabei helfen. Er war zwar vier Klassen über mir, aber es hat ihm nie was ausgemacht, dass ich so viel jünger war. Er war so anders als die anderen Jungs, hat sich nie viel aus Autos oder Rugby gemacht. Ich glaub', er hatte wenig Freunde in seiner Klasse.«

»Vielleicht haben die alle geglaubt, er sei schwul. Man sagt doch immer, alle Modedesigner seien –«

»So 'n Blödsinn!«, fuhr Grace dazwischen und schnitt eine Grimasse. »Er ist definitiv nicht schwul, ich muss es ja wissen. Das ist ein albernes Klischee!«

»Ich dachte halt nur …«

»Er hat's eben nicht leicht gehabt. Er ist der Jüngste unter acht Geschwistern. Da ist das kein Wunder. Aber da lernst du, dich durchzubeißen, egal was die anderen von dir denken«, versicherte Grace, »jedenfalls war für uns beide klar, dass wir nach der Schule nach Dublin gehen und Mode entwerfen wollen. Meine Eltern waren alles andere als begeistert von dieser Idee. Als Nicky dann seinen Abschluss gemacht hat und nach Dublin gegangen ist, dachten sie, die Sache hätte sich damit erledigt. Die haben allen Ernstes geglaubt, dass ich als billige Arbeitskraft im Hotel meiner Tante versauern wollte. Irgendwann hatte ich die Schnauze voll, hab' meine Sachen gepackt und bin zu Nicky gezogen.«

»Und was haben deine Eltern gesagt?«

»Was sollen sie gesagt haben? Ich war volljährig, da hatten sie gar nix mehr zu sagen. Außerdem haben sie ja noch Liz. Elizabeth, meine kleine Schwester. Auf die können sie sich jetzt voll und ganz konzentrieren.«

Offenbar gab es in der Familie Jennings mehr als ein schwarzes Schaf. »Dass Nicholas jetzt berühmt ist, hat nichts an ihrer Meinung geändert?«

Sie schüttelte den Kopf, aber sie schien es nicht zu bedauern. »Ist mir egal. Ich zieh das durch. Du musst an dein Ziel glauben, nur dann kannst du es erreichen.«

»Entwirfst du auch Mode oder präsentierst du sie nur?«

»Entwerfen tut Nicky, ich setze die ersten Ideen dann mit Nadel und Faden um. Das kann ich besser als er. Nicky kann super malen. Hat mein Großvater damals schon gesagt.«

»Séamus und Nicky kennen sich?«

»Klar. Wir waren oft bei ihm draußen, als er noch in Mullaghmore gewohnt hat. Im Gegensatz zu meinen Eltern mochte Opa Nicky sehr gern.«

»Weiß Nicholas, wo Séamus sich versteckt hält?«

»Natürlich. Wir haben ihn doch auf dem Campingplatz besucht.«

Die Anzahl der Leute, die über den Aufenthaltsort von Séamus Le Brun Bescheid wussten, war überschaubar. War dies die Spur, die er suchte? Eine Verbindung zwischen dem alten Maler, seiner Enkelin und Nicholas Nolan?

Aber warum sollte Nolan dem Großvater seiner Freundin nach dem Leben trachten? Im Gegensatz zu ihren Eltern hatte er ihn nicht abgelehnt, im Gegenteil, wenn er sich Nolans Entwürfe vor Augen hielt, dann war Séamus Le Brun eher so was wie eine Inspiration gewesen.

Es ergab keinen Sinn. Weit und breit kein Motiv.

Hatte Nolan etwas mit den Einbrüchen zu tun? Möglich wär's, aber er hatte vermutlich mehr Geld auf der hohen Kante, als Séamus je in seinem Leben mit seinen Bildern verdient hatte.

Die Bilder. Nein, auch eine Sackgasse. Graces Eltern kannten Nicholas, er war kein Fremder für sie. Ihm hätten sie die Bilder wohl kaum ausgehändigt.

»Aber Nicky hat sich verändert in letzter Zeit«, unterbrach Grace seine Gedankengänge.

»Verändert? Inwiefern?«

»Er ist so gereizt. Beim kleinsten Anlass geht er hoch. Ständig hat er was zu meckern. Es gibt Tage, da kann ihm keiner was recht machen«, antwortete Grace, »so war er früher nicht.«

Je nachdem, was der Knabe einwarf, konnte das erst der Anfang sein, dachte Fin. Schließlich gab es ja noch andere Drogen als den Alkohol. Die Kleine sollte auf sich aufpassen. Aber er behielt seine Gedanken für sich. Es ging ihn nichts an.

»Das mit dem Kind war vielleicht eine blöde Idee«, gestand sie unvermittelt, »aber ich wüsste schon gerne, wo wir beide stehen. Natürlich ist ihm seine Karriere wichtig, das kann ich ja verstehen. Aber zu einer Beziehung gehören nun mal zwei. Wenn wir eine gemeinsame Zukunft aufbauen wollen, dann sollte er sich auch zu mir bekennen.«

Sie hörte sich an, als ob sie in den letzten Wochen und Monaten viel Geld für Frauenzeitschriften ausgegeben hatte. Eigentlich war sie viel zu jung für dieses Psychogeschwafel. »Naja, nach dem Zoff heute Abend würde ich mir gut überlegen, ob ich mit dem Kerl eine gemeinsame Zukunft planen will«, war Fins absolut ernst gemeinter Ratschlag.

»Eigentlich ist Nicky 'n ganz lieber Kerl«, wischte sie seinen Einwand beiseite, »er hat halt ziemlich viel um die Ohren im Moment. Die neue Kollektion. Die Fashion Week in New York. Da kann so was schon mal passieren. Ich hätte ihn damit nicht behelligen sollen. War echt 'n doofer Zeitpunkt.«

So viel Verständnis hatte dieser Idiot nach Fins Auffassung überhaupt nicht verdient. Kanzelte seine Freundin in aller Öffentlichkeit ab und was tat die Kleine? Entschuldigte ihn und suchte den Fehler erst mal bei sich selbst. Schuld daran waren eine dicke rosarote Brille und eine ganz andere, nicht ganz ungefährliche Droge. Liebe. Oder das, was Grace dafür hielt. Das Mädchen war in seinen Augen so naiv, dass sie womöglich noch die Schuld bei sich suchte, wenn ihr Kerl sie verprügelte.

Unauffällig suchte er nach Spuren, blaue Flecken, die kein Make-up kaschieren konnte. Er fand nichts, aber das sollte nichts heißen. Als Polizist hatte er oft mit häuslicher Gewalt zu tun gehabt. Hinter verschlossenen Türen spielten sich Dramen ab, die die Opfer selber nicht wahrhaben wollten. Sie stellten sich blind und taub, und meist dauerte es lange, zu lange, bis sie sich jemandem anvertrauten.

Er griff sich eine Papierserviette aus einem Ständer, ritzte mit einem Kugelschreiber die Telefonnummer einer Ex-Kollegin hinein und schob sie Grace hin. »Falls dein Nicky dir mal Schwierigkeiten macht, das ist die Nummer einer Freundin. Die arbeitet bei der Polizei.« Frauen konnten mit solchen Situationen besser umgehen als Männer.

»Polizei? Was soll ich damit? Blödsinn. Brauch' ich nicht«

Fin sah sie zweifelnd an und schrieb zur Sicherheit die eigene Handynummer noch dazu. »Sag das nicht.«

Viel mehr konnte er nicht für sie tun. Aber vielleicht konnte er sich auf diese Weise für Nolans Freundlichkeit heute Abend revanchieren. Der ein oder andere Kollege von der Drogenfahndung wäre ganz sicher dankbar für einen kleinen Tipp.

Fin hoffte inständig, dass Lily nie an so einen miesen Typen geriet.

15. Grace

»Du sagst also, der Täter könnte möglicherweise ein Troll sein.« Caitlin da Silvas Stimme klang gefährlich ernst. »Habe ich das richtig verstanden?«

»Ja. Nein. Also nicht direkt.«

»Willst du mich verarschen? Erst ist der Schwiegersohn verdächtig, dann Séamus' Freund aus Kindertagen, dann dein Freund aus Kindertagen, und jetzt ist es ein Troll. Wen ziehst du als nächsten aus dem Hut? Mary Poppins?«

»Ja, ich weiß, es hört sich bescheuert an, aber–«

»Es hört sich nicht nur bescheuert an, es *ist* bescheuert!«

»Hör mir doch erst mal zu. Dieser Nicholas Nolan–«

»Wer?«

»Der Gruagach.«

»Gesundheit.«

»Danke. Äh, nein, nicht ... ich meine ...«, stammelte Fin, »diese Troll-Figur, die auf den Tüten ... Hallo? ... Inspector da Silva? ... Caitlin?«

Sie hatte aufgelegt.

Es war der falsche Ansatz gewesen. Er hätte nicht mit dem Troll anfangen dürfen.

Er hatte Grace nach Hause begleitet. Der moderne Apartmentblock am Rande des Spencer Docks lag auf seinem Weg. Jetzt hockte er in seinem Wagen und fragte sich, wieso er Nicholas Nolan auf seine Liste der Verdächtigen gesetzt hatte.

Nicholas kannte Séamus. Aber das allein reichte nicht. Es fehlte ein Motiv. Immer wieder kreisten seine Gedanken um die Einbruchserie. Hatte Nolan doch etwas damit zu tun? Fin konnte sich diesen Hänfling einfach nicht als Einbrecher vorstellen. Aber je nachdem was der Knabe rauchte, schluckte oder schnupfte, musste er ein verdammt teures Hobby finanzieren.

War er am Ende der Einbrecher, den Séamus deckte? Ein gewagter Gedanke. Waren die zwei Münzen, die die Polizei auf dem Campingplatz gefunden hatte, der Lohn dafür, dass der Alte dichthielt? Seiner Enkelin zuliebe? Aber warum sollte Nolan dann den Wohnwagen in die Luft jagen? Oder versuchen, den alten Mann mit dem Auto zu überfahren? Hatte Séamus gedroht, zur Polizei zu gehen? Es ergab alles keinen Sinn. Aber war es einem zugekifften Hirn nicht egal, was der dazugehörige Mensch tat, solange am Ende der Nachschub gesichert war?

Und was hatte das alles mit den verschwundenen Bildern zu tun?

Er hielt das Handy noch in der Hand, als es klingelte. Vielleicht hatte sich Caitlin da Silva seine Theorie noch mal durch den Kopf gehen lassen.

Das Display zeigte ein Foto von Tarantula, darunter der Name Susan.

Nein danke, alles, bloß das nicht. Er konnte sich denken, was Susan von ihm wollte, und er konnte gut auf dieses Gespräch verzichten. Er startete den Wagen und warf das Handy auf den Beifahrersitz, wo es noch eine ganze Weile weiterklingelte, bis es schließlich verstummte. Dieses Mal machte er sich nüchtern auf den Rückweg nach Donegal.

Er hatte gerade den Port Tunnel verlassen, als sich das Handy schon wieder meldete. Susan war hartnäckig. Fin beschloss, sie zu ignorieren. Aufgeschoben war nicht aufgehoben, aber heute Nacht musste es wirklich nicht sein.

Es klingelte weiter. Fin fluchte leise. An der nächsten roten Ampel schielte er aufs Display. Es war nicht Susan. Die Nummer war ihm völlig unbekannt.

Neugierig meldete er sich.

»Kannst du kommen?« Eine dünne Stimme vom anderen Ende der Welt.

»Wer ist da?«

»Nicky ist vollkommen durchgedreht …«

»Grace?«

Ein erdbebenartiges Schniefen.

»Was ist passiert?« Die Ampel sprang auf Grün. Er fuhr langsam an und lenkte den Wagen an den Straßenrand.

»Er hat rumgetobt und … und … ich weiß nicht wieso, aber … und-und-« Sie heulte los.

»Bist du okay?«

»Ja, doch … ich denke schon …«

»Hast du die Nummer angerufen, die ich dir gegeben habe?« Vermutlich nicht.

»Ja.«

Immerhin nahm sie die Sache ernst. In Fins Augen ein erster Schritt in die richtige Richtung. »Ja. Und?«

»Sie ist im Mutterschutz«, kam die zögernde Antwort.

Mist. Fin ahnte, worauf es hinauslaufen würde.

»Kannst du vorbeikommen?«

»Wo ist Nicholas jetzt?«

»Weiß nicht. Er ist abgehauen. Aber ich hab' Angst.«

Fin seufzte ergeben. »Okay, bleib, wo du bist. Ich komme.«

Er fuhr von der Schnellstraße runter und zurück in die Stadt. Jetzt, kurz vor Mitternacht, waren die Straßen leer. Er brauchte kaum zehn Minuten bis zu Graces Adresse.

Er parkte den Landrover auf dem Gehweg zwischen Blumenkübeln und akkurat gestutzten Rasenstücken. Im kalten Licht der Pseudogaslaternen wirkte das Viertel wie ausgestorben.

Auf dem obersten Klingelknopf stand ›Jennings‹, nicht ›Nolan‹. War bei dem Promigrad auch nicht anders zu erwarten. Wahrscheinlich besaß er neben einer schicken Stadtwohnung auch eine ebenso schicke Villa draußen in Dalkey oder Howth.

»Nicky?«, meldete sich eine brüchige Stimme.

»Nein, ich bin's. Fin.« Ihm fiel ein, dass er sich gar nicht vorgestellt hatte. »Der Typ aus dem Pub.«

Der Türöffner summte. Er ignorierte den Fahrstuhl und schaffte die fünf Stockwerke, ohne einen Herzinfarkt zu bekommen. Grace stand in der Tür, verheult und aufgelöst, die Dreadlocks standen wild in alle Himmelsrichtungen. Allem Anschein nach war sie unversehrt.

»Was war los?«

Sie knallte die Tür hinter ihm zu und schob einen zusätzlichen Riegel vor. »Ich-ich weiß nicht ...«, antwortete sie und wischte sich die halbgetrockneten Tränen aus dem Gesicht, »er ha-hatte schon schlechte Laune, als er nach Hause kam. Ich hatte ihn gar nicht so früh erwartet.«

Fin schaute sich um. Er stand in einem modernen Loft, ein großzügiger Wohnbereich, der am Ende in eine offene, chromglänzende Küche überging. Durch eine breite Fensterfront schimmerten die Lichter der Dubliner Docklands. Überall Designermöbel, hell und stylisch, gerade dem neuesten Hochglanzmagazin entliehen. Nicht gemütlich, dafür eindrucksvoll. Er hätte gerne das Geld gehabt, das die Einrichtung gekostet hatte.

Ein Couchtisch war verschoben. Eine Vase umgefallen, Blumen und Wasser auf dem teuren Holzboden verteilt. Ein Stuhl umgekippt. Ein Bild fehlte an der Wand. Vor der Tür zur Dachterrasse lagen Scherben, an der Glasscheibe klebten Schlieren einer trüben Flüssigkeit. Spuren eines Streits, die sein routinierter Polizistenblick aufnahm, während Grace ausmalte, was sie sich unter einem gemütlichen Abend vorstellte.

»Ich hab' ihm seinen Lieblingskakao gekocht. Mit echter Schokolade und einer Prise Chili«, erzählte Grace, hob die Vase mit den Blumen auf und trug sie in die Küche, um sie wieder mit Wasser zu füllen, »dabei hab' ich ihm von dir erzählt. Dass ich im Pub einen Freund von Großvater kennengelernt hätte. Offenbar hat er sich an dich erinnert.«

Und die Erinnerung war wenig erfreulich gewesen, vermutete Fin. Er sollte recht behalten.

»Er ist vollkommen ausgerastet. Von einer Sekunde auf die andere«, fuhr sie fort, »was mir einfiele, mit einem Typen wie dir zu reden. Er ist richtig wütend geworden.« Sie stellte die Vase wieder auf den Couchtisch. »Ist durch die Bude getobt wie vom wilden Affen gebissen.«

Fin hob den Stuhl auf. »Hat er dich geschlagen?«

Die Antwort ließ einen Tick zu lange auf sich warten. »Nein.«

Er sah sie an.

»Also, nicht wirklich …«, druckste sie herum.

»Hat er? Oder hat er nicht? Dazwischen gibt's nichts.«

»Ich meine, was ist denn schon dabei, wenn ich im Pub mit 'nem Kerl rede. Da muss er sich doch nicht gleich aufregen«, wich sie aus, »er tut gerade so, als hätte er Grund, eifersüchtig zu sein.«

Nein, Eifersucht war hier keineswegs im Spiel, obwohl die Vorstellung Fin für einen Augenblick schmeichelte. »Kann es sein, dass Nicholas Drogen nimmt?«

»Drogen?« Grace machte große runde Augen. »Niemals!«

Er hob die Scherben auf und trug sie in die Küche. »Du hast gesagt, er hätte sich verändert. Seit wann?«

Sie dachte einen Moment nach. »Seit diesem Sommer.«

»Ist irgendwas passiert? Gab es einen Anlass? Hatte er Ärger mit …«, er überlegte, »… mit Aufträgen, mit Mitarbeitern?«

Grace schüttelte den Kopf. »Nein, eigentlich läuft alles prima.«

»Hat er viel Stress? Nimmt er Tabletten?«

»Nicht mehr Stress als sonst auch, aber Nicholas ist strikt gegen jede Art von Drogen. Tabletten, Zigaretten, Alkohol«, erklärte Grace entschieden, »diese Kampagne mit der Milch ist absolut ernst gemeint.« Sie rückte die Sofakissen zurecht und ließ sich dazwischen plumpsen. »Ich mache mir echt Sorgen.«

»Ich würde ihn mal zu 'nem Psychiater schicken.«

Sie überhörte Fins Bemerkung. »Der war total durch den Wind eben.«

»Wie bitte?«

»Ist aus der Wohnung gestürmt … Am Ende passiert ihm noch was …«

Aus Fin würde nie ein Frauenversteher werden. Der Typ scheuerte ihr eine und sie machte sich Sorgen um ihn. Warum hatte sie ihn angerufen? Brauchte sie bloß jemanden zum Reden? Er schüttelte den Kopf und blickte auf einen leeren Nagel an der Wand. »Wo ist das Bild gelandet?«

»Das fehlt schon länger«, antwortete Grace, »bei uns ist eingebrochen worden.«

»Wann?« Fin wurde stutzig.

»Vor etwa drei Wochen.«

Fin deutete auf die leere Wand. »Lass mich raten. Es war ein Bild deines Großvaters.«

»Woher weißt du das?« Grace war ehrlich überrascht.

»Wurde noch mehr gestohlen?«

»Kleinkram. Ein bisschen Bargeld. Ein Ring. Nickys Laptop. Und das Bild von Großvater«, zählte sie auf, »der Einbrecher muss genau gewusst haben, dass er es zu Geld machen kann.« Es klang fast ein wenig stolz.

»Was war es für ein Bild?«

Ihr Blick wurde traurig. »Es war mein Lieblingsbild. Großvater hatte mich als Medusa gemalt. Ist schon ein paar Jahre her, aber er hat damals gesagt, ich solle es gut aufbewahren. Es würde mal sehr wertvoll sein.«

Noch ein verschwundenes Bild.

Fin kannte sich auf dem Kunstmarkt nicht aus. Aber konnte jemand auf die verrückte Idee kommen und Bilder eines Malers aufkaufen oder verschwinden lassen, um die Preise in die Höhe zu treiben? Bei einem bekannten Künstler mochte das vielleicht funktionieren, aber bei Séamus Le Brun aus Sligo? Andererseits, verkauften sich Bilder von Malern, die tot waren, nicht erfahrungsgemäß besser? Und wenn der Maler partout nicht sterben wollte, konnte man doch ein klein wenig nachhelfen, oder?

Ein Schlüssel kratzte im Türschloss und drehte sich vergeblich.

»Gracie? Bist du da?« Eine sanfte Stimme von der anderen Seite der Tür. Offenbar hatte sich Nicholas Nolan beruhigt.

Grace schaute zur Tür. Fin konnte die Gedanken lesen, die hinter ihrer Stirn arbeiteten. »Oh nein!«, zischte er.

»Komm, mach auf«, bettelte Nicholas.

Sie stand auf und schaute Fin an. »Man kann doch über alles reden, oder?«

Warum wollten Frauen immer über alles reden? Fin ging jede Wette ein, dass Nolan nicht zuhören würde. Erst recht nicht, wenn er ihn entdeckte. »Und wie willst du ihm erklären, dass du einen fremden Kerl in deiner Wohnung hast?«, versuchte er sie zu überzeugen.

»Ich sag' ihm die Wahrheit–«

»Das hat heute Abend schon mal nicht funktioniert«, warnte Fin.

»Gracie, Liebling, es tut mir leid wegen eben«, flötete eine zerknirschte, zuckersüße Stimme.

Sie machte einen Schritt Richtung Tür.

»Überleg dir gut, ob du das wirklich riskieren willst!« Im Gegensatz zu Grace ahnte Fin, worauf es hinauslaufen würde.

»Er hat doch gesagt, es tut ihm leid.«

Sie schob den Riegel zurück und öffnete die Tür. Nicholas Nolan fiel ihr um den Hals. »Mein Liebling, es tut mir so leid. Ich hätte das nie tun dürfen …« Er vergrub sein Gesicht in ihren verstrubbelten Haaren.

Fin schaute erwartungsvoll in den Flur hinaus, aber die beiden Schatten aus der Bar schienen ihren Boss nicht bis zur Schlafzimmertür zu begleiten. In diesem Moment entdeckte Nolan ihn.

»Scheiße, Mann, was macht der hier?«, brüllte er. Von einer Sekunde auf die andere war Nicholas Nolan ein anderer. Wütend stieß er Grace zur Seite und kam auf Fin zu. Eine alberne Erscheinung in schillerndem Hemdchen, Gummihose und Wollmütze.

»Hör zu, ich weiß nicht, weshalb du sauer auf mich bist, aber du hast keinen Grund, klar?« Den Standardsatz ›Es ist nicht das, wonach es aussieht‹ sparte er sich, aber er hätte ebenso gut ›Eine doppelte Portion Fish & Chips, aber ohne Essig‹ sagen können, das Ergebnis war dasselbe. Vorsichtshalber brachte er das Sofa zwischen sich und seinen Kontrahenten.

Grace packte einen Hemdsärmel. »Nicky, lass dir erklären –«

Er schüttelte sie unsanft ab. Nicholas Nolan wollte sich nichts erklären lassen, weder von Grace noch von Fin. Er stürmte los wie ein Kampfhund, den man von der Leine gelassen hatte. Mit einem Satz war er über das Sofa gehechtet und stürzte sich auf den vermeintlichen Rivalen. »Du miese Ratte!«

Fin konnte ihn abfangen, aber sie gingen gemeinsam zu Boden. Nolans lange Beine traten nach allen Richtungen und machten der Blumenvase endgültig den Garaus. Eine magere Faust zischte an Fins Ohr vorbei ins Leere. Fin zögerte, zurückzuschlagen. Er konnte nicht begreifen, weshalb sich dieser Idiot unbedingt mit ihm prügeln wollte. Mit aller Kraft stieß er den Gegner von sich, was einfacher war als gedacht. Nicholas Nolan war ein Fliegengewicht.

»Verdammt noch mal, hör auf mit dem Blödsinn!«, schnauzte Fin ihn an.

Aber Nolan war weit davon entfernt, aufzuhören. »Du lässt Grace in Ruhe!«

»Ich will überhaupt nichts von Grace!«, verteidigte sich Fin.

»Du lässt sie in Ruhe!« Wieder stürzte er sich auf Fin. Beide rollten über den Boden. Nolans Gummihose quietschte und klebte wie eine Klette, während er sich an Fin festklammerte. Die hagere Bohnenstange schien plötzlich mehr Arme und Beine zu haben als ein Krake.

»Nickiiiiii!« Graces Stimme schmerzte in den Ohren.

Nolan gewann die Oberhand und begann wie von Sinnen auf Fin einzudreschen. Fin blockte seine Fäuste ab, die meisten Schläge gingen ziellos ins Nirwana. Wahrscheinlich hatte er sich irgendwo was eingeworfen, anders konnte sich Fin die ungebremste Energie dieses schmächtigen Kerls nicht erklären.

»Tu ihm nicht weh!«

Wen meinte sie?

Allmählich hatte Fin die Schnauze voll, als Punchingball herhalten zu müssen. In der Sekunde, in der seine Rechte freies Schussfeld hatte, verpasste er Nolan einen Faustschlag, dass er rückwärts gegen ein Bücherregal flog. Eine kleine Messingschale folgte dem Gesetz der Schwerkraft, verfehlte Nolan allerdings knapp und schepperte laut aufs Parkett. Für Nolan das Signal zur nächsten Runde. Kaum auf den Beinen warf er sich wieder auf den Feind, aber Fin hatte ausreichend Zeit, um Maß zu nehmen. Der zweite Haken traf Nolan mitten ins Gesicht. Er taumelte, ruderte mit den Armen und krachte aufs Sofa. Seine Mütze rutschte vom Kopf und offenbarte ein Gewirr aus feuerroten Dreadlocks.

›Es war ein großer haariger Troll gewesen‹.

Mary O'Reillys Aussage schoss Fin durch den Kopf. Noch während sich Nolan schwer atmend wieder aufrappelte, begannen seine Gedanken zu rotieren. War es möglich ...?

»Ich mach dich fertig!«, stieß Nolan heiser hervor und warf ihm einen Blick zu, der einem das Blut in den Adern gefrieren lassen konnte – hätte man Freddy Krueger gegenübergestanden. Seine Nase blutete heftig und versaute das schicke Designerhemd, aber er schien noch nicht genug zu haben.

Fin hob drohend seine Faust.

Nolan hielt inne, stolperte rückwärts und schien im Geiste seine Chancen durchzurechnen. »Ich mach dich fertig«, wiederholte er außer Atem, »das macht keiner ungestraft mit mir ... Du kommst mir nicht in die Quere!«

Er wischte sich mit dem Hemdsärmel das Blut durchs Gesicht und trat den Rückzug an, murmelte wieder »Dich mach ich fertig ...« und torkelte aus der Tür, verfolgt von Graces entgeistertem Blick.

Fin holte tief Luft. Wie ein Sieger fühlte er sich nicht. Die Knöchel seiner Hand schmerzten, Nolan schien ein Kinn aus Stahl zu haben. Am Unterarm hatte er eine blutige Schramme, er musste sich an den Scherben der Vase geschnitten haben.

»Du kannst hier nicht bleiben.« Er ging hinüber in die Küche.

»Aber –«

»Der Typ ist gemeingefährlich«, stellte er nüchtern fest und wischte mit einem Geschirrtuch das Blut ab, »hast du Freunde, zu denen du gehen kannst? Irgendein Ort, wo er dich nicht findet?«

»Ich verstehe nicht. Warum sollte er mir etwas tun?« Grace war hin und hergerissen. Einerseits hatte sie ganz offensichtlich Angst, andererseits wollte sie nicht wahrhaben, dass der Nicholas Nolan, den sie zu kennen glaubte, nicht der Nicholas Nolan war, der eben zur Tür hinausgestürmt war.

»Ich hab' keine Ahnung, was in deinem Nicky vorgeht, aber

du solltest verschwinden. Am besten raus aus Dublin«, schlug Fin vor, »was ist mit deinen Eltern?«

»Bloß nicht!«, stieß Grace hervor. Dieser Gedanke schien ihr noch abwegiger als die Vorstellung, dass Nicholas Nolan ihr etwas antun könnte. »Dann lieber zu Großvater auf den Campingplatz.«

»Da gibt es ein kleines Problem.«

»Problem? Was für ein Problem?«

»Séamus ist nicht mehr auf dem Campingplatz.«

Sie sah ihn erschrocken an. »Was ist mit Großvater? Ist er krank? Ist ihm etwas zugestoßen?«

»Ja und nein.« Fin entschied sich für eine Kurzfassung. »Jemand hat den Wohnwagen abgefackelt und dann versucht, deinen Großvater mit dem Auto zu überfahren.«

»Aber-aber wieso weiß ich nichts davon?« Graces Stimme schnellte wieder in schmerzhafte Höhen. »Wo ist er?«

»Es geht ihm gut«, beruhigte Fin. Er war sich nicht sicher, ob er sie einweihen sollte.

»Aber wer tut denn so was?«

»Nicholas vielleicht?«

»Bist du bescheuert? Im Leben nicht! Warum auch?«

»Das weiß ich nicht. Noch nicht.«

Sie schüttelte energisch den Kopf. »Nie im Leben hat Nicky so was getan! Ich geb' ja zu, er ist in letzter Zeit etwas neben der Spur.« Sie ließ nach wie vor nichts auf den Freund kommen. »Aber das würde er niemals tun! Außerdem mag er Großvater.«

»Wo war Nicholas vor zwei Tagen?«

»Montag? Lass mich überlegen.« Sie schloss die Augen, als blätterte sie in einem imaginären Terminkalender. »Da war er bei Quick.«

»Quick?«

»Marvin Quigley. Fotograf. Sie haben die Pressemappe für die neue Kollektion zusammengestellt.«

»Hier in Dublin?«

»Quick hat ein Ferienhaus bei Bundoran.«

Könnte für einen Abstecher nach Mayo reichen, dachte Fin. »Und am Bankfeiertag vor drei Monaten? War er vielleicht mal wieder in der alten Heimat?« Er dachte an Mary O'Reilly und den Einbruch bei Fearghus.

»Du fragst Sachen«, wunderte sich Grace, aber sie dachte artig nach, »er war eigentlich immer in Dublin ... Halt, da war dieses eine lange Wochenende–«

»Ja?«

»Da war er zum Shooting in Südafrika. Das war Anfang Juni.«

»Warst du dabei?«

»Nee, ich hab' Angst vorm Fliegen. Wenn's nicht unbedingt sein muss ... Aber ich hab' ihn zum Flughafen gebracht und drei Tage später wieder abgeholt.«

Das sollte nichts heißen. »Kann das sonst noch jemand bezeugen?«

»Wenn dir vier Fotomodels und ein Fotograf nebst Assistentin reichen?«, erwiderte sie spitz. »Außerdem ...« Sie trat an einen Schreibtisch, wühlte in einem Ablagekorb und förderte eine Modezeitschrift zu Tage. Mit einem schnellen Griff hatte sie die gewünschte Seite aufgeschlagen. »Außerdem sollte das doch wohl genügen, oder?«

Sie hielt Fin das aufgeschlagene Heft hin. Blauer Himmel. Türkisfarbenes Wasser. Spärlich bekleidete Models, die sich an weißen Stränden räkelten und Bademode zur Schau stellten. Grace legte den Finger auf ein kleines Foto am Rande. Nicholas Nolan, der in Bermudashorts im Sand kniete und letzte Hand an ein Model im Strandkleid legte. »Und jetzt will ich wissen, wo mein Großvater ist.«

»In Sicherheit.«

Was man von Fin und Grace nicht behaupten konnte.

16. The Changeling

Nicholas Nolan wusste nicht, mit wem er es zu tun hatte. Gut für Fin. Schlecht für Matthew Clarke.

Es war vielleicht ein Vorsprung. Mehr nicht.

Fin hatte Grace nach Foley mitgenommen und in einem Zimmer im Pub untergebracht. Er brauchte Abstand. In jeder Hinsicht. Und vielleicht sah die Kleine endlich ein, dass Nicholas Nolan nicht der war, für den sie ihn hielt.

Pünktlich zum Frühstück, als hätte ein unsichtbarer Kobold eine Einladung überbracht, tauchten Nora Nichols und Séamus in der Küche des *Fisherman* auf. Der Einfluss eines weiblichen Wesens auf den alten Herrn hatte sichtbare Spuren hinterlassen. Frisch rasiert und mit kurz geschnittenem Haar hatte Nora ihn in die Kleider des verblichenen Mr. Nichols gesteckt, den sie mehr als dreißig Jahre überlebt hatte. Zwar war die Hose etwas zu kurz, die grobgewebte Tweedweste schon in die Jahre gekommen und auch das ehemals weiße Hemd vom vielen Waschen eher gelb, aber nichts erinnerte mehr an den Penner vom Campingplatz. Die Welt, die Séamus unter seinen struppigen Augenbrauen heraus betrachtete, schien wieder in Ordnung zu sein, und er war mehr als erfreut über das unverhoffte Wiedersehen mit seiner Enkelin.

Ihren besorgten Fragen nach seinem Befinden wich er mit gewohnter Hartnäckigkeit aus. »Mir geht es gut. Kein Grund zur Sorge.«

»Aber Fin sagt, jemand wollte dich umbringen!«

»Ach, unser junger Freund hier hat ein bisschen zu viel Phantasie«, meinte er nur lapidar und hielt Fin seine Kaffeetasse zum Nachfüllen hin.

»Er glaubt, Nicky habe was damit zu tun.«

»Unsinn.«

Eine rote Katze kam neugierig hereingeschlichen und suchte sich mit einem wohlüberlegten Sprung ihr Opfer. Grace war entzückt. Die Katze kuschelte sich in ihren Schoß und fing wie auf Knopfdruck an zu schnurren.

»So eine hatte ich auch mal.« Séamus nutzte die Gelegenheit und lenkte geschickt vom Thema ab.

»Stimmt, ich erinnere mich. Maggie hieß sie, nicht wahr?« Sie kraulte das dichte rote Fell.

»Jeden Tag schleppte sie Mäuse in die gute Stube.«

»Ja, und kleine Vögel. Das fand ich nicht so toll.«

Séamus griff mit sichtlichem Appetit nach der zweiten Scheibe Toast. »Kann ich bitte die Marmelade haben?«

»Erdbeer oder Orange?«

Ein Bild tiefsten Friedens. Man unterhielt sich über Gott und die Welt, kein Wort mehr über die Ereignisse der vergangenen Tage.

Nur Fin wollte sich partout nicht einlullen lassen. Aber auch ihm kamen plötzlich Zweifel an seinem Verdacht. Sollte er sich so getäuscht haben? Dabei war er sich so sicher gewesen. Naja, so sicher wie man eben sein konnte bei jemandem, der einem vor wenigen Stunden an die Gurgel gegangen war.

Trotzdem.

»War Nicholas in letzter Zeit mal bei Ihnen auf dem Campingplatz?«

Séamus dachte nach. »Ja, im Frühjahr. Zusammen mit Gráinne.«

»Sie haben sich gestern Abend geprügelt«, petzte Grace dazwischen.

»Wer?«

»Fin und Nicky.«

»Das kann ich mir gar nicht vorstellen.« Der Alte schüttelte verständnislos den Kopf. »Nicky ist so ein netter Junge. Sollte man nicht glauben, bei der Familie. Kein gutes Blut, die Nolans aus Ballysadare. Hab' seinen Vater gekannt, Tagedieb und Weiberheld. Nicky ist da aus ganz anderem Holz geschnitzt. Er und Gráinne haben mich oft besucht, da ist meine Kleine noch zur Schule gegangen. Was ist passiert?«

»Ich glaube, Nicky war eifersüchtig«, gluckste sie. Der Gedanke gefiel ihr offenbar.

Fins Handy meldete sich. Er warf einen Blick aufs Display.

Tarantula.

Nein, nicht jetzt. Vielleicht war er nach dem Frühstück in der Lage, ihr entgegenzutreten. Er drückte den Anruf weg. »Meine Ex ...«, murmelte er nur und steckte das Handy weg.

»Nicholas hat mit dieser Sache ganz bestimmt nichts zu tun«, behauptete Séamus mit all seiner Überzeugung.

»Sag ich doch«, fiel Grace ein und dümpelte wieder in ihrem vertrauten Fahrwasser.

Fin war nicht so schnell umzustimmen. »Grace, du hast selbst gesagt, er hat sich verändert.«

»Naja, vielleicht hab' ich da ein wenig übertrieben«, meinte sie, »es gab halt 'n bisschen Stress in unsrer Beziehung. Kommt in den besten Familien vor.«

»Ach, du findest es okay, wenn er dir eine langt?«, versuchte Fin, sie zu provozieren.

»Quatsch, das hab' ich nie gesagt«, wehrte sich Grace und schluckte, »das war auch nur ein einziges Mal und er hat es auch nicht so gemeint und-und er-er wird es auch nie wieder tun, ga-ganz bestimmt nicht.« Sie hatte ziemlich nah ans Wasser gebaut.

Séamus wollte sie trösten. »Ach komm, meine Kleine, wird schon nicht so schlimm sein.«

»Manchmal erkenn ich ihn nicht wieder, da ist er wie ausgewechselt«, schniefte sie.

»Er wirft was ein«, diagnostizierte Fin.

»Die Kobolde haben ihn ausgetauscht«, hielt Nora dagegen.

»Ja, sicher doch.«

»Das passiert gar nicht so selten«, erklärte Nora ernsthaft, »wenn den Kobolden ein Kind gefällt, dann entführen sie's und lassen eins von den ihren an seiner Stelle da. Das geht so schnell, das merkst du gar nicht. Und schon haben sie dir ein Changeling untergejubelt.«

Fin kannte die Schauermärchen über Wechselbälger nur zu gut aus seinen Kindertagen. Die irischen Gute-Nacht-Geschichten wimmelten von ihnen, und seine Großmutter hatte sie alle gekannt. Er hatte sich damals anständig gegruselt, heute in den Zeiten von *Zombies* und *Alien* konnte man damit kein Kind mehr erschrecken.

»Wenn du den Tausch bemerkt hast und dein Kind zurück haben willst, musst du das Tor zur Anderswelt finden«, erzählte Nora, »früher sind die Leute hier zum Horse's Neck gegangen. Dort in den Höhlen haben die Kobolde gehaust. Da musstest du den Wechselbalg zum einen Eingang reinschieben und dein eigenes Kind zum anderen Eingang rausholen. Und hoffen, dass die Kobolde es nicht spitzkriegen.«

»Echt?« Grace sah sie erstaunt an. Ihr konnte man offenbar alles weismachen.

»Nora hat recht«, stimmte Séamus zu, »als ich klein war, hab' ich auch mal so einen Eingang gefunden. Ich hab' mich allerdings schleunigst davongemacht, ehe die Kobolde mich bemerkt haben.«

Fin seufzte. Da hatten sich zwei gesucht und gefunden. »Wir reden hier aber nicht von Kindern, sondern von erwachsenen Menschen.«

»Das macht keinen Unterschied«, erklärte Nora ungerührt,

»die Feen bemächtigen sich auch hübscher junger Frauen, wenn sie welche finden. Erinnere dich an die arme Bridget aus Tipperary. Die wurde auch von Feen entführt. Ihr Mann wollte sie natürlich zurückhaben, also ging er zum Feenbeschwörer. Aber kein Wundermittel und kein Zauberspruch haben geholfen. Und wenn alles nichts hilft, dann bleibt dir nichts anderes übrig, als den Wechselbalg zu töten. Nur so kann man die entführte Person erlösen.«

Fin erinnerte sich tatsächlich an Bridget Cleary aus Tipperary, deren mysteriöser Tod Ende des neunzehnten Jahrhunderts in die Kriminalgeschichte eingegangen war. Da war allerdings nicht von Feen, sondern von Hexenverbrennung die Rede gewesen. Die Familie des Opfers war der armen Frau mit Tränken aus Bilsenkraut und Fingerhut zu Leibe gerückt, ehe man sie mit glühenden Schürhaken malträtiert hatte. Der Exorzismus war gründlich schiefgegangen. Wenig später hatte man ihre Leiche gefunden, der Ehemann war festgenommen und zu lebenslanger Haft verurteilt worden.

»Mit Feenaustreibung hatte das aber nichts zu tun«, widersprach Fin, »ihr Alter hat rausgekriegt, dass sie was mit dem Nachbarn hatte. Deshalb hat er sie umgebracht. Mir ist jedenfalls nicht bekannt, dass die wahre Bridget Cleary irgendwann auf wundersame Weise von den Toten auferstanden ist.«

»Dass das nicht funktioniert, hätt' ich ihm gleich sagen können«, bemerkte Nora trocken, »die Clearys hatten ihr Haus mitten in einen Feenkreis gebaut. Selber schuld.«

Wie viele alte Iren glaubte Nora Nichols fest an die Existenz von Elfen und Kobolden. So hatte sie für alles eine Erklärung. Und wenn Feen darin eine Rolle spielten, umso besser.

»Wenn das alles so einfach wäre … Manchmal wünscht' ich mir schon, Nicky wär' wieder der Alte und alles wär' wieder so wie früher«, erwiderte Grace, »aber ich denke, wenn Nicky erst den Stress mit der neuen Kollektion hinter sich hat, wird sich alles wieder einrenken.« Sie übte sich in demonstrativer Zuversicht.

Fin kam ein anderer Gedanke. »Hat Nicholas Geldsorgen?«

»Geldsorgen?« Grace sah ihn an, fast ein wenig beleidigt, als hätte sie dieses Wort überhaupt nicht in ihrem Sprachschatz. »Bestimmt nicht. Wie kommst du denn darauf?«

Fin zupfte die kleine Plastiktüte aus seiner Hosentasche und legte eine der beiden Goldmünzen vor Grace auf den Tisch. »Hast du so was schon mal gesehen? Vielleicht bei Nicky?«

»Wow … Ist die echt?« Sie strich ehrfürchtig mit dem Finger übers Metall, ehe sie sich traute, die Münze in die Hand zu nehmen. »Die ist richtig schwer …«

»Die gehört mir«, meldete sich Séamus zu Wort.

Fin ignorierte den Besitzanspruch. »Ist wahrscheinlich ein Überbleibsel vom Untergang der Armada.«

Nora räusperte sich. »Oh, da bin ich mir ziemlich sicher. Damals hat nämlich der rothaarige –«

»Nein, Nora, die Kobolde haben mit dem Untergang der Armada ganz bestimmt nichts zu tun«, würgte Fin die Alte ab, »es war ein Sturm. Und den Rest haben die Engländer besorgt.«

Nora schnaubte verächtlich. »Du hast eben noch nie erlebt, wie ein Kobold einen Sturm entfacht.«

»Die Frau auf der Münze sieht genau aus wie das Bild, das du von mir gemalt hast, Großvater.« Grace drehte die Münze ins Licht, um die Prägung besser sehen zu können. »Schade, dass es weg ist.«

Séamus verschluckte sich fast an seinem Kaffee. »Weg? Das Bild ist weg?«

»Ja. Gestohlen.«

»Aber-aber warum hast du nichts gesagt? Ich muss sofort ein neues malen.« Der Alte wurde hektisch.

»Reg dich doch nicht auf, Großvater, es ist doch bloß ein Bild«, wandte Grace ein.

»Neinnein, es ist wichtig. Ich muss ein neues malen, ehe ich alles vergesse.«

Fin sah den Alten neugierig an. »Ehe Sie was vergessen?«

Séamus fixierte ihn über seine spitze Nase hinweg. »Na, alles eben.«

Wieder klingelte Fins Handy. Es schien kein Entkommen zu geben.

»Na, wieder deine Ex?«, stichelte Grace.

Fin sah aufs Display und nickte düster. Irgendwie musste er es hinter sich bringen. Er verließ die Küche und ging hinüber in die angrenzende Kneipe, wo die Spuren des gestrigen Abends noch auf ihre Beseitigung warteten. Ronan O'Shea hatte es noch nie eilig gehabt.

Fin seufzte schicksalsergeben in Erwartung des Donnerwetters und meldete sich.

»Sag mal, hast du einen Hirnschaden?«

»Hallo Susan.«

»Kannst du dir vorstellen, wie peinlich das für mich war?«

Peinlich? Wenn jemandem die ganze Sache peinlich war, dann war Fin dieser Jemand.

»Nein, kannst du vermutlich nicht. Ganz abgesehen davon, dass du deiner Tochter den Abend versaut hast.« Susan war nicht zu bremsen.

»Tut mir leid. Wirklich, ich–«

Mehr passte in Susans Atemzug nicht rein. »Das erzähl ihr lieber selber. Aber das mit Nicholas Nolan, das verzeih ich dir nie. Ich dachte erst, das ist einer von deinen Saufkumpanen, als das Telefon klingelte«, ratterte Susan herunter, »es hat 'n Weilchen gedauert, bis ich gemerkt hab', dass das *der* Nicholas Nolan am anderen Ende der Leitung war. Sag mal, woher kennst ausgerechnet du Nicholas Nolan?«

Fin war irritiert.

Aber Susan hatte keine Zeit für eine Antwort. »Hat erst

nach Matthew gefragt. Angeblich hätte er sein Handy in irgendeiner Bar liegenlassen. Das stimmte natürlich nicht. Er hatte Matthews Namen von der Eintrittskarte, die du hast mitgehen lassen. Da hab' ich eins und eins zusammengezählt und den Irrtum erst mal aufgeklärt. Mann, war mir das unangenehm!«

»Und was wollte Nicholas Nolan?«, wagte Fin zaghaft zu fragen.

»Sagte ich doch. Du hast wohl dein Handy irgendwo liegenlassen und er war so liebenswürdig und wollte es dir zurückgeben.«

Fin hielt einen Moment inne und starrte auf das Ding in seiner Hand, von dem er bis eben geglaubt hatte, es sei sein Handy, auf dem Susan ihn gerade angerufen hatte. Sie schien es überhaupt nicht merkwürdig zu finden. »Und?«

»Ja, was glaubst du wohl? Ich hab' ihm von deiner Nummer mit den Eintrittskarten erzählt. Hab' mich tausendmal entschuldigt, aber er war total nett. Hat sogar versprochen, dass ich Karten für die nächste Show kriege. In der ersten Reihe.«

Fin ahnte, worauf die ganze Aktion hinauslaufen würde. Ziemlich großer Aufwand für einen miesen kleinen Trick, aber sehr effektiv. Anzunehmen, dass Susan drauf reingefallen war. »Und? Hast du ihm meine Adresse gegeben?«

»Natürlich. Warum nicht? Er will es dir schicken.«

Ganz bestimmt. »Hier in Foley?«

»Wo sonst?«

Da ging er hin, sein Vorsprung. »Wann war das?«

»Vor 'ner guten Stunde. Kam gerade aus der Dusche.«

Fin sah auf die Uhr. Wahrscheinlich war Nicholas Nolan längst unterwegs. Er musste Grace warnen. Und Séamus. Wenn er eben noch Zweifel an seinem Verdacht gehegt hatte, dann hatte Susan ihn mit ihrem Anruf gerade beseitigt.

»Sag Lily, es tut mir leid. Sie hat was gut bei mir.«

»Oh, sicher. Ich setz es auf die Liste«, spuckte Susan abfällig aus und legte auf.

Er musste Caitlin da Silva benachrichtigen. Aber was sollte er ihr sagen? Wie konnte er sie überzeugen? Er brauchte Beweise. Und die auf der Stelle.

Er ging zurück in die Küche. »Nicky ist auf dem Weg nach Foley.«

»Echt?« Der zarte Sonnenaufgang in den großen blauen Augen von Grace gefiel ihm überhaupt nicht.

»Na, dann wird sich ja hoffentlich alles aufklären«, meinte Séamus.

Fin sah der Begegnung mit gemischten Gefühlen entgegen. »Mir wäre es lieber, wenn er Sie nicht hier sieht, Séamus.«

»Oh, keine Angst, ich pass schon auf, dass er mich nicht umbringt«, beruhigte der Alte.

Das Handy klingelte schon wieder.

»Oh, deine Ex hat wohl noch was vergessen.« Grace konnte es nicht lassen.

Die Nummer im Display kam ihm bekannt vor. »Hallo Shauna.«

»Können Sie mir verraten, was hier gespielt wird?«

Fin hatte gerade ein Déjà-vu. Schon zum zweiten Mal in dieser Woche verlangte eine Frau von ihm Aufklärung. Als ob ausgerechnet er wüsste, worum es hier ging.

»Ähm …«

»Wir sollten reden.« Eine Stimme, die keinen Widerspruch zuließ.

Fin überlegte einen Moment. Im Grunde genommen war er gar nicht der Typ für Alleingänge. Und wenn er Caitlin da Silva nicht überzeugen konnte, dann vielleicht Shauna Adams? Zugegeben, es war möglicherweise eine riskante Gratwanderung. Schließlich waren Polizisten und Journalisten natürliche Feinde. Aber wenn Caitlin ihm keine andere Wahl ließ?

»Wo können wir uns treffen?«
»Ich stehe vor Ihrer Haustür.«

17. Medusa

Der quietschrote Mini Cooper vor dem Pub war nicht zu übersehen. Fin öffnete die Beifahrertür und wedelte erst mal eine dicke Nikotinwolke zur Seite, ehe er seine Einsfünfundachtzig zusammenfaltete und auf den Sitz quetschte. Er hasste Autos, in denen er sich beim Sitzen mit den Knien die Ohren zuhalten konnte.

»Woher wissen Sie eigentlich, wo ich wohne?«

»Ich bin Journalistin. Ich hab' gelernt zu recherchieren.«

Natürlich. Die Geschichte in der Zeitung.

»Wenn es sein muss, krieg ich raus, welche Schulnote Sie in Mathematik hatten und ob Sie morgens kalt oder warm duschen.«

»Sie machen mir Angst. Sie hätten zur Polizei gehen sollen.«

»Oh, danke, aber ich arbeite lieber mit lebenden Menschen als mit toten.«

»Haben Sie Séamus' Bilder gefunden?«

Shauna blies eine Lunge voll Nikotin gegen die Windschutzscheibe. »Ich hab' mich bei einigen Galeristen umgehört. Ein Bekannter von mir hatte zwar Besuch von einem Mann, der an einem Le Brun interessiert war, aber nicht an den beiden Gemälden, die er im Angebot hatte. *Regatta in Sligo* und ein St. Patrick mit Schlangen in Blau. Ein anderer Galerist hat unlängst einen Le Brun verkauft. Hat einen guten Preis erzielt. Nach eigener Aussage vielleicht sogar ein bisschen überzogen, aber er hat sich die Hände gerieben und geschwiegen. Ein Auktionshaus hat eine Anfrage am Telefon erhalten, hatte aber gerade keinen Le Brun auf Lager«, fasste Shauna ihre Ergebnisse zusammen.

»Zum Kauf angeboten wurde nichts?«

»Nein.«

»Das ist nicht viel.« Fin versuchte, seine Enttäuschung zu verbergen.

Shauna stippte die Kippe in den überquellenden Aschenbecher, griff nach hinten unter den Sitz und holte eine unversehrte Stange Zigaretten hervor. Hektisch riss sie das Cellophan auf und befreite ein frisches Päckchen. Fischte einen neuen Glimmstängel heraus. Drückte den Zigarettenanzünder. Wartete, bis er raussprang. Und hielt inne. Sie schaute Fin an. »Was hat das Ganze mit Nicholas Nolan zu tun?«

»Bitte?«

»Warum waren Sie in Dublin auf dieser Show?«

»Zufall. Hatte gerade nichts Besseres vor und–«

»Halten Sie mich für blöd?«

Fin sah sie mit großen Augen an. Suchte nach Worten.

»Ich hatte ein Interview mit einem verdammt schlecht gelaunten Nicholas Nolan«, fuhr sie fort, »hat auf jede meiner Fragen gereizt reagiert. Kaum eine Antwort gegeben. Es ist bekannt, dass er ’ne ziemliche Diva sein kann, aber selbst seine Managerin hat ihn so noch nicht erlebt. Irgendwann ist er einfach aufgestanden und rausgerauscht. Sie hat sich tausendmal bei mir entschuldigt und erklärt, Nolan sei eben an der Bar mit einem offensichtlich besoffenen Typen zusammengestoßen, auf den, hoppla, Ihre Beschreibung passt. Offenbar hat sich jemand Ihr affiges T-Shirt gemerkt.«

Fin schwieg.

»Hören Sie, O’Malley, ich bin durchaus in der Lage, eins und eins zusammenzuzählen.« Ein Hauch von Ungeduld schlich sich in ihre Stimme. »Was läuft da?«

Fin wich ihrem Blick aus. Er war sich nicht mehr so sicher, ob es wirklich eine gute Idee war, ausgerechnet Shauna Adams einzuweihen. Aber wenn sie die verbissene Journalistin war, die sie vorgab zu sein, würde es möglicherweise nicht lange dauern, bis sie selber auf der Spur von Nolan war. War es da nicht besser, sie im Auge zu behalten? Hatte er eine Wahl?

Sie steckte ihre Zigarette an. »Ich warte.«

Und wenn er sich doch irrte?

»Ich glaube, Nicholas Nolan hat einen Menschen getötet und zweimal versucht, einen anderen zu töten.«

Shauna Adams verschluckte fast ihre Zigarette und bekam einen Hustenanfall. Hastig ließ sie das Seitenfenster herunter, wofür Fin ihr unendlich dankbar war. Gierig sog sie die frische Luft ein. »Ich hab' mich wohl verhört?«

»Nein, haben Sie nicht.«

»Sind Sie komplett übergeschnappt?« Langsam beruhigte sich ihre Atmung wieder. Auf den Schreck war ein besonders tiefer Zug nötig. »Wen, in drei Teufels Namen, soll Nolan umgebracht haben?«

»Ich bin überzeugt, dass Nolan hinter den verschwundenen Bildern steckt«, erklärte Fin, »manche hat er wohl legal in seinen Besitz gebracht, andere durch Einbrüche. Zumindest in einem Fall glaube ich das. Bei diesem Einbruch wurde er ertappt, die Zeugin starb wenig später bei einem Verkehrsunfall mit Fahrerflucht.«

»Sie sind verrückt!«, stellte Shauna fest. »Warum sollte Nolan so etwas tun? Was will er mit den Bildern von Le Brun? Warum ausgerechnet Le Brun?«

Er zuckte mit den Achseln. »Das weiß ich noch nicht.«

Sie schüttelte den Kopf. »Und wen hat er Ihrer Ansicht nach versucht, umzubringen?«

»Le Brun.«

»Bitte?« Mit hastigen Zügen verschlang sie ihre Zigarette. »Wieso das denn?«

»Das weiß ich auch noch nicht.«

»Dafür dass Sie hier so 'ne Bombe platzen lassen, gibt es aber verdammt viel, das Sie nicht wissen«, erwiderte sie, »was ist Le Brun zugestoßen?«

»Sein Wohnwagen ist in die Luft geflogen und er wurde in einen Autounfall verwickelt. Mit Fahrerflucht.«

»Und?« Sie sah ihn forschend an.

»Keine Angst, es geht ihm soweit gut.«

»Wo ist er?«

Fin wies mit dem Kopf über die Straße zum Pub.

»Na, das Interview ist aber meins.«

»Ihre Sorgen möcht' ich haben. Im Moment ist mir ganz recht, wenn niemand weiß, wo Le Brun steckt. Vor allem Nicholas Nolan nicht.« Wobei Nolan vermutlich gerade dabei war, genau dies zu ändern.

»Haben Sie für irgendeine von ihren Behauptungen einen Beweis? Das sollten Sie als Ex-Polizist schließlich wissen. Man braucht Beweise. Ohne Beweise …«

»Ja, das weiß ich selber«, reagierte Fin ungewollt patzig.

Sollte er sie in seine Theorie einweihen? Dieses fragile Gebilde, das er seine Theorie nannte. Dieses wacklige Etwas, von dessen Standfestigkeit er selbst nicht hundertprozentig überzeugt war. Wenn Caitlin da Silva ihm schon nicht glaubte, warum sollte ausgerechnet diese Journalistin es tun? Vielleicht weil sie eine Story brauchte?

Und wenn er am Ende übers Ziel hinausschoss?

Nein, er war sich sicher. Es gab kein Zurück mehr. »Nolan hat für die jeweiligen Tatzeiten zwar Alibis, aber ich glaube, er lügt.«

»Was zu beweisen wäre«, entgegnete Shauna, »aber wenn er wirklich versucht hat, Séamus Le Brun umzubringen, dann muss er gewusst haben, wo der Alte gesteckt hat. Schließlich ist er seit Jahren –«

»Nolan ist mit Séamus' Enkelin zusammen.«

Wieder eine Information, die sie sorgfältig abspeicherte. »Okay. Mal angenommen, nur mal angenommen, Sie hätten recht ...« Shauna Adams ließ sich auf das Gedankenspiel ein. »Um welches Alibi geht es?«

»Zur Tatzeit des Mordes war er für Modeaufnahmen in Südafrika. Anfang der Woche, als Séamus' Wohnwagen explodiert ist, hatte er angeblich eine Besprechung mit einem Fotografen.«

»War in beiden Fällen derselbe Fotograf im Spiel?«

Shauna Adams kombinierte schnell. Soweit hatte Fin noch gar nicht gedacht. »Möglich. Ich hab' die Fotos in einer Zeitschrift gesehen.«

Noch während Fin redete, holte Shauna einen Tablet-PC aus ihrer Tasche und loggte sich ins Internet ein. Es dauerte einen Moment, bis sich die Homepage von *Dare&Wear* aufgebaut hatte. »Was für Fotos?«

»Naja, am Strand halt.«

»Bademode?«

»Bademode.«

Fin beobachtete, wie Shauna die einzelnen Kollektionen aufrief und schließlich die besagte Fotostrecke fand. Den Aufnahmen selbst schenkte sie erst gar keine Beachtung, das Kleingedruckte interessierte sie mehr. »Copyright Quick«, las sie vor.

»Marvin Quigley«, klärte Fin auf, »der Fotograf, mit dem er sich am Montag angeblich getroffen hat.«

»Wie praktisch«, ließ Shauna vernehmen. Sie scrollte durch die einzelnen Aufnahmen.

»Da ist Nolan«, unterbrach Fin, als er das Foto wiedererkannte, »Nicholas Nolan am Strand von Südafrika.«

Shauna vergrößerte die Aufnahme. Dieselbe, die auch in

der Zeitschrift abgedruckt war. Nicholas Nolan kniete zu Füßen eines Models und zupfte ein Kleid zurecht. Ein langer fließender Stoff, dunkelgrün mit einer großen Sonnenscheibe bedruckt. Die langen braunen Haare des Mädchens wehten sanft im Wind. Das grelle Sonnenlicht ließ den Sand fast weiß erscheinen. Im Hintergrund umspielte das blaugrüne Meer einige dunkle Felsen.

»Sieh an, Laura Kennedy. Welcher Mann würde an der nicht auch gerne mal rumfummeln«, bemerkte sie.

Bis jetzt hatte Fin nur Augen für Nicholas Nolan gehabt. Wenn die dunkelhaarige Strandnixe auf dem Foto tatsächlich das bekannte Model Laura Kennedy war, dann hatte er es als Designer wohl wirklich geschafft.

»Boulder Beach«, murmelte Shauna, »ziemlich angesagte Location für Fotoshootings. Südafrika könnte also schon mal stimmen. Wann sollen die Aufnahmen entstanden sein?«

»Anfang Juni.«

»Ganz schön braungebrannt, unser Junge«, wunderte sich Shauna.

Sie hatte recht. Fin war es gar nicht aufgefallen. Der Ausflug in die Sonne lag zwar schon drei Monate zurück, aber Nicholas Nolan hatte gestern eine geradezu auffallend nahtlose Blässe zur Schau getragen. »Ist da unten nicht eh gerade Winter?«

Shauna betrachtete die Aufnahme so konzentriert, dass sie sogar ihre Zigarette vergaß. »Jede Wette, das ist Photoshop.« Beiläufig fegte sie die Asche vom Bildschirm.

»Was?«

»Hören Sie, O'Malley, ich hab' nicht nur 'ne Journalistenausbildung, ich hab' auch 'ne Fotolehre gemacht«, erklärte sie fast ein wenig gekränkt, »und hier hat eindeutig jemand nachgeholfen. Gute Arbeit, zugegeben, aber nicht perfekt.«

»Sie meinen die Sonnenbräune?«

»Die vielleicht auch. Aber ich meine das Gesicht. Der ganze

Kopf ist schlichtweg reinkopiert. Wem auch immer der braungebrannte Body gehört, es ist definitiv nicht Nicholas Nolan.« Sie tippte erst auf Nolan, dann auf das Mädchen. »Der Schatten in Nolans Gesicht. Und der Schatten im Gesicht des Models. Dilettantischer Anfängerfehler.«

Fin begriff nicht, worauf sie hinauswollte. »Das heißt?«

Ungeduldig vergrößerte sie das Foto. »Sie müssen genau hinsehen. Hier Sonne von links. Da Sonne von rechts.«

Sonne.

Fin betrachtete das Foto.

Das war gar keine Sonne auf dem Kleid.

»Können Sie das noch mehr vergrößern?«

Shauna tat es.

Das waren auch keine Sonnenstrahlen. Das waren Schlangen.

Es war eine Medusa. Eine leuchtende, goldene Medusa.

Und es war nicht irgendeine Medusa. Es war eine Medusa wie Séamus Le Brun sie gemalt hatte. Er hatte sie so oft gesehen und es war ihm nicht aufgefallen. Dabei war es so offensichtlich. Oder offensichtlich für jemanden, der die Münzen kannte.

Langsam dämmerte ihm etwas.

»Begreifen Sie jetzt?«, fragte Shauna.

Ja, er begriff. Aber nicht unbedingt das, was Shauna Adams meinte.

Er hatte gerade das Motiv gefunden.

Es ging nicht um Gold. Um Geld, ja, um Geld ging es doch am Ende immer. Aber in erster Linie ging es hier um mehr. Um Prestige. Um Werbeverträge. Vielleicht sogar um Börsennotierungen …

»Sagen Sie, Shauna, Nolan ist doch ziemlich dick im Geschäft, wenn ich das richtig verstanden habe«, dachte er laut nach.

»Kann man wohl sagen. Die Molkerei Wicklow White hat gerade erst den Werbevertrag mit Nolan erneuert. Und wenn er wirklich den Chefdesigner-Posten kriegt …« Shauna überließ Fin die Schlussfolgerung.

Und die fiel fatal aus.

Ein Designer konnte sich vieles nachsagen lassen. Er durfte divenhafte Zicken an den Tag legen, er konnte sich eine Pizza zum Frühstück bestellen und in Algentee baden und wenn es sein musste, sogar seine Katze rosa färben. Nur eines durfte sich ein Designer nicht erlauben.

»Was haben Sie, O'Malley? Haben Sie gerade eine buddhistische Erleuchtung?« Shauna versuchte, in seinem Gesicht zu lesen.

»Er hat geklaut.«

»Wie bitte?«

»Nicholas Nolan hat bei Séamus Le Brun geklaut.«

Jetzt war es an Shauna Adams, begriffsstutzig dreinzuschauen. »Was geklaut?«

»Ideen. Angefangen mit diesem Schlangenkopf.« Fin deutete auf das Kleid. »Und wahrscheinlich nicht nur das.« Kurzerhand nahm er den PC an sich und durchforstete die Kollektion. Er wurde fündig. »Hier, das Labyrinth auf dem Kleiderstoff …« Er suchte weiter. »Die keltischen Ornamente auf den Ärmeln. Alles Le Brun.«

Als Jugendlicher mochte Nicholas in Séamus Le Brun einen Mentor gesehen haben, der ihn ermutigt hatte, und am Anfang seiner Karriere wäre er vielleicht noch damit durchgekommen, den Alten als Vorbild zu bezeichnen. Aber das hier, das war schlicht und ergreifend geistiger Diebstahl.

»Das erklärt auch, weshalb Nicholas Nolan alles daran setzt, die verräterischen Bilder von Séamus in seinen Besitz zu bringen. Er muss die Spuren dieses Diebstahls beseitigen.«

»Und den Urheber der Bilder am besten gleich dazu.« Shauna verstand, worauf Fin hinauswollte. »Das ist eine haarsträubende Idee.«

»Seine Karriere steht auf dem Spiel. Nicht mehr und nicht weniger. Da kommt man schon mal auf verrückte Gedanken.«

»Wenn das stimmt, O'Malley …« Die letzte Kippe verbrannte ihr fast die Finger. Hastig drückte sie sie aus. »Wir brauchen Beweise. Der Fotograf.«

»Tja, wenn ich noch Polizist wäre …«

»Dazu brauchen wir keine Polizei. Wer sollte was dagegen haben, wenn wir uns mit diesem Quick mal nett unterhalten?« Shauna nahm den PC wieder an sich und hatte mit wenigen Klicks die Homepage von Marvin Quigley gefunden. Mit dem nächsten Griff hatte sie ihr Smartphone zur Hand. »Wollen doch mal sehen …«

Es dauerte einen Augenblick, bis die Verbindung stand. »Guten Morgen, hier ist Samantha Flanagan von der *Irish Times*. Spreche ich mit der Assistentin von Mr. Quigley?«, flötete Shauna mit ausgesuchter Höflichkeit. »Wir bereiten gerade eine neue Serie vor mit Porträts von irischen Künstlern und da dachte ich, wir könnten mal etwas über den Fotografen Marvin Quigley machen … Naja, eine kleine Homestory, ein kleines Interview … Neinnein, nicht allzu privat, keine Sorge …« Shauna zog eine Grimasse und rollte mit den Augen. »Möglichst bald, wenn es geht. Vielleicht könnte ich mit Mr. … Gerade nicht in Dublin. Das ist schade. Wann … In seinem Ferienhaus. Und wo … Ja, ich kann natürlich verstehen, dass Sie mir die Adresse nicht geben können.« Nein, konnte sie nicht wirklich, wenn man ihrem Gesichtsausdruck glauben durfte. »Ich melde mich wieder.« Sie beendete das Gespräch.

»Bundoran.«

»Bitte?«

»Quick hat ein Haus in Bundoran.«

»Na, wunderbar. Mehr brauchen wir nicht.« Schon drehte sie den Schlüssel im Zündschloss.

»Hören Sie, Shauna, das ist Sache der Polizei«, bremste er sie, »ich kenne da jemanden, der–«

»Oh nein!«, fiel sie ihm ins Wort. »Das ist die Story meines Lebens!«

»Ja, schon gut. Die will Ihnen auch niemand nehmen«, beruhigte er sie, »aber Sie sollten Nolan nicht unterschätzen. Der ist gefährlich. Ich werde-«

»Nein, werden Sie nicht! Kommt überhaupt nicht in Frage«, widersprach Shauna, »und schon gar nicht ohne mich!« Ehe Fin es verhindern konnte, hatte sie Gas gegeben und bretterte die Hauptstraße hinunter. »Ich trau Ihnen nämlich nicht!«

18. Quick

»Shauna, verdammt, schauen Sie bitte auf die Straße!«

Fin war von Natur aus ein schlechter Beifahrer, aber normalerweise wurde ihm während der Fahrt nicht übel, es sei denn, er saß neben einer Fahrerin, die mit hundert Meilen in der Stunde über irische Landstraßen jagte, die schon bei sechzig Meilen eine Herausforderung waren.

»Jaja …« Während eine Hand lenkte, wischte die andere ununterbrochen über das Tablet, das in ihrem Schoß lag. »Na bitte, sag ich doch … Marvin Quigley ist auf Facebook. Hätte mich auch gewundert, wenn nicht.«

Fin schielte zu ihr hinüber, bemüht, wenigstens als Beifahrer ein Auge auf der Straße zu behalten. Shauna stöberte unbeirrt durch Quigleys Fotoalbum. »Sieh an, einen Porsche hat er auch. Angeber.« Sie neigte den Bildschirm in Fins Richtung, um ihm das Foto zu zeigen. Marvin Quigley, der mit sichtbarem Besitzerstolz auf der Motorhaube eines silberfarbenen Sportwagens hockte.

»Vorsicht!«

Shauna wich im letzten Moment einem Traktor aus, der von einem Feldweg auf die Straße eingebogen war. Ungerührt tippte sie weiter auf dem Bildschirm herum. »Ja, die Gegend kenn' ich. Ich glaub', ich weiß, wo der Kerl wohnt.« Sie nahm das Tablet, warf es zu Fin hinüber und steckte sich mit derselben Handbewegung die nächste Zigarette an. Immerhin hatte die

Straße wieder die Aufmerksamkeit, die sie verdiente, und Fin konnte erleichtert einen Blick auf das letzte Foto riskieren. Marvin Quigley und ein unbekannter Mann, beide in Motorradkleidung, posierten mit schweren Motorrädern für die Kamera. Im Hintergrund war das Meer zu sehen, im Anschnitt ein Haus. *Micky zu Besuch in Bundoran* hatte der Fotograf freundlicherweise dazugeschrieben. Es gab doch nichts Schöneres, als die ganze Welt an seinem Leben teilhaben zu lassen. Konnte aber auch von Nachteil sein.

Fin fragte sich, ob Marvin Quigley gewusst hatte, zu welchem Zweck er das Foto manipulieren sollte. Denn dass der Fotograf selbst Hand angelegt hatte und nicht Nicholas Nolan, stand für Fin außer Frage. Spätestens beim Abdruck in der Zeitschrift hätte er sich gewundert. Hatte man das Model auf dem Foto auch eingeweiht? War es klug, so viele Mitwisser zu haben?

Andere Dinge dagegen ergaben für Fin plötzlich einen Sinn. Nicholas Nolan hatte sich ungeniert an den Bildern und Zeichnungen von Séamus Le Brun bedient, und solange der Alte von der Welt vergessen in seinem Wohnwagen am Old Head hockte, stellte er keine Gefahr für ihn dar. Nolan hätte vermutlich so weiter gemacht, wenn nicht jemand von der National Gallery in Dublin auf die Idee gekommen wäre, eine Ausstellung zu organisieren. Grace musste ihm davon erzählt haben und das hatte bei Nolan sämtliche Alarmglocken schrillen lassen. Die Angst, aufzufliegen, hatte ihn zum Handeln gezwungen. Als erstes hatte er versucht, sämtliche Bilder von Le Brun, die er irgendwie auftreiben konnte, in seinen Besitz zu bringen, inklusive der gesammelten Werke aus dem Hause Jennings. Einen Einbruch in die eigene Wohnung zu inszenieren war da noch die leichteste Übung gewesen. Den Einbruch in Séamus' Wohnwagen hatte er sich einfacher vorgestellt, er hatte sich dabei ebenso ungeschickt angestellt wie bei Fearghus

O'Toole, mit dem Unterschied, dass sein Einbruch auf Achill Island in einer Katastrophe geendet war, was ihn aber nicht davon abgehalten hatte, sich schließlich den Künstler selbst vorzunehmen. Wie man eine Gasleitung manipulierte, war kein Geheimnis, man musste nur lange genug im Internet stöbern, dann fand sich für jede kleine Bastelarbeit die entsprechende Anleitung. Nach dem missglückten Anschlag war er vermutlich Fin und Séamus bis nach Sligo gefolgt und hatte auf eine Gelegenheit gehofft, sein Werk zu vollenden. Mit den Papieren von Paul Grogan einen Wagen zu mieten, dürfte eine leichte Übung gewesen sein. Wahrscheinlich hatte er die Brieftasche nebst Führerschein bei passender Gelegenheit im Büro mitgehen lassen. Auch wenn der Designer im wahrsten Sinne des Wortes bekannt war wie ein bunter Hund, so hatte sich der Angestellte der Autovermietung wohl mit Mütze und Sonnenbrille täuschen lassen. Nolan hatte nichts dem Zufall überlassen wollen, und doch war sein Plan nicht aufgegangen. In Sligo hatte er sein Opfer aus den Augen verloren. Nicht aber sein Ziel.

Auch der Umstand, dass Nicholas Nolan nicht gut auf Fin zu sprechen war, hatte nun eine ganz logische Erklärung. Er hatte Fin mit Séamus zusammen gesehen und wiedererkannt, als er in Dublin aufgetaucht war. Der Überreaktion nach zu urteilen, musste er wohl gedacht haben, dass Fin Bescheid wusste und ihn mit seinem Wissen möglicherweise erpressen wollte. Vielleicht hatte er am Ende tatsächlich nichts eingeworfen und Fin verdächtigte ihn zu Unrecht. Es war die pure Panik, die Nolan gesteuert hatte.

Nur eins bereitete Fin nach wie vor Kopfzerbrechen. An welcher Stelle in der ganzen Geschichte waren die Goldmünzen ins Spiel gekommen?

Bevor Fin weiter grübeln konnte, hatten sie Bundoran erreicht. Shauna Adams lenkte ihren Mini zielstrebig durch den kleinen Küstenort, passierte ein hässliches Neubaugebiet und näherte sich dem Meer.

»Da, der Porsche.«

Fin hatte ihn als Erster entdeckt. Der Wagen parkte am Ende einer Sackgasse, hinter dem letzten Haus ging es direkt hinunter an den Strand. Der Bauplatz, zu dem der Parkplatz gehörte, war vielleicht billig gewesen, das Haus, das darauf stand, ganz gewiss nicht. Ein moderner, kleiner Bungalow, die Fassade mit verwitterten Holzpaneelen verkleidet, das Flachdach üppig begrünt. Große Fensterflächen öffneten den Blick zum Meer hin.

Auch Marvin Quigley pflegte einen gehobenen Lebensstil.

»Wie ist Ihr Plan?«, fragte Fin, als sie ausstiegen.

»Hab' keinen Plan.«

Shauna parkte auf dem Klingelknopf.

Es dauerte eine ganze Weile, bis sich drinnen etwas regte. Fin sah auf die Uhr. Gerade elf vorbei. Offenbar nicht die Zeit, zu der man einen Künstler schon stören durfte.

Ein Mann riss die Tür auf. »Was gibt's?«, gähnte er schlaftrunken und fuhr sich durch die strähnigen blonden Haare. Er war barfuß, steckte in ausgeleierten Jeans und einem T-Shirt, das er wohl in Eile oder im Halbdunkel mit den Nähten nach außen übergestreift hatte.

Fin erkannte ihn. Den Schlichter vom Vorabend. Ein Mann, der nicht gut auf Nicholas Nolan zu sprechen war. Das konnte hilfreich sein.

»Mr. Quigley?«, forschte Shauna.

»Ähm, ja?«

»Können wir reden?«

Ehe er antworten konnte, marschierte sie an ihm vorbei ins Haus. Er schaute ihr verblüfft nach und sah Fin an. So richtig wach war er immer noch nicht. »Wer sind Sie? Was wollen Sie?«

»Sie gestatten?« Mit einem freundlichen Lächeln schob er sich an Quigley vorbei und folgte Shauna.

»He!«

Die Haustür führte direkt in einen weitläufigen Wohnbereich. Die Sitzgruppe sah weich und bequem aus, überflüssiges Mobiliar suchte man vergebens, lediglich ein vollgestopftes Bücherregal und ein provisorisch wirkender Tisch, auf dem ein Laptop stand. Überall lagen Kleidungsstücke verstreut. Fotos und Papiere, auf denen benutzte Gläser standen. Teller mit Essensresten. Besuch hatte Quigley ganz sicher nicht erwartet. Hinter einer breiten Fensterfront wirbelte der Herbstwind das Dünengras durcheinander, dunkle Wolken türmten sich am Horizont, ein paar verirrte Sonnenstrahlen tanzten über die aufgewühlte See.

Shauna schaute sich ungeniert um und würdigte die Aussicht, während Fin in der Nähe der Tür stehen blieb. Alte Polizistengewohnheit. Immer sicherheitshalber den Fluchtweg versperren. Obwohl er nicht glaubte, dass es nötig war.

Quigley rieb sich die verschlafenen Augen. Offenbar war er noch in der Nacht von Dublin herübergefahren. »Sind Sie von der Polizei?«

Fin konnte ihm ansehen, dass er ein schlechtes Gewissen hatte. Als ob er ahnte, dass ein Bumerang, den er vor Jahren weggeworfen hatte, plötzlich auf dem Weg zurück zu ihm war.

»Nein«, antwortete Shauna, »Sie haben Glück, wir sind nicht von der Polizei.«

Fin entschied sich für ein Mindestmaß an Höflichkeit. »Das ist Miss Adams. Mein Name ist O'Malley«, stellte er vor und kam direkt zur Sache, »Sie kennen Nicholas Nolan?«

Quigley zögerte mit einer Antwort, als müsse er sich erst über die möglichen Konsequenzen dieser Antwort klar werden. »Ja …?«

»Sie machen Fotos für ihn, nicht wahr? Modeaufnahmen für Zeitschriften und Kataloge.«

»Hört mal, Leute, wenn es wegen der Kohle ist – ich hab' Nicky gesagt, er kriegt sein Geld am Monatsende«, reagierte er mit einem Mal ärgerlich, »kein Grund, hier aufzutauchen und mich einzuschüchtern wie ... wie ...« Er schaute von Fin zu Shauna, die es sich auf dem Sofa bequem gemacht hatte, als würde ihm gerade bewusst, dass man weder mit Fin noch mit Shauna irgendwen einschüchtern konnte.

»Wir wollen kein Geld von Ihnen«, versicherte Shauna und lächelte milde. Sie hatte die Beine übereinander geschlagen und wippte ungeduldig mit dem Fuß

»Südafrika«, schickte Fin hinterher.

»Südafrika?«

»Vor etwa drei Monaten. Anfang Juni. Ein Fotoshooting unten am Kap«, half ihm Fin auf die Sprünge.

»Ja. Und?« Marvin Quigley hatte keinen Schimmer, worauf seine Besucher hinauswollten.

»War Nicholas Nolan dabei?«

»Natürlich.«

In Fins Ohren klang es nicht wirklich überzeugend.

»Denken Sie noch mal nach«, meinte Shauna aufmunternd.

»Naja, vielleicht nicht die ganze Zeit«, räumte Quigley ein.

»Ah, wir kommen der Sache schon näher.«

Eine Tür öffnete sich vorsichtig, und eine junge Frau steckte den Kopf neugierig herein. Sie sah nicht weniger verschlafen aus als Quigley.

»Oh, Miss Kennedy, tut mir leid, wenn wir Sie geweckt haben«, entschuldigte sich Shauna, die sie entdeckt hatte, »kommen Sie ruhig näher, wir beißen nicht.«

Das Model warf Quigley einen verunsicherten Blick zu. Der Fotograf nickte ihr kurz zu, worauf sie auf Zehenspitzen hereingetrippelt kam und sich auf dem Stuhl am Schreibtisch niederließ, mit nichts mehr bekleidet als einem großen Herrenhemd.

»Laura Kennedy. Meine Freundin«, stellte Quigley überflüssigerweise vor.

Trotz verstrubbelter Haare und fehlendem Make-up hatte Fin sie dieses Mal gleich erkannt. Da erübrigte sich wohl die Frage, ob sie eingeweiht war.

»Also, Mr. Quigley, war Nicholas Nolan nun in Südafrika oder nicht?«, nahm Shauna den Faden wieder auf.

Er warf seiner Freundin einen kurzen Blick zu. »Nein. War er nicht.«

»Und wozu diese kleine Fotomontage in der Zeitschrift?«

Quigley versenkte die Hände in den Taschen seiner Jeans und versuchte, möglichst lässig zu wirken. »Ach, kleine Gefälligkeit. Nichts Besonderes.«

»Wofür?«

Er wand sich ein wenig, entschied sich aber doch für eine Antwort. »Wegen Grace. Seinem Mädchen.«

Shauna blickte ihn auffordernd an.

»Naja, er wollte sie glauben lassen, er sei in Südafrika.«

»War aber in Wahrheit wo?«

»Das hat er mir nicht verraten.«

»Kommen Sie, Mr. Quigley …«

Wieder brauchte er Zeit für eine Antwort. »Er hat wohl 'ne andere«, entgegnete er schließlich, »jedenfalls hat er mal so was angedeutet. Grace ist … Grace kann sehr besitzergreifend sein.«

»Sie ist 'ne Klette«, warf Laura mit einem leicht blasierten Unterton dazwischen.

»Und Sie waren auch mit von der Partie bei diesem Foto?« wandte sich Fin an sie.

Sie nickte kurz und warf sich ihre dunkle Mähne mit einer affektierten Geste in den Nacken. Susan konnte so etwas besser.

»Und die anderen Models?«

»Es gibt nur dieses eine Foto«, erklärte Quigley.

»Haben Sie das Original noch?«

»Wozu?«

»Um Ihnen eine Menge Ärger zu ersparen«, deutete Fin an. Er wollte sich nicht unnötig weit aus dem Fenster lehnen.

Offenbar war der Fotograf noch weniger gut auf Nolan zu sprechen als Fin gehofft hatte. Der kleine Hinweis genügte. Quigley ging hinüber zum Schreibtisch und startete den Laptop. »Scheiße, meine Kontaktlinsen ...«, murmelte er.

»Im Bad«, entgegnete seine Freundin, »soll ich sie dir holen?«

»Nee, lass nur. Geht auch so.« Er wühlte auf dem Schreibtisch, fand eine Brille und setzte sie auf.

Eine schicke rote Brille, wie Fin bemerkte.

»Und was haben Sie als Gegenleistung für diesen kleinen Gefallen bekommen?«

Der Fotograf konzentrierte sich auf den Bildschirm und durchsuchte seine Dateien. »Naja, den ein oder anderen Auftrag. Nicky und ich kennen uns schon seit der Schulzeit. Bisher hab' ich eher Anspruchsloses gemacht, Porträtfotos, Hochzeiten, 'n bisschen Werbung hier und da. Aber ich weiß, dass ich mehr kann, und das hab' ich Nicky bewiesen. So wäscht eine Hand die andere.« Ein Foto tauchte bildschirmfüllend auf dem Laptop auf. Laura im grünen Strandkleid. Zu ihren Füßen Marvin Quigley. »Hab' ich mit Selbstauslöser gemacht. Der Rest war 'n Kinderspiel.« Zum Vergleich stellte er die manipulierte Aufnahme daneben. Er schaute in die Runde. »Woran haben Sie eigentlich gemerkt, dass es ein Fake ist?«

»Die Schatten auf den Gesichtern stimmen nicht überein«, klärte Shauna auf.

Quigley betrachtete das Foto. »Oh.«

»Am vergangenen Montag, wo waren Sie da?«, wollte Fin wissen.

»Jetzt am Montag?« Quigley sah ihn fragend an. »Ich war in Cork. Model-Casting für die neue Kollektion.«

»Mit Nicholas?«

»Nein, ich war alleine. Wir hatten viele Bewerberinnen. Hat fast zwei Tage gedauert«, berichtete er, »die endgültige Auswahl trifft natürlich Nicky.«

»Merkwürdig. Grace behauptet, Nicholas sei am Montag hier in Bundoran gewesen. Hätte mit Ihnen irgendwelche Fotos sortiert«, erklärte Fin, »war er da auch bei seiner neuen Flamme?«

»Keine Ahnung.« Quigleys Unwissenheit schien nicht gespielt zu sein. »Ist das wichtig?«

»Es geht immerhin um ein Alibi in einem Mordfall«, preschte Shauna vor.

»Mord?« Quigleys Gesicht wechselte kurz die Farbe. »Damit hab' ich nix zu tun!«

»Nicky? Ein Mörder?« Laura zog bereits voreilige Schlüsse.

»Sieht nicht gut aus.« Fin setzte noch eins drauf.

»Nicky war hier«, platzte das Model plötzlich heraus.

»Im Ernst?« Quigley sah seine Freundin an. »Du hast mir gar nichts davon erzählt.«

Laura rückte ein paar Zentimeter von ihm ab. »Doch. Er war hier.«

»Den ganzen Tag?«, hakte Fin nach.

Sie musste überlegen. »Nicht direkt …«

»Wann denn nun? Eher tagsüber? Oder doch am Abend?«, bohrte Fin. Er spürte die Unsicherheit des Mädchens. Sie wollte Nicholas offenbar nur zu gerne ein Alibi geben, wenn sie gewusst hätte, für welchen Zeitraum. Eigentlich genügte ihm ihr Zaudern bereits. Es war klar, dass am Ende eine Lüge stehen würde. »Wenn er abends hier war, muss er sich keine Sorgen machen«, baute er ihr eine Brücke.

Wie erwartet, stöckelte sie brav darüber. »Doch, ja, ich erinnere mich. Er war zum Abendessen hier«, antwortete sie sichtbar erleichtert.

Perfekt, registrierte Fin mit Genugtuung. Ausreichend Zeit, um einen Wohnwagen in die Luft zu jagen und einen Menschen zu überfahren. Nicholas Nolan hatte wahrscheinlich nicht geglaubt, dass er ein Alibi bräuchte. Trotzdem hatte er Grace angelogen, damit sie keinen Verdacht schöpfen sollte. Ein reines Gewissen sah anders aus.

»Wieso weiß ich nichts davon?«, mischte sich Quigley ein.

»Den ganzen Abend?«

»Er war nur mal kurz weg, um Wein zu kaufen.«

»Wein?« Quigley wurde misstrauisch.

»War er lange weg?«

»Nööö, eigentlich nicht.« Sie drehte sich mit dem Schreibtischstuhl hin und her.

»Du hockst hier und säufst Wein mit Nicky, während ich in Cork bin?«

»War er mit seinem eigenen Wagen da?«, wollte Fin wissen.

»Nee, er hatte ’nen Mietwagen. Der alte Benz war mal wieder in der Werkstatt.«

»Was wollte der Kerl hier, verdammt noch mal?« Quigley funkelte seine Freundin erbost an.

Sie zuckte mit den Achseln. »Gar nichts. Nur mal vorbeischauen.«

Fin blickte hinüber zu Shauna, die mit einem breiten Grinsen auf dem Sofa hockte. Sie hatten offenbar in ein Wespennest gestochen und Shauna schien die Vorstellung Spaß zu machen. Da ging gerade das Alibi von Nicholas Nolan den Bach runter und mit ihm gleich eine ganze Beziehung.

»Läuft da etwa was zwischen euch beiden?« Alle Lässigkeit war dahin. Quigley stemmte die Fäuste in die Hüften und baute sich über Laura auf. »Deshalb hatte er also keine Zeit, selber nach Cork zu kommen. Hat mir die ganze Arbeit aufgehalst, damit er sich in der Zwischenzeit mit meinem Mädchen vergnügen konnte!«

»Blödsinn! Wie kommst du darauf?«

»Das ist keine Antwort auf meine Frage!«

»Das geht dich überhaupt nichts an!« Sie sprang auf.

»Und ob mich das etwas angeht!«

»Schrei mich nicht an!«

»Ich schreie nicht!«, brüllte Quigley.

»Doch! Tust du!« Sie drehte sich um, rauschte davon und warf die Tür hinter sich zu, durch die sie gekommen war. Sekunden später knallte etwas gegen eine Wand, Glas splitterte.

»Schön, nachdem dies nun auch geklärt ist, Mr. Quigley, gäbe es wohl eine Möglichkeit, uns dieses Originalfoto zu überlassen?«, fragte Shauna süffisant und deutete mit schlecht verhohlener Schadenfreude auf den Laptop.

Quigley blitzte sie wütend an, kramte auf dem Schreibtisch nach einem USB-Stick, rammte ihn in den Computer und lud die Aufnahme bereitwillig herunter. »Bitte sehr!« Er warf ihr den Stick zu und war mit zwei, drei großen Schritten am Bücherregal, wo er hinter einem fetten Nachschlagewerk eine Flasche hervorholte, den Deckel abschraubte und einen tiefen Zug nahm. »Wollen Sie auch einen?« Er hielt die Wodkaflasche in die Runde.

Shauna und Fin schüttelten den Kopf.

»Ich hätte es wissen müssen!«, fluchte Quigley, »ich hab' so was geahnt! Dieses miese Arschloch!« Er nahm noch einen Schluck.

»Hatten Sie deswegen gestern Abend Streit?«, wollte Fin wissen.

»Gestern Abend?« Er brauchte einen Moment, um sich zu erinnern, und schüttelte dann den Kopf. »Nee, da ging's um was anderes.«

»Das Geld, das Sie Nolan bis Monatsende zurückzahlen wollen?«

Quigley ließ sich in einen der tiefen Sessel fallen. »Ich hab' beim Pferderennen ’n bisschen Geld gelassen. Nicht viel. Vorübergehender Engpass.« Er nahm noch einen Schluck und blickte grimmig vor sich hin. Wahrscheinlich malte er sich gerade verschiedene Unfälle aus, die Nicholas Nolan in nächster Zeit zustoßen könnten.

»Was haben Sie eigentlich mit den Gemälden gemacht?«

Quigley nahm die Flasche wieder runter, die er gerade an seine Lippen gesetzt hatte, und sah Fin verständnislos an. »Gemälde? Welche Gemälde?«

»Die Gemälde von Séamus Le Brun, die Sie Bridget Jennings abgeschwatzt haben«, sagte Fin ihm auf den Kopf zu. Bridgets Beschreibung passte zu niemand anderem als Marvin Quigley.

Shauna Adams horchte auf. Diesen Teil der Geschichte kannte sie noch nicht.

»Ach die ... Die wollte Nolan unbedingt haben«, antwortete Quigley, »keine Ahnung wieso.«

»Warum hat er Sie geschickt? Warum ist er nicht selber hingefahren?« Weil Bridget Jennings die Bilder niemals an Nicholas Nolan übergeben hätte, aber das hatte er Marvin Quigley bestimmt nicht erzählt.

»Vielleicht dachte er, wenn er als Promi da auftaucht, wollen die Leute nur den Preis in die Höhe treiben. Was weiß ich.«

»Kam Ihnen das nicht merkwürdig vor?«

»Wissen Sie, wenn Sie Nicholas Nolan kennen würden, dann käme Ihnen vieles nicht merkwürdig vor.«

»Und wo sind die Bilder jetzt?«

»Hier bei mir. Nicholas wollte sie irgendwann abholen.«

»Passen Sie gut drauf auf.« Fin wandte sich zum Gehen.

Shauna folgte ihm. »Sollen wir die Bilder nicht lieber mitnehmen?«

»Wo wollen Sie sie hintun? Aufs Autodach schnallen? Neinnein, da soll sich die Polizei drum kümmern.«

Vor der Haustür stießen sie fast mit Laura Kennedy zusammen, die mit einer Reisetasche über der Schulter gar nicht schnell genug das Haus verlassen konnte.

»Das nenne ich schnelles Packen«, kommentierte Shauna anerkennend.

»Und sie hatte sogar noch Zeit, sich was anzuziehen.« Fin schaute ihr nach, wie sie die schmale Straße hinunterstöckelte.

»Ob sie glaubt, mit Nolan glücklicher zu werden?« Für Shauna war es eher eine rhetorische Frage. »Möchte wissen, was die Weiber alle an diesem Kerl finden ...«

»Grace! Verdammt!«

Siedendheiß fiel ihm ein, dass Nicholas Nolan auf dem Weg nach Foley war. Er zückte sein Handy und sortierte die letzten eingegangenen Anrufe auf der Suche nach Graces Nummer. Es klingelte lange. Verdammt lange. Endlich eine Stimme, aber es war nur die Mailbox.

»Mist!« Hastig wählte er die Nummer des *Fisherman*. »Ronan? Ist Grace bei dir?«

»Wer?«

Stimmt. Er hatte ja noch gar keine Gelegenheit gehabt, sie kennenzulernen. »Séamus' Enkelin aus Dublin. Wahrscheinlich ist sie bei Séamus und Nora.«

»Ach so, die meinst du. Nettes Mädchen. Komische Frisur, aber ansonsten ganz reizend.«

»Kannst du sie bitte mal ans Telefon holen?«

»Da kommst du leider zu spät. Ihr Freund war eben da und hat sie abgeholt.«

19. Gruagach

»Wird er sie umbringen?«

Shauna Adams schien zu überlegen, mit welcher Schlagzeile sie es am ehesten auf die Titelseite schaffen würde. Vielleicht dachte sie auch daran, gleich das Ressort zu wechseln.

Fin mochte diesen Gedanken nicht zu Ende spinnen. Nicholas Nolan bedeutete seine Karriere alles und er würde verteidigen, was er erreicht hatte, auch wenn die Früchte seiner Arbeit an einem fremden Baum gewachsen waren. Grace konnte ihm gefährlich werden. Und die Tatsache, dass er bereits ein Menschenleben auf dem Gewissen hatte und er wiederholt versucht hatte, Séamus ins Jenseits zu befördern, ließ nichts Gutes ahnen. Die Freundin aus Kindertagen war längst abgehakt, ausgetauscht, ohne dass sie es gemerkt hatte. Die große Liebe hatte er ihr wohl nur deshalb vorgegaukelt, um über sie den alten Séamus im Auge zu behalten. Mit Laura Kennedy konnte man sich schon eher schmücken als mit der naiven kleinen Grace. Vorausgesetzt, Laura diente nicht bloß als Alibi.

Was auch immer er nun vorhatte, dieses Mal war Nolan auf sich allein gestellt. Keine Bodyguards, die ihm zur Seite standen.

Aber sie durften keine Zeit verlieren. Fin beobachtete die Tachonadel des Mini Coopers, während er Shauna mit allen fehlenden Puzzlesteinen versorgte.

Kurz nach eins erreichten sie Foley. Shauna steuerte direkt

das Pub an. Plötzlich bremste sie so scharf, dass Fin in den Sicherheitsgurt flog.

»Verdammt, was ist los?«

»Hat diese Laura Kennedy nicht gesagt, dass Nolan einen alten Benz fährt?«

Fin folgte ihrem Blick. Gegenüber dem Pub, zwischen einem Hafenschuppen und einer Mauer aus vergammelten Hummerkörben parkte ein liebevoll restaurierter Mercedes Benz mit Dubliner Kennzeichen. Sein Besitzer hatte ihn ganz bewusst etwas abseits gestellt, denn mit diesem Auto wollte niemand gesehen werden, der mit unlauteren Absichten unterwegs war. Die leuchtend orangefarbene Metallic-Lackierung fiel überall sofort ins Auge.

»Wir haben Glück«, stellte Shauna fest, legte den Rückwärtsgang ein und parkte ihren Mini kurzerhand quer vor der Kühlerhaube des Benz. Wenn Nolan jetzt abhauen wollte, musste er es wohl oder übel zu Fuß tun.

»Wahrscheinlich ist er im Pub«, vermutete Fin und stieg aus.

Irgendwo polterte es. Er schaute sich um. Die einzige Dorfstraße lag leer und verlassen. Auf der Hafenmole hockten ein paar gelangweilte Möwen und putzten ihr Gefieder. Vom Hügel über dem Dorf blökten Schafe. Ein ganz normaler Tag in Foley. Wäre da nicht dieses eigenartige, dumpfe Hämmern.

Er blickte Shauna an. Auch sie hatte etwas gehört.

»Das kommt aus dem Wagen …«

Vorsichtig ging Fin hinüber zu dem alten Benz. Das Geräusch kam eindeutig aus dem Kofferraum. Unschlüssig sah er zu Shauna, die in sicherer Entfernung stehen geblieben war und darauf wartete, dass er irgendetwas tat. Er zögerte. Er war unbewaffnet. Andererseits, was sollte schon passieren?

Er probierte das Schloss am Kofferraum. Es war unverschlossen. Behutsam öffnete er den Deckel, der ihm in derselben Sekunde aus der Hand gerissen wurde. Ein rothaariger Kobold in einem bunten Teppich sprang ihm entgegen, kleine Fäuste wirbelten durch die Luft und hämmerten in wilder Raserei auf ihn ein.

»Ich bring dich um! Ich bring dich um!«

»Grace, verdammt–«

»Ich bring dich um!«

»Grace! Ich bin es! Fin!«

Er hatte einige Mühe, sich das wild um sich schlagende Mädchen vom Leib zu halten.

»Grace!«

»Ich …ich …« Allmählich ging ihr die Puste aus.

»Ganz ruhig, Grace. Es ist alles in Ordnung«, beschwichtigte Fin.

Aber sie wollte sich nicht beruhigen. Sie war puterrot im Gesicht, ihre hellblauen Augen sprühten giftige Funken. »Wo ist er?«

»Was ist passiert?«

»Wo ist er? Wo ist Nicholas?«

»Keine Ahnung. Ich bin gerade erst gekommen.«

Ihr Blick ging Richtung Pub. Unbeirrt stapfte sie los. »Ich bring ihn um«, murmelte sie vor sich hin.

Fin und Shauna blieb nichts anderes übrig, als hinterherzueilen.

»Grace, sei vorsichtig!«, rief Fin. »Nicholas hat–«

»Ich bring ihn um! Und wenn es das Letzte ist, was ich auf dieser Welt tue!«

Es war kaum zu glauben, dass diese zarte Elfe zu einer solchen Tonlage fähig war. Sie stürmte die Eingangsstufen zum Pub hinauf, aber Fin schaffte es, sich vor ihr durch die Tür zu drängeln, bereit, heldenhaft jeder Gefahr entgegenzutreten, die drinnen auf sie wartete.

Das Pub war brechend voll. Es roch nach knusprig gebratenem Hühnchen und sanft in Butter geschwenkten Rosmarinkartoffeln. Fin wurde auf der Stelle von einem unbändigen Appetit überfallen, aber er beherrschte sich. Fieberhaft suchte er über die Köpfe der Gäste hinweg nach Séamus oder Nicholas.

Vergebens.

Keiner der Anwesenden nahm Notiz von den Dreien, als sie sich zwischen den vollbesetzten Tischen zur Theke durchschlängelten, wo Ronan in aller Seelenruhe Gläser polierte, während seine Frau die Gäste versorgte.

»Hast du Séamus gesehen? Oder Nicholas?«

Ronan hielt inne. »Nicholas?«

»Junger Typ. Ähnliche Frisur wie sie.« Fin deutete auf Grace neben sich.

»Ah, ich erinnere mich. Der Freund der jungen Dame, der sie abgeholt hat«, fiel es Ronan wieder ein, »aber ist er nicht ohne sie zurückgekommen?« Er schien etwas verwirrt.

»Spielt jetzt keine Rolle. Wo ist er?«, drängelte Fin.

»Vermutlich bei Séamus.«

»Und wo ist Séamus?«

»Mit Nora weg. Sie wollten sich um den Jungen kümmern.«

»Kümmern? Wieso?«

»Dem armen Kerl ging's nicht besonders gut.«

Jetzt war es an Fin, verdutzt dreinzuschauen. »Ihm ging's nicht gut? Wieso das denn?«

»Ja, merkwürdig, nicht wahr? War ganz blass um die Nase. Konnte sich kaum auf den Beinen halten«, erzählte Ronan und stellte das saubere Glas ins Regal, »erst haben sie noch zusammen was getrunken und plötzlich, hast du nicht gesehen, hat der Junge angefangen, komisches Zeug zu faseln und ist fast umgekippt.«

»Geschieht ihm recht, diesem Arschloch!«, giftete Grace dazwischen.

»Was haben sie getrunken? Einen von deinen Fisherman's Fellows?«, hakte Fin nach. Für jemanden, der dem Alkohol abgeschworen hatte, konnte das Gebräu verheerende Folgen haben.

Ronan schüttelte den Kopf. »Nee, daran kann's nicht gelegen haben«, wehrte er ab, »ob du's glaubst oder nicht, der Junge hat Milch getrunken. Stell dir das mal vor! Geht in ein Pub und bestellt Milch!« Er lachte auf. »Nora ist sogar extra in die Küche gegangen und hat sie ihm warm gemacht, die Gute.«

»Und danach ist ihm schlecht geworden?«

Ronan nickte, nahm ein neues Glas und polierte munter weiter. »Wundert mich eigentlich nicht. Warme Milch ...«

»Du lässt Nora Nichols in deine Küche?«

»Warum nicht?« Ronan hob das Glas gegen das Licht und kniff ein Auge zusammen, um die Qualität seiner Arbeit zu begutachten. »Ich hab' schließlich noch was anderes zu tun als für so einen Milchbubi das Fläschchen zu richten.«

Nein, das hatte Nora Nichols schon besorgt. Was auch immer die alte Kräuterhexe dem armen Nicholas in die Milch gerührt hatte, es spielte eigentlich keine Rolle. Dass sie es getan hatte, davon war Fin überzeugt. Nur warum sie es getan hatte, war ihm schleierhaft. Ahnte die Alte, dass er eine Gefahr für Séamus war? Fin hatte sich schon oft genug über die rätselhafte Hellsichtigkeit der alten Nora gewundert.

»Und wo sind sie hin?«

»Haben sie nicht gesagt.« Das nächste Glas wanderte ins Regal.

»Sie haben nicht mal 'ne Andeutung gemacht?«

»Nee ... doch, warte mal ...« Ronan kratzte seinen nicht vorhandenen Haarschopf. »Sie wollten was umtauschen.«

Fin starrte ihn mit offenem Mund an. »Sie wollten was?«

»Umtauschen?«, fiel Shauna ein.

»Ja, genau. Umtauschen. Das haben sie gesagt.« Ronan schnappte sich das nächste Glas und fuhr mit seiner Arbeit fort.

Fin schwankte und musste sich für eine Sekunde an der Theke festhalten. Ihm schwante etwas. Nichts Gutes.

Umtauschen.

Nein, er hatte sich nicht verhört.

Aber er brauchte einen Moment, um es zu verarbeiten.

War das möglich?

Hatte Nora Nichols allen Ernstes vor, Nicholas Nolan umzutauschen?

»Was ist los?« Shauna war Fins Reaktion nicht entgangen.

»Nichts. Ich muss nachdenken.« Fin schloss die Augen. Das konnte nicht wahr sein. Das träumte er bloß. Nora wollte den vermeintlich falschen Nicholas zu den Kobolden zurückbringen, damit die kleine Grace ihren alten Nicky wieder zurückbekam ... Zuzutrauen war's der Alten. Aber wer sollte ihm das, bitteschön, glauben?

»Kann mir endlich mal jemand verraten, was hier gespielt wird?«, fragte Shauna zunehmend sauer. »Wo sind die hin?«

Verdammt gute Frage.

Was hatte Nora erst neulich gesagt? Wo gab es hier Kobolde? Am Horse's Neck.

Fin schaute durchs Fenster hinaus auf den Hafen. Es war Flut. Nein, Horse's Neck konnte er vergessen. Die Höhlen dort standen alle unter Wasser. Es musste ein anderer Ort sein. Er fluchte, weil er nie zuhörte, wenn die alte Nora über Kobolde, Feen und Anderswelten schwadronierte.

Er hielt inne. Hatte nicht Séamus ein Tor zur Anderswelt erwähnt? Hatte nicht auch er einen Eingang zur Elfenwelt gefunden? Und hatte er nicht Fearghus O'Toole davon erzählt?

Er zückte sein Smartphone und wählte sich ins Internet ein. Und betete zu Gott, dass Fearghus O'Toole einen Telefonanschluss hatte.

Er hatte. Fin trat ans Fenster, um dem Geräuschpegel des Pubs zu entgehen, und wartete, dass der alte Mann ans Telefon ging. Shauna und Grace beobachteten ihn verständnislos.

»Mr. O'Toole? Hier ist Fin O'Malley.«

»Oh, hallo Fin, das ist aber schön, dass–«

»Fearghus, sagen Sie nichts, hören Sie einfach nur zu«, bat Fin, »erinnern Sie sich daran, dass Sie mir erzählt haben, dass Séamus ein Tor zur Anderswelt gefunden hat?«

»Ach, Séamus, dieser alte Spinner!«

»Wo hat er diesen Eingang gefunden?«

»Er hat immer eine Menge Unsinn erzählt, da müssen Sie nichts drauf geben.«

»Fearghus, es ist wichtig. Séamus ist gerade dabei, sich in Schwierigkeiten zu bringen«, beschwor Fin den alten Mann, »ich muss wissen, wo dieses Tor zur Anderswelt ist!«

Am anderen Ende der Leitung wurde es still. Hoffentlich nur, weil Fearghus nachdachte, betete Fin. Grace und Shauna starrten ihn an, als hätte er nicht mehr alle Tassen im Schrank.

»Fearghus, es geht um Leben und Tod!«, versuchte er seiner Bitte Nachdruck zu verleihen. »Wo ist dieses Tor?«

»Es kann nur auf der Insel Inish Creig sein.«

»Wie kommt man da hin?«

»Mit dem Boot.«

Fin zählte im Geiste bis zehn und versuchte, ruhig zu bleiben. »Ja, das ist mir klar. Aber von wo aus kommt man da hin?«

»Von Mullaghmore natürlich!«

Natürlich. Er hätte es sich eigentlich denken können. »Danke, Fearghus.« Er beendete die Verbindung.

»Darf ich jetzt endlich erfahren, was hier–«

»Später.« Er stoppte Shauna und wandte sich an Ronan. »Ich brauch den Landrover!«

»Wann legst du dir endlich einen eigenen Wagen zu?«

»Sobald ich hinter das Geheimnis der wundersamen Geldvermehrung gekommen bin. Wo ist der Schlüssel?«

»Tut mir leid, Fin, das geht nicht.«

»Ronan, ich brauch ihn. Es ist ein Notfall!«

»Du kannst ihn nicht haben«, antwortete Ronan ruhig, »Nora und Séamus haben ihn.«

»Bitte?« Er glaubte sich verhört zu haben. »Und wer fährt?«

»Séamus.«

Das wurde immer besser. »Seit wann sind sie weg?«

Ronan überlegte kurz. »Zwei, drei Stunden vielleicht.«

»Verdammt, ich brauch ein Auto!«

»Wir nehmen meins!« Shauna wusste zwar nach wie vor nicht, was hier gespielt wurde, aber ihr war klar, dass sie es nur herausfinden würde, wenn sie am Ball blieb.

»Du bist übrigens nicht der Einzige, der Séamus verpasst hat.«

Fin hatte schon die Türklinke in der Hand. »Was sagst du?«

»Wenn ich's mir recht überlege, dann war richtig was los hier heute Morgen.« Ronan blies gewissenhaft einen letzten Fussel vom Glas.

»Wer?«

»Ein Mann. Hat seinen Namen nicht genannt.«

»Was wollte er von Séamus?«

»Das hab' ich ihn nicht gefragt. Bin schließlich nicht neugierig.« Das allerdings wäre Fin neu. »Familienangelegenheit. Mehr wollte er nicht verraten.«

»Und was hast du ihm gesagt?«

»Dass er ihn gerade knapp verpasst hat.«

»Und dann?«, bohrte Fin ungeduldig, »Mann, Ronan, lass dir nicht alles einzeln aus der Nase ziehen!«

»Dann ist er gegangen.«

Familienangelegenheit? Das konnte nur Laurence Jennings gewesen sein. Aber wie passte der nun wieder in die Geschichte hinein? Und woher wusste er, wo er Séamus finden konnte?

»Und jetzt?« Shauna sah Fin abwartend an.

»Egal. Zum Auto.«

»Ich komm' mit!«, fiel Grace ein und folgte den beiden.

»Kommt überhaupt nicht in Frage! Du bleibst hier!«

»Oh nein!«

Sollte er es hier an Ort und Stelle mit ihr ausdiskutieren? Ehe er es verhindern konnte, hatte sie sich auf den Rücksitz des Mini Coopers gequetscht.

»Wohin?«, wollte Shauna wissen.

»Mullaghmore.«

»Würden Sie mir jetzt endlich erklären, was in drei Teufels Namen Séamus und diese Nora umtauschen wollen?«

»Falsche Frage«, erwiderte Fin und stieg ein, »es geht nicht darum, *was* die beiden umtauschen wollen. Es geht darum, *wen* sie umtauschen wollen.«

20. Mullaghmore

So weit war es nun also gekommen – er war auf dem Weg, einen Mörder davor zu schützen, selbst ermordet zu werden. Oder aber er bewahrte Nora und Séamus davor, eine Riesendummheit zu begehen. Ja, diese Perspektive fühlte sich irgendwie besser an.

»Wie hat Nicholas es geschafft, dich in den Kofferraum zu bugsieren?« Shauna schaute in den Rückspiegel zu Grace, während sie zum zweiten Mal an diesem Tag ihren Wagen Richtung Süden lenkte.

Grace wich ihrem Blick aus. Es war ihr sichtlich unangenehm, dass sie sich hatte übertölpeln lassen. »Ich hatte mich natürlich schon irgendwie gefreut, als er so überraschend aufgetaucht ist. Er war total zerknirscht. Meinte, wir müssten dringend reden. Aber unter vier Augen. Erst wollte ich nicht, ehrlich«, versuchte sie eine Ehrenrettung, »aber dann sagte er, er hätte sich das mit dem Kind noch mal überlegt und ... und er wollte mir was zeigen. Draußen ...«

Nolan war sich in der Tat für nichts zu schäbig gewesen, dachte Fin. Und Grace als williges Opfer hatte nach jedem Köder geschnappt, den er ihr hingeworfen hatte. Er hoffte inständig, dass sie nun endlich kuriert war.

»Er hat den Kofferraum aufgemacht und ehe ich irgendwas sagen konnte, lag ich auch schon drin. Er hat mich einfach reingeschubst.« Immerhin lag eine angemessene Empörung in ihren Worten. »Schon dafür werd' ich ihn umbringen!«

»Ja, ist ja gut. Wir haben's alle gehört.« Shauna verdrehte die Augen. »Und was hat er Séamus erzählt?«

»Séamus?«

»Er musste deinem Großvater dein plötzliches Verschwinden doch irgendwie erklären.«

»Woher soll ich das wissen? Ich war nicht dabei«, stellte Grace mit ergreifender Logik fest, »aber er wird sich schon eine Story ausgedacht haben. Großvater hat ihm vertraut.«

Hatte Nolan Grace nur aus dem Weg haben wollen, um sich ungestört um Séamus kümmern zu können? Oder hätte er sie am Ende auch getötet? Fin glaubte nicht, dass Grace geahnt hatte, in welcher Gefahr sie geschwebt hatte.

»Ich hoffe, du heulst diesem Scheißkerl keine Träne nach«, meinte Shauna mit weiblicher Verbundenheit, »außerdem hat er schon eine Neue.«

Spätestens jetzt sollte Grace auch ihre letzten Illusionen über Bord werfen, aber das war gar nicht mehr nötig. »Ist mir scheißegal. Wer soll das sein?«

»Laura Kennedy.«

»Echt?« Grace schien ehrlich verblüfft. »Okay, die hat natürlich entschieden mehr Glamour …«

Fin drehte sich zu ihr um. »Ist dir nie aufgefallen, dass Nicholas die Bilder deines Großvaters abgekupfert hat?«

»Hat er das?« Sie machte große Augen.

»Die keltischen Ornamente, das Muster mit den Labyrinthen, den Kopf der Schlangenfrau«, zählte Fin auf.

Grace betrachtete die verschlungenen Stickereien auf ihrem Umhang und schüttelte den Kopf. »Vielleicht waren mir die Motive einfach zu vertraut. Ich bin mit diesen Bildern aufgewachsen. Wahrscheinlich hab' ich irgendwann gar nicht mehr unterscheiden können, ob nun Großvater oder Nicky das Bild gemalt hat.«

Vielleicht machte Liebe ja tatsächlich blind.

Shauna wandte sich an Fin. »Könnten Sie mir jetzt vielleicht endlich mal erklären, was es mit diesem Umtausch auf sich hat?«

»Sie würden es mir doch nicht glauben.«

Es wurde später Nachmittag, bis sie ihr Ziel erreicht hatten. Mullaghmore lag am Ende einer windgebeutelten Halbinsel, die wie ein Haken in die Donegal Bay hinausragte. Das verschlafene Dorf war nicht viel mehr als eine Ansammlung von Häusern, die sich um einen kleinen Hafen scharten. Ein gutes Dutzend Boote lag vor Anker, eine Handvoll Yachten und Ausflugsboote, dazwischen der ein oder andere farbenfrohe Fischkutter. Im Sommer war Mullaghmore fest in der Hand von Touristen, meist Surfer, die die eindrucksvollen Wellen an den umliegenden Stränden zu schätzen wussten. Den Rest des Jahres verfiel das Dorf in einen Dornröschenschlaf, der nur ein einziges Mal empfindlich gestört worden war, als die IRA den englischen Lord Mountbattan mitsamt seiner Yacht medienwirksam in die Luft gesprengt hatte. Aber das lag lange zurück.

Auf dem Pier stand Ronans Landrover.

Fin atmete auf. »Wir sind richtig ...«

Aber da standen noch zwei andere Autos. Ein Einsatzfahrzeug der Garda. Und ein silberfarbener Toyota.

Was hatte Caitlin da Silva hier verloren? Waren sie am Ende zu spät gekommen?

Shauna rollte auf den Pier und parkte hinter dem Streifenwagen. Sicherheitshalber griff sie nach ihrer Kamera, als sie ausstieg. Das versprach interessant zu werden.

Der Wind hatte ungemütlich aufgefrischt und klatschte dunkelgraue Wellen gegen die Kaimauer. Die Boote schaukelten unruhig im Hafenbecken, als wüssten sie, dass die tiefhängenden Wolken am Horizont den nächsten Herbststurm ankündigten. Am Ende des Piers stand eine kleine Gruppe beisammen, die

Köpfe zusammengesteckt, die Kragen der Jacken gegen den kalten Wind aufgestellt. Zwei uniformierte Polizeibeamte, ein paar Fischer und Caitlin da Silva. Als sie Fin entdeckte, kam sie herübermarschiert. Sie schien alles andere als erfreut.

»O'Malley! Was hast du hier verloren?«

»Oh, ich dachte, ich mache mal einen kleinen Ausflug ans Meer«, entgegnete Fin ironisch.

Sie schien nicht zu Späßen aufgelegt. »Wie oft soll ich dir noch sagen, dass du dich raushalten sollst?«, zischte sie ärgerlich.

»Wenn ich geahnt hätte, dass du hier bist, hätt' ich mir 'nen anderen Strand zum Baden ausgesucht«, reagierte Fin im selben Tonfall, »was machst du überhaupt hier? Wenn ich mich nicht irre, ist dies eindeutig nicht dein Zuständigkeitsbereich.«

Sie sah ihn einen Moment an, als ob sie überlegte, ob sie ihm Rechenschaft schuldig sei. Mit einem kurzen Blick streifte sie seine Begleiterinnen und ging dann ein paar Schritte beiseite, was Fin als Aufforderung verstand, ihr zu folgen.

»Wir sind hinter Michael Sullivan her«, erklärte sie, als sie außer Hörweite waren.

»Teddy?«, rief Fin erstaunt aus.

»Meinetwegen auch Teddy.«

»Aber wieso?«

»Etwas an deinem Gespräch mit Sullivan hat mich stutzig gemacht. Er erwähnte ein paar Münzen aus dem Besitz des Earls of Monaghan, die beim Einbruch in Granagh House gestohlen wurden. Ich hab' mir daraufhin das Protokoll des Einbruchs noch mal vorgenommen. Dort tauchen die Münzen aber seltsamerweise nicht auf. Als ich dem Earl dann ein wenig auf den Zahn gefühlt habe, hat er zugegeben, dass die besagten Münzen tatsächlich mitsamt dem kompletten Safe entwendet wurden – zusammen mit einigen Unterlagen, für die sich die

Steuerfahndung vermutlich brennend interessiert hätte. Deshalb hat er den Verlust nicht gemeldet.«

»Das heißt, dass nur zwei Leute wissen konnten, dass die Münzen verschwunden sind.«

»Richtig. Der gute Earl selbst – und der Dieb.«

»Teddy Sullivan ...« Fin pfiff anerkennend durch die Zähne. Er konnte es kaum glauben. »Und dann dient er sich der Polizei noch als Experte an.«

»Tja, da hat er uns ziemlich an der Nase rumgeführt«, musste Caitlin zugeben, »ganz schön gerissen.«

Das hatte Fin seinem ehemaligen Schulkameraden gar nicht zugetraut. »Da hat er doch 'nen gutbezahlten Job und kriegt trotzdem den Hals nicht voll.«

»Angeblich soll sein Posten gestrichen werden. Kürzungen im Kulturetat.«

»Oh. Ja, dann ...« Vermutlich hatte die Höhe der angebotenen Abfindung den Erwartungen von Teddy nicht entsprochen. »Und was macht die Garda hier in Mullaghmore?«

Caitlin grinste. »Nach dieser Erkenntnis haben wir ihm sofort 'ne Klette an den Rockzipfel gehängt. Seit gestern macht er keinen Schritt mehr, über den wir nicht Bescheid wissen.«

»Teddy Sullivan ist hier?«

Sie deutete mit einer Kopfbewegung auf die Straßenseite gegenüber des Piers, wo vor einem Hotel ein einsames Auto parkte. »Ist vor 'ner guten Stunde angekommen. Erst dachten wir, er wartet hier am Hafen auf ein Boot, das vielleicht Hehlerware an Bord hat. Hat 'ne ganze Weile auf dem Pier gestanden und mit dem Fernglas aufs Meer gestarrt. Dann hat er sich 'n Boot gemietet und ist rausgefahren. Jetzt warten wir drauf, dass er zurückkommt und die Taschen voller Gold hat, wenn wir Glück haben.«

»Gold?« Shauna Adams hatte sich unbemerkt angepirscht. »Welches Gold?«

Caitlin fuhr herum. »Und wer sind Sie?«

»Shauna Adams. *Sligo Express.*« Sie zückte ihren Presseausweis und hielt ihn Caitlin unter die Nase.

»Na, klasse, die Presse hat mir gerade noch gefehlt«, schnaubte sie an Fin gerichtet, »hast du toll gemacht, O'Malley!«

»Miss Adams hat mir geholfen«, wehrte sich Fin, »und sie hat mir geglaubt, was man von dir, Caitlin, nicht behaupten kann.«

Caitlin da Silva machte eine verächtliche Handbewegung. »Wenn die Zeitung deine Räuberpistole glaubt, mir soll's egal sein«, meinte sie mit einem gönnerhaften Lächeln, »gab es zwischenzeitlich einen neuen Mordanschlag?«

»Nein, das nicht, aber wir versuchen gerade, einen zu verhindern.«

»Ach ja?« Caitlin schaute sich um. »Wo ist dein Maler denn?«

Fin deutete mit dem ausgestreckten Zeigefinger aufs Meer. »Vermutlich irgendwo da draußen.«

»Bitte?«

»Und wenn wir nicht schnellstens was unternehmen, gibt's tatsächlich ein Unglück.«

Caitlin sah ihn unsicher an. »Das solltest du mir jetzt aber erklären.«

Fin konnte nur Vermutungen anstellen, aber er versuchte sich an einer Kurzversion. »Teddy Sullivan ist heute Morgen in Dublin losgefahren. Er ist überzeugt, dass ein gewisser Séamus im Besitz von wertvollen Goldmünzen ist. Weil ich mich in Dublin verplappert habe, weiß er, dass er diesen Séamus in Foley finden kann. Also fährt er nach Donegal. Korrigier mich, wenn ich mich irre. In Foley angekommen, stellt er fest, dass Séamus gerade losgefahren ist, und heftet sich an seine Fersen, wo auch immer die Reise hingehen wird. Die Fahrt endet in Mullaghmore, wo Séamus und seine Begleitung ein Boot nehmen und in See stechen. Teddy wartet ab und entschließt sich dann, ihm zu folgen.«

Fin hatte Caitlin da Silva noch nie so verwirrt erlebt. »Folgen? Wohin?«

»Nach Inish Creig«, antwortete er, »habt ihr Séamus und Nora nicht bemerkt?«

»Ich bin selbst erst vor zehn Minuten angekommen«, erwiderte sie, »die Überwachung haben Kollegen von der lokalen Garda übernommen. Vielleicht nicht immer die hellsten Leuchten im Lampenladen. Was glaubst du, was es mich an Nerven gekostet hat, diese Überwachung überhaupt durchzudrücken.«

Als ob sie sich angesprochen fühlten, kamen die beiden uniformierten Polizeibeamten neugierig herüber. »Gibt's ein Problem?«

»Sergeant McKay, ist Ihnen bei der Verfolgung von Mr. Sullivan ein anderes Fahrzeug aufgefallen?«

»Der Landrover da drüben«, ergänzte Fin.

Der Gardai betrachtete den fraglichen Wagen, als ob er ihn gerade eben zum ersten Mal bemerkte, und schüttelte den Kopf. »Nein, wir hatten nur den Auftrag, Mr. Sullivan zu beschatten. Wir haben das gesuchte Fahrzeug in Ballyshannon von den Kollegen aus Donegal übernommen«, gab er Auskunft.

»Und den Kollegen aus Donegal ist auch nichts besonderes aufgefallen?«, hakte Caitlin nach.

Der Polizist schüttelte den Kopf.

Fin hatte mit nichts anderem gerechnet. Er konnte sich lebhaft vorstellen, wie eine Überwachung ablief, die nach Foley führte. Sie endete nämlich an der Dorfgrenze. Kein Polizist, schon gar nicht in einem Streifenwagen, traute sich weiter, und so hatte keiner den Landrover, der kurz vor Teddy Sullivan das Dorf verlassen hatte, mit dem Fall in Verbindung gebracht.

»Sind Séamus und Nora nicht etwas zu alt für Bonnie und Clyde?« Caitlin seufzte hörbar. »Okay, wenn ich das richtig verstanden habe, sind die beiden da draußen –«

»Und Nicholas Nolan«, unterbrach Fin.

»Nicholas Nolan?« Caitlin war kurz davor, die Fassung zu verlieren. »Was zum Teufel treiben die da draußen?«

Fin wusste, dass sie es nicht verstehen würde. Er sagte es trotzdem. Was blieb ihm anderes übrig? »Nora und Séamus wollen Nicholas Nolan umtauschen.«

Caitlin starrte ihn an, als sei er geisteskrank. Sie versuchte, ruhig zu bleiben. »Fin, man kann Menschen nicht umtauschen.«

»Erzähl das mal Nora Nichols.«

Caitlin schüttelte ungläubig den Kopf. »Nicholas Nolan.« Der Name kam ihr vage bekannt vor. »Ist das nicht dieser … dieser Troll, von dem du erzählt hast –«

»Ja …, nein, er ist natürlich kein Troll. Aber Nora Nichols hält ihn für einen, deswegen ist sie ja mit Séamus hinüber zu dieser Insel, weil sie fest davon überzeugt ist, ihn dort gegen den echten Nicholas Nolan umtauschen zu können.«

Caitlin sah ihn an. Sah ihn lange an. Überlegte vielleicht gerade, welcher Troll von Fin Besitz ergriffen hatte.

»Weißt du was, vergiss einfach die Sache mit dem Troll«, winkte er ab, »auf jeden Fall ist Nicholas Nolan derjenige, der Séamus nach dem Leben trachtet. Er hat nämlich die ganzen Ideen, mit denen er in den vergangenen Jahren mächtig Kohle gemacht hat, bei dem Alten geklaut, und jetzt hat er Panik, dass das rauskommt.«

»Und Séamus nimmt ihn mit auf eine Insel?« Allmählich verlor sie den Überblick.

»Kann man so nicht sagen. Ich fürchte, Nolan ist nicht ganz freiwillig an Bord.«

»Das wird Nicky nicht gefallen«, meldete sich Grace zu Wort.

Fin sah sie fragend an.

Sie zog eine Grimasse. »Er kann nicht schwimmen.«

»Grace Jennings, Séamus' Enkelin«, stellte Fin das Mädchen vor, »hör zu, Caitlin, dieser Nolan hat bereits einen Menschen auf dem Gewissen und er hat zweimal versucht, Séamus aus dem Weg zu räumen. Und für die jeweiligen Tatzeiten hat er kein Alibi. Das hab' ich schon überprüft.«

»Überprüft? Ja? In wessen Auftrag?« Caitlins Stimme bekam wieder diesen gefährlichen Unterton, der bei Fin leichtes Unwohlsein hervorrief.

»Das ist doch jetzt egal. Wenn wir noch länger hier rumstehen, dann kann ich für nichts garantieren.«

»Und was hat Teddy Sullivan mit dieser ganzen Umtauschaktion zu tun?«

Darüber brauchte Fin nicht lange nachzudenken. »Wenn ich ehrlich sein soll – nichts.«

»Aber warum verfolgt er Séamus?«

»Vielleicht glaubt er in seiner Gier nach Gold, dass Séamus ihn zu einem geheimen Schatz führen wird.« Das war reine Spekulation, aber Fin war sich seiner Sache eigentlich sicher.

Caitlin legte den Kopf schief und beäugte ihn misstrauisch. »Und du willst mich auch ganz bestimmt nicht verarschen?«

»Würd' ich mich niemals trauen.«

Sie versuchte immer noch, die Fäden zu entwirren. Schaute aufs Meer hinaus, wo sich am düsteren Horizont eben noch der Schatten einer flachen Insel abzeichnete. »Das ist Inish Creig?«

»Nein, das ist Inishmurray«, erklärte Grace, »Inish Creig liegt dahinter.«

»Und es gibt keinen Zweifel, dass Ihr Großvater unterwegs zu dieser Insel ist?«

Fin kam ihr zuvor. »Da bin ich mir absolut sicher.«

Caitlin musste nachdenken. Strafsachen mit Koboldbeteiligung gehörten nicht zum ihrem Alltag.

Fin drängelte. »Also wenn ich hier was zu sagen hätte, dann–«

»Okay okay, ich hab's verstanden«, winkte Caitlin ab, »wir brauchen ein Boot.« Sie sah sich um. »Sergeant McKay, Sie informieren die Küstenwache–«

»Das dauert zu lange!«

»Halt dich da raus, O'Malley! Vielleicht brauchen wir Verstärkung.«

Sie ging hinüber zum Ende des Piers, wo drei Fischer beisammen standen und das Treiben neugierig verfolgten.

»Wer von Ihnen kann mich nach Inish Creig rüberfahren?«

Drei wettergegerbte Gesichter sahen sich milde erstaunt an.

»Inish Creig? Sie meinen wohl Inishmurray?«

»Sie sollten morgen wiederkommen. Da ist das Wetter besser.«

»Ich meine Inish Creig und ich muss jetzt rüber.«

»Was wollen Sie denn da? Da ist doch nix. Ist bloß 'n Stück Fels im Wasser«, wunderte sich der Älteste der Drei, wenn man denn von der Menge an grauen Haaren auf das Alter schließen durfte, »ist doch so, Cyril, oder?«

»Da gibt's 'nen Anleger, mehr nicht.« Der mit Cyril Angesprochene räusperte sich geräuschvoll und spuckte aus.

»Und Vögel. Jede Menge Vögel«, ließ der dritte im Bunde vernehmen und klemmte die Daumen hinter die Träger seiner Fischerhose.

»Aber irgendwer muss heute rübergefahren sein. Hat 'nen alten Mann und 'ne alte Frau rübergebracht. Vermutlich noch eine weitere Person.« Caitlin gab nicht auf.

»War das nicht der alte Séamus Browne?«, fragte der Grauhaarige in die Runde. »Den hab' ich schon 'ne Ewigkeit nicht mehr hier gesehen.«

»Jaja, der alte Séamus. Das ist auch so'n Kaliber.«

»Genauso plemplem wie sein Großvater. Cathal Browne. Hat mein Vater immer schon gesagt.«

Caitlin ließ sich nicht ablenken. »Ich will wissen, wer Séamus rübergefahren hat.«

»Oh, das wird der alte Dougie gewesen sein«, vermutete Cyril, wühlte in den tiefen Taschen seines ölverschmierten Overalls und förderte eine zerknautschte Schachtel Zigaretten zu Tage, »der war schon öfter drüben. Der is' auch meschugge genug.«

»Und wo finde ich diesen Dougie?«

»Vermutlich beim Abendessen«, antwortete der Alte, »da wo ich jetzt auch hingehe. Meine Frau hat's nicht so gern, wenn ich zu spät komme.«

Cyril lachte. »Oh ich weiß, Proinsias, da kann deine Mary ganz schön unangenehm werden!«

»Außerdem braut sich da draußen was zusammen, was meinst du, Gareth?«

»Jau, da bleibt man besser mit dem Hintern zu Hause.«

Caitlin war anzusehen, wie sie es hasste, wenn man sie nicht ernst nahm. Sei es, weil sie klein war oder weil sie eine Frau war, was in diesem Fall wohl eher zutraf.

»Schön, dann regeln wir das anders.« Sie deutete auf das nächstbeste Boot. »Wem gehört der Kutter da?«

»Die *Abigail*? Das ist meiner«, antwortete Cyril.

»Okay, dann konfisziere ich jetzt die *Abigail* für eine Polizeiaktion«, erklärte Caitlin sachlich und hielt dem Fischer ihren Dienstausweis hin, »entweder Sie fahren mich zur Insel oder ich fahre selbst. Sie können sich's aussuchen.«

Cyril fiel fast die Zigarette aus dem Mund. »Sie können doch nicht einfach–«

»Wollen Sie fahren oder geben Sie mir den Schlüssel?«

»Sie wissen doch gar nicht, wie man mit so 'nem Boot umgeht!«

»Käm' auf 'nen Versuch an.«

»Und wenn ich mich weigere?«

»Dann verhafte ich Sie wegen Behinderung der Polizeiarbeit.«

Cyril warf seine Zigarette weg und fluchte. »Weiber! Bringen bloß Unglück! Hat mein Vater schon gesagt!« Er stiefelte hinüber zu seinem Kutter. »Lass niemals 'ne Frau auf dein Boot, jawohl, das hat er gesagt!«

Caitlin folgte dem Fischer, der über die Leiter an der Kaimauer hinunter auf seinen Kutter kletterte. Fin nahm auf der Mauer Aufstellung, Shauna und Grace im Rücken. »Ich mach die Leinen los«, bot er an, hatte das Tau schon in der Hand und den ersten Fuß auf der Leitersprosse.

»Du nicht, O'Malley«, wies Caitlin ihn zurück, »das ist eine Polizeiaktion. Und du bist kein–«

»Ja, das weiß ich, verdammt noch mal«, reagierte Fin gereizt, »aber glaubst du im Ernst, dass Séamus oder Nora ausgerechnet auf dich hören werden?«

Da hatte er ohne Zweifel einen Punkt, das sah sogar Caitlin ein. Fin sprang an Deck. »Aber Sie bleiben hier!«

»Aber–« Shauna wollte schon zu einer längeren Protestrede ansetzen.

»Ich sagte, Sie bleiben hier! Alle beide!«

Dem messerscharfen Tonfall wollten sich dann doch weder Grace noch Shauna widersetzen.

Cyril warf den Motor an, mit ohrenbetäubendem Getöse wirbelte die Schiffsschraube schlammiges Meerwasser auf.

Als Fin den schwankenden Boden unter seinen Füßen spürte, fiel ihm ein, dass er Schiffsausflüge schon als Kind gehasst hatte.

21. Inish Creig

Als sie den Schutz der Hafeneinfahrt verließen, traf der schneidend kalte Wind den Kutter mit voller Wucht. Die *Abigail* tanzte über die Wellen wie ein Jojo. Cyril ließ den Motor aufheulen und nahm Fahrt auf, als wollte er seinen Passagieren zeigen, was man hier an der Küste von Landratten hielt.

Bei Caitlin konnte er damit keinen Eindruck schinden. Ihr Vater war selbst Fischer gewesen, Seetüchtigkeit schien ihr im Blut zu liegen. Fin dagegen hing schon einen Kilometer später über der Reling. Der Gestank des Diesels, der in dünnen blauen Schwaden über das Deck zog, tat ein Übriges.

Nein, Fin O'Malley mochte die Natur nicht. Weder den festen Teil davon noch den flüssigen.

Nach einer guten Stunde passierten sie Inishmurray. Die Insel beherbergte ein Kloster aus frühchristlicher Zeit, das wie so viele andere einst von Wikingern überfallen und geplündert worden war. Die Mönche hatten die Anlage schließlich aufgegeben, die letzten Inselbewohner hatten noch bis Mitte des vergangenen Jahrhunderts ausgeharrt, geblieben waren ein paar beeindruckende Ruinen, die von Zeit zu Zeit Touristen anlockten, die die mühsame Überfahrt nicht scheuten.

Die *Abigail* kämpfte sich tapfer durch die raue See, pflügte durch die Wellen und bescherte ihren Passagieren eine salzige Dusche nach der anderen. Cyril hielt direkt auf Inish Creig zu, den unscheinbaren Felsen im Atlantik, der nun im Schatten der großen Schwester auftauchte. Auf den ersten Blick war es tatsächlich nicht mehr als ein kahler, baumloser Steinbrocken, erst beim Näherkommen konnte man ein wenig spärliche Vegetation entdecken. Die dünne Decke aus Moosen und Flechten sah aus wie ein hochgekrempelter Pulloverärmel, der nackte Fels wie Klauen, die sich in die Wellen hineinkrallten, als müsse das winzige Eiland davor bewahrt werden, in der stürmischen See davongespült zu werden.

Fin fragte sich zum wiederholten Mal, weshalb diese öde, lebensfeindliche Insel eine solche Anziehungskraft auf Séamus und wohl auch seinen Großvater ausgeübt hatte. An Kobolde hatte er noch nie geglaubt.

Er sah, dass Cyril Caitlin etwas zurief, doch im Zusammenspiel von Wind, Wellen und dem tuckernden Dieselmotor verstand er kein Wort. Er bemerkte nur, dass der Fischer den Kurs änderte und auf das Ufer zusteuerte.

Er hätte den Anleger als solchen gar nicht bemerkt, wenn nicht ein kleines Boot mit Außenbordmotor fest vertäut auf den Wellen schaukelte und an der Felswand kratzte. Niemand war zu sehen, aber die Vermutung lag nahe, dass es Teddy Sullivans Boot war. Es war gerade Platz genug, dass die *Abigail* ihren Bug am Felsen reiben konnte, um ihre Passagiere an Land zu setzen.

Caitlin sprang hinüber. »Komm, ich helf' dir!«

Fin ignorierte ihre ausgestreckte Hand. »Danke, mir geht es gut«, reagierte er pampig und stolperte an Land. Auch wenn der Anleger diese Bezeichnung nicht verdiente, war er heilfroh, wieder festen Boden unter den Füßen zu spüren.

Cyril hatte bereits den Rückwärtsgang eingelegt. »Ich kann hier nicht bleiben!«

»Schon gut! Danke!«, brüllte Caitlin gegen den hochdrehenden Motor.

Einige Minuten später war die *Abigail* Richtung Festland verschwunden, und sie waren auf sich allein gestellt.

»Hast du eine Waffe?«, fragte Fin.

»Darauf kannst du Gift nehmen«, antwortete Caitlin und klopfte gegen ihre Parkajacke, etwa dort, wo Fin das Schulterholster vermutete.

Wortlos machten sie sich an den steilen Aufstieg zur Inselkuppe. Sie hatten Glück. Noch vor ein paar Wochen hätten hunderte von Möwen die Insel und insbesondere ihre Nester und Jungen mit wütenden Schnabelhieben verteidigt. Jetzt im Herbst bewachte nur der Wind den Felsen, dies aber nicht weniger grimmig. Eine einzelne Möwe glitt über ihre Köpfe hinweg, neugierig, was die Eindringlinge im Schilde führten.

Inish Creig war fast kreisrund und maß nicht viel mehr als bestenfalls einen Kilometer im Durchmesser. Auf vielen Landkarten war die Insel überhaupt nicht verzeichnet. Viele Möglichkeiten, sich zu verstecken, bot der kahle Außenposten nicht.

Aber nirgends eine Spur von Nora und Séamus. Oder Teddy Sullivan.

Am Horizont glühte ein schmaler Streifen Abendrot. Untrügliches Zeichen dafür, dass da noch eine ganze Schar dicker Wolken auf dem Weg nach Irland war. Ein letztes Mal durchbrach die Sonne die dunkle Wolkendecke, aber sie änderte nichts an dem eiskalten Wind, der durch die salzwassergetränkte Kleidung drang. Fin und Caitlin stemmten sich mühsam dagegen an, um auf den Beinen zu bleiben. Gischt fegte über die baumlose Insel und machte den steinigen Boden glitschig.

»Was ist das?« Caitlin war abrupt stehen geblieben.

»Keine Ahnung«, gestand Fin ebenso verblüfft, »ich hab' so was noch nie gesehen.«

Sie hatten den höchsten Punkt ihres Aufstiegs erreicht. Im schwächer werdenden Tageslicht lag die Insel zu ihren Füßen, doch statt der erwarteten kargen Felsenlandschaft lag unvermittelt ein Gewirr aus Mauern vor ihnen. Solide Mauern, die Steine zwar nur lose, aber sorgfältig und wohl überlegt aufgeschichtet, mit den Jahren von Moosen und Flechten überwachsen, was für zusätzlichen Halt gesorgt hatte.

Fin kannte Vergleichbares nur von den Aran Inseln, wo die Bewohner notgedrungen die Steine zur Seite geräumt hatten, um wenigstens ein klein wenig Raum für Weideland zu schaffen und die entstandenen Mauern zugleich als Schutz gegen den stürmischen Wind vom Meer zu nutzen. Aber auf Inish Creig gab es kein Gras, keine Weiden und weit und breit kein Vieh, für das sich ein solcher Aufwand gelohnt hätte. Nein, hier hatte jemand Wege angelegt.

»Das ist ein Labyrinth.« Caitlin da Silva brachte es auf den Punkt. »Aber zu welchem Zweck? Was soll das?«

Die letzten Strahlen der tiefstehenden Sonne strichen über die Insel, fingen sich in den Mauern und verstärkten das eigentümliche Muster aus Licht und Schatten.

»Das sollte sich doch rausfinden lassen, oder?«

Fin trabte los. Als Kind war er ziemlich gut darin gewesen, Rätsel zu entwirren und Wege zu finden. Das Ziel verbarg sich meist irgendwo in der Mitte.

»Ich hab' so was schon mal in Schlossgärten gesehen, wo sich die Lords und Ladys gegen die Langeweile zwischen Buchsbaumhecken vergnügten«, meinte Caitlin und folgte ihm, »aber zu wessen Belustigung das hier gedacht ist …«

Fin interessierte weniger die Frage, zu was dieses Labyrinth diente, als vielmehr, wer es angelegt hatte. Ganz sicher keine Kobolde. Er hatte eher Séamus in Verdacht. Oder sogar seinen Großvater.

Das Gewirr aus Gängen war kleiner als befürchtet. Nur ein einziges Mal landeten sie in einer Sackgasse und mussten wieder zur letzten Abzweigung zurück. Dann endete der Weg in einer freien Fläche, in die auch andere Wege aus entgegengesetzten

Richtungen mündeten. In der Mitte öffnete sich eine flache trichterartige Vertiefung, in deren tiefstem Punkt eine Ruine lag. Die Außenmauern standen noch, ein Giebel mit einem gemeißelten Portal war erkennbar. Eine winzige kleine Kapelle.

»Glaubst du, das haben die Mönche von der Nachbarinsel gebaut?«, wunderte sich Fin.

»Möglich. Es wäre ein ideales Versteck, um ihre Schätze vor Plünderungen zu schützen. Vom Wasser aus ist die Kapelle praktisch unsichtbar, niemand würde auf diesem kahlen Felsen eine Kirche vermuten.« Caitlin konnte selbst nur rätseln. »Das Labyrinth allerdings, das ist garantiert nicht so alt.«

Fin bemerkte eine Ansammlung von großen Steinen, die jemand nicht weit vom Eingang zur Ruine um ein Loch im Boden gereiht hatte. »Könnte ein Brunnen sein.«

»Ich kann mir nicht vorstellen, dass es hier auf der Insel Süßwasser gibt«, zweifelte Caitlin und spähte in die Öffnung hinein. Irgendwo tief unten rauschte Wasser. Wahrscheinlich das Meer, das eine Höhle ausgewaschen hatte.

Fin schauderte. Ob dies der Eingang zur Anderswelt war? Wenn Nora und Séamus Nicholas dort hineingeworfen hatten, kam jede Hilfe zu spät.

Ein leises Wimmern drang durch die Dämmerung.

»Hast du das auch gehört?« Caitlin schaute sich um.

Ein schräger, geheimnisvoller Singsang schwebte über die Insel. Mischte sich mit dem Wind, der durch die lose aufgeschichteten Steine pfiff. Fin war kurz versucht, doch an Kobolde zu glauben, als er bruchstückhaft den Refrain von *Satisfaction* zu erkennen glaubte. Dass die Rolling Stones Sympathie für den Teufel empfunden hatten, war hinlänglich bekannt. Dass sie sich allerdings mit Kobolden eingelassen hatten, war Fin neu.

»Das kommt aus der Kapelle.«

Caitlin kletterte die zwei Stufen zum Portal hinunter, Fin hinterdrein. Das raue kehlige Gejaule wurde lauter.

»Na, sieh mal einer an.« Caitlin blieb stehen.

Die fensterlose Ruine war klein, vom Eingangsportal bis zur Mauer gegenüber maß sie höchstens zehn Schritte. In einer Ecke hockte eine Gestalt in einem bunten Hawaiihemd und dirigierte mit entrücktem Gesichtsausdruck ein imaginäres Orchester. Nicholas Nolan musste entsetzlich frieren, aber er merkte es nicht. Wo immer er gerade sein mochte, vom Hier und Jetzt schien er Lichtjahre entfernt. Eine Folge von Noras Hexentrank, vermutete Fin. Aber wo waren die beiden Alten? Weit konnten sie nicht sein. Wenn sie darauf hofften, am Ende den wahren Nicholas Nolan aus den Klauen der Kobolde befreien zu können, hatten sie die Insel bestimmt noch nicht verlassen. Er schaute sich um.

»Nora! Séamus!«

Sein Rufen blieb unbeantwortet.

»Irgendwie müssen wir den Kerl von hier wegbringen«, meinte Caitlin wenig begeistert.

»Wenn Nora und Séamus es geschafft haben, ihn hierherzubringen, dann sollten wir es doch schaffen, ihn zurückzubringen«, erwiderte Fin aufmunternd.

Gemeinsam hakten sie Nolan unter und schleppten ihn aus der Kapelle, die zwei Stufen hinauf bis vor die Ruine. Er ließ alles widerstandslos mit sich geschehen.

»Und jetzt?«

»Absetzen.«

Nolan plumpste zu Boden wie ein nasser Sack, was ihn aber nicht weiter zu stören schien. Aus *Satisfaction* wurde nahezu übergangslos *Major Tom*, davon abgesehen war seine Laune bestens.

Caitlin hatte ihr Handy gezückt und fluchte leise. »Kein Empfang. Hatte ich schon befürchtet.« Der Wind riss ihr fast die Worte von den Lippen.

Es war dunkel geworden, so schnell, dass Fin es gar nicht

richtig gemerkt hatte. Ein letzter Hauch Tageslicht hielt sich noch über dem Horizont, gerade genug, dass die Augen Zeit fanden, sich an die Nacht zu gewöhnen.

»Wir müssen auf die Küstenwache warten«, meinte Caitlin resigniert, »hör zu, du bleibst bei Nolan, während ich mich nach Sullivan umschaue. Solange–«

Steine kullerten. Hinter irgendeiner Mauer. Auf irgendeinem Weg.

Der Wind wehte Schritte herüber.

Ein Lichtschein geisterte durch die Dunkelheit. Tauchte auf. Tauchte wieder unter.

»Was macht ihr zwei denn da?«, krächzte jemand.

»Séamus?«

»Natürlich. Wer denn sonst?« Der Lichtkegel einer Taschenlampe kam auf sie zu. Séamus schien auf den Ausflug wesentlich besser vorbereitet zu sein als Fin und Caitlin.

Im selben Moment krachte ein Schuss.

Fin duckte sich instinktiv. Ebenso Caitlin, die im Dunkeln über Nolan stolperte.

»Mist, verd–!«

Etwas Großes rutschte polternd über den steinigen Untergrund, im Reflex griff Fin zu und erwischte Caitlins Jacke. Packte den Stoff ihres Ärmels. Zog ihn zu sich heran. Hielt ihn fest.

Stein mahlte auf Stein. Ein Felsbrocken kippte über den Rand des unheimlichen Lochs und verschwand im gurgelnden Nichts. Eine gefühlte Ewigkeit später war ein dumpfes Platschen zu hören.

Vorsichtig zog Fin Caitlin zu sich heran. »Das war knapp.«

Sie stieß den angehaltenen Atem aus. »Das kannst du laut sagen!«, japste sie. Sie rollte sich zur Seite, weg von dem schwarzen Tor zur Unterwelt.

»Diese Insel ist gefährlich.«

»Ich mag diese Insel nicht«, schnaufte sie.

»Da haben wir ausnahmsweise etwas gemeinsam.«
»Du hast was gut bei mir.«
»Oh, ich weiß nicht, ob ich mich darüber freuen soll oder lieber gleich heule.«
»Idiot.«
»Was treibt ihr da?« Die Taschenlampe tauchte über den beiden auf.
»Séamus! Wo ist Nora?« Fin zog den Alten zu sich herunter.
»Machen Sie die Lampe aus!«, zischte Caitlin.
»Das war wahrscheinlich Sullivan, der geschossen hat!«, vermutete Fin.
»Licht aus, zum Donnerwetter!«
Wieder knallte ein Schuss. Nicht weit entfernt splitterten Steine.
Caitlin riss Séamus die Taschenlampe aus der Hand und knipste sie aus.
»Wo ist Nora?«, wollte Fin wissen.
»Sie wollte sich unbedingt den Kobold schnappen.«
»Sie wollte was?«
»Sie hat einen Kobold gesehen, sagte noch: ›Den schnapp ich mir‹, und weg war sie.«
Das einzige, was Teddy Sullivan mit einem Kobold gemeinsam hatte, war die Größe. Und vielleicht die Heimtücke. Fin seufzte. Am Ende glaubte die alte Nora, dass dieser Kobold sie zu einem Topf voll Gold führte. Wobei in diesem Fall die Hoffnung diesbezüglich eher auf Seiten des Kobolds lag. »Séamus, das ist kein Kobold! Das ist ein ganz ordinärer Gangster und er ist bewaffnet!«
»Mein junger Freund hier sieht schon wieder Gespenster, he?«
Er wollte nicht diskutieren. »Wir müssen sie suchen!«
»Autsch, verdammt!«
»Caitlin?«
Fin half ihr auf. Sie konnte sich kaum auf den Beinen halten.

»Mein Knie …«

Sehen konnte Fin im Dunkeln nichts. »Was ist?«

»Bin wohl eben mit dem Knie zwischen die Felsen geraten«, stieß Caitlin zwischen zusammengebissenen Zähnen hervor. »Mist, verdammter!« Sie trat vorsichtig auf und machte ein paar unsichere Schritte. »Wird schon gehen … irgendwie.«

»Nein, du bleibst hier. Ich geh' Nora suchen. Und wenn ich Nora habe, dann hab' ich wahrscheinlich auch Sullivan«, erklärte Fin.

»Kommt nicht in Frage«, protestierte Caitlin, »ich bin hier –«

»Du kannst kaum laufen«, stellte Fin nüchtern fest, »außerdem muss jemand bei Nolan bleiben.«

»Das kann Séamus machen.« So leicht ließ sich Caitlin die Zügel nicht aus der Hand nehmen. »Du hast hier gar nichts –«

»Nein, keine Diskussion! Ich kümmere mich um Sullivan!«, entschied Fin. »Seit der Schulzeit warte ich darauf, diesem Kerl eine reinzuhauen!«

»Ach ja? Ich dachte, ihr wärt Kumpels?«

Fin ließ die Bemerkung unbeantwortet. »Sieh zu, dass du Nolan irgendwie zum Anleger schaffst. Séamus wird dir helfen.«

»Dazu müsste ich erst mal aus diesem Labyrinth rausfinden.«

»Das ist kein Labyrinth«, widersprach Séamus energisch, »das ist ein Irrgarten!«

»Das ist dasselbe.«

»Ist es nicht«, belehrte der Alte, »ein Labyrinth hat nur einen einzigen Weg und der bringt dich immer ans Ziel. In einem Irrgarten gibt's Sackgassen und Abzweigungen, wo du dich verirren sollst.«

»Und warum soll man sich hier verirren?«, fragte Fin.

Séamus blieb ihm die Antwort schuldig.

»Vielleicht weil hier etwas versteckt ist, das niemand finden soll?« Fin glaubte eine Ahnung zu haben, worum es hier ging.

»Deshalb die Zeichnungen von der Medusa? Liegt in den Schlangenhaaren ein Plan zum Schatz?«

»Schatz? Medusa?« Caitlin kapierte nicht das Geringste.

»Der Kopf der Medusa. Die Goldmünzen«, erinnerte Fin.

Séamus kicherte. »Du glaubst allen Ernstes, dass die Goldmünze eine Art Schatzkarte ist?« Er holte etwas aus seiner Jackentasche. Im Dunkeln blinkte es zwischen seinen Fingern. Eine Goldmünze. Die Goldmünze, die Fin auf dem Tisch im *Fisherman* zurückgelassen hatte. »Meinetwegen. Dann ist sie halt eine Schatzkarte.« Er warf sie weg. Mit einem hellen Pling prallte sie auf die Steine, ehe sie auf Nimmerwiedersehen in dem dunklen Loch verschwand. »Da hast du deine Schatzkarte! Ich brauche sie nicht! Ich hab' alles im Kopf! Alles hier oben drin!« Er tippte sich an die Stirn. »Jetzt kannst du suchen, bis du schwarz wirst!«

»Vielleicht mach ich das sogar«, erwiderte Fin.

Wieder krachte ein Schuss. Dieses Mal am anderen Ende der Insel.

»Könnten wir das später klären?«, drängte Caitlin. »Wir sollten lieber Sullivan einfangen.«

»Sullivan? Von den Sullivans aus Drumkeeran?«, fragte Séamus.

»Nein«, seufzte Fin, »von den Sullivans aus Dublin.«

Séamus schüttelte bedauernd den Kopf. »Nein, das muss ein anderer Zweig der Familie sein.«

Das Unterhaltungsprogramm war zwischenzeitlich verstummt, Nicholas Nolan brummelnd eingeschlafen. Fin weckte ihn unsanft mit einem Fußtritt. »Séamus, Sie helfen Caitlin mit Nolan. Ich kümmere mich um Nora. Und um Teddy.«

»Aber wenn wir Nicky jetzt mitnehmen, dann ist der ganze Tauschhandel im Eimer«, warf Séamus allen Ernstes ein.

»Glauben Sie mir, Séamus, Grace wird Nicky nicht zurückhaben wollen. Egal, in welcher Form Sie ihn zurückbringen.« Fin ersparte sich für den Augenblick weitere Erklärungen.

Caitlin und Séamus nahmen Nolan in ihre Mitte.

»Passen Sie auf sich auf.« Caitlin drückte ihm ihre Pistole in die Hand.

»Keine Sorge, mit so 'ner halben Portion wie Teddy werde ich noch allemal fertig.« Er hoffte, dass er recht hatte.

Fin sah den Dreien nach, bis sie in einem der dunklen Mauergänge verschwunden waren. Bis das allgegenwärtige Rauschen des Meeres ihre Schritte verschluckt hatte.

Teddy Sullivan hatte einen nicht zu unterschätzenden Vorteil. Bei seiner Größe konnte er sich hinter all den Mauern praktisch unsichtbar machen. Und Fin hatte keinen Schimmer, was Teddy vorhatte. Von Nora Nichols ganz zu schweigen.

Er entsicherte vorsorglich die Pistole und schlug die Richtung ein, aus der er den letzten Schuss gehört hatte.

Der Wind fegte in Böen über die Insel, rieb Sandkörner über sein Gesicht und brachte seine Augen zum Tränen. Viel sehen konnte er in der Finsternis nicht. Fin hatte keine guten Erinnerungen an sein letztes Erlebnis unter freiem Himmel. Ein ums andere Mal stolperte er gegen eine Mauer und musste wieder umkehren. Wer immer diesen Irrgarten angelegt hatte, er hatte ganze Arbeit geleistet.

Schließlich blieb er stehen. Es hatte einfach keinen Sinn, blind in die Nacht hineinzutappen. Vielleicht sollte er sich lieber auf seine Ohren verlassen. Sich konzentrieren, ob er irgendwo ein verräterisches Geräusch hörte. Aber so sehr er in die Nacht hinein lauschte, er hörte nichts als den Wind, der pfeifend in seinen Ohren brannte, und die Wellen, die in einiger Entfernung gegen die Klippen klatschten. Er musste das andere Ende der Insel erreicht haben.

Er versuchte, sich in Teddy hineinzuversetzen. Was würde er an seiner Stelle tun? So lange Séamus mit seiner Taschenlampe unterwegs gewesen war, hatte er sich an seine Fersen heften können, in der Hoffnung, dass die beiden Alten ihn zu dem ersehnten Goldschatz führen würden. Jetzt, in der Finsternis, so ganz ohne Orientierung, erging es Teddy auch nicht anders als Fin. Vielleicht hatte er Nora gehört, die hinter ihm her war. Vielleicht hatte er auf sie geschossen. Und sie hoffentlich nicht getroffen.

Das leise Knirschen hinter seinem Rücken hörte er zu spät. Er blieb stocksteif stehen. Hielt den Atem an. Jemand stand hinter ihm, da war er sich ganz sicher. Da er nach wie vor nicht an Kobolde glaubte, gab es zwei Möglichkeiten.

»Teddy?«

Keine Antwort.

Nora hätte ihn gefragt, was er ausgerechnet jetzt mit einem Teddy wollte.

Er packte die Pistole in seiner kalten salzverklebten Hand fester. Vorsichtig drehte er sich um.

In derselben Sekunde fiel der Schuss.

Etwas schepperte auf die Steine. Die Pistole, die er hatte fallen lassen.

Seine Linke packte seinen rechten Arm, griff in den zerfetzten Stoff seiner Jacke, fühlte das klebrige Blut. Erst jetzt registrierte er den Schmerz.

Die Kugel hatte ihn nur gestreift, aber die Wunde brannte wie die Hölle. Setzte sein Denken für einen Moment außer Dienst. Ein Moment, den sein Gegner zu nutzen wusste. Ein Schatten rempelte ihn an, ließ ihn gegen eine Mauer taumeln und zu Boden gehen. Ein Schuh kickte seine Pistole außer Reichweite.

»Finbar O'Malley …« Der Schein einer Taschenlampe traf ihn mitten ins Gesicht. »Mit dir hätte ich jetzt echt nicht gerechnet.«

Seine hohe Stimme zeigte, wie erregt Teddy Sullivan war. Da lief etwas ganz und gar nicht nach Plan.

»Schon seltsam. All die Jahre läuft man sich nicht über den Weg und jetzt sogar schon zum zweiten Mal in einer Woche.« Zu mehr konnte Fin sich gerade nicht durchringen. Im schwachen Schein der Lampe sah er die Pistole, die Teddy auf ihn gerichtet hielt. Er fragte sich, ob sein Gegenüber mit der Waffe umgehen konnte oder ob der Schuss nur ein Glückstreffer im Dunkeln gewesen war. Er hoffte auf Letzteres.

»Sei's drum, vielleicht meint das Schicksal es ja mal gut mit mir.« Teddy ließ sich zu einem hämischen Kichern hinreißen. »Abgerechnet wird immer zum Schluss. Heißt es doch, stimmt's?«

Der Strahl der Taschenlampe blendete Fin, was ihn einigermaßen nervös machte. Er konnte einen Gegner schlecht einschätzen, dessen Gesicht er nicht sehen konnte.»Hör zu, Teddy, die Sache mit den Goldmünzen–«

»Scheiß auf deine Goldmünzen!«, brüllte Teddy plötzlich und stampfte mit dem Fuß auf. Der Schein der Taschenlampe wackelte unkontrolliert hin und her, ebenso der Lauf der Pistole. »Auf diesen Moment hab' ich lange gewartet! Viel zu lange!« Er kam einen Schritt näher. »Genau genommen seit meiner Schulzeit!«

Fin glaubte sich verhört zu haben. Er wich zurück, rutschte von Teddy weg, kam aber nicht weit. An der Mauer hinter seinem Rücken war Schluss. »Man kann über alles reden, Teddy, aber vielleicht nicht hier und nicht–«

»Reden? Ja, reden! Über mich! Hinter meinem Rücken! Darin wart ihr große Klasse! Alle!«, spuckte Teddy erbost aus. Die ganze Wut, die er während seiner Schulzeit runtergeschluckt hatte, wollte plötzlich raus. »Wenn's ums Abschreiben ging, da war ich euer bester Freund, stimmt's? Aber keiner von euch konnte mich leiden, gib's doch zu!«

»Teddy, das ist so lange her, ich kann mich gar nicht mehr richtig erin–«

»Halt die Schnauze, O'Malley!«, herrschte er ihn an. »Ausgerechnet du, O'Malley, ausgerechnet du! Scheinheiliges Arschloch! Spielst dich als Kumpel auf und spannst mir mein Mädchen aus!«

»Moment mal! Das ist überhaupt nicht wahr!« Jetzt wurde es Fin zu bunt.

»Und ob das wahr ist«, reagierte Teddy trotzig, »und ich Idiot stell' sie dir auch noch vor!«

»Jetzt verdrehst du aber die Tatsachen!« Soweit Fin sich erinnern konnte, hatte Susan sich nach eigener Aussage von diesem Zwerg eher belästigt gefühlt. »Mit so 'ner alten Petze wie dir wollte doch eh keiner was zu tun haben!«

»Petze?«

Vielleicht hätte er sich seine Wortwahl besser überlegen sollen. Fin hatte fast schon vergessen, dass Teddy Sullivan eine Pistole in seiner Hand hielt.

»Das zahl ich dir heim, O'Malley …«

»Äh, Susan und ich sind getrennt«, beeilte Fin sich zu sagen, »ich kann dir ihre Nummer geben. Ruf sie doch einfach mal an …«

»Willst du mich verscheißern?«

Teddy hob die Pistole.

»Ach, hier steckst du also.« Die raue kratzige Stimme kam aus dem Nichts. »Hab' ich dich endlich erwischt.«

Teddy hielt erschrocken inne, blickte sich um, wunderte sich, woher die Stimme plötzlich kam.

»Kannst du mir verraten, was du da treibst?« Eine alte weißhaarige Frau tauchte im Licht der Taschenlampe auf.

Teddy starrte die geisterhafte Erscheinung an und ließ die Pistole sinken. »Mama?«

»Mama? Was soll der Blödsinn?«

»Mama, was machst du hier?« Teddy wich eingeschüchtert zurück. Sein Gesicht war kreidebleich. »Ich dachte ... Ich hab' nichts gemacht. Ehrlich.«

»Wo hast du das Gold versteckt?«

»Da-das Gold?« Er wirkte noch kleiner als er eh schon war.

»Natürlich. Was denn sonst? Oder hast du noch was anderes zu bieten?«

Teddys Stimme zitterte. »Ich hab's im Keller ...«

»Im Keller? Welchem Keller?«

»Bei mir zu Hause. Im Heizungskeller.«

»Seit wann haben Kobolde einen Heizungskeller?«

»Kobolde?«

Fin hatte genug gehört. Er holte mit dem Fuß aus und zog Teddy die Beine unterm Hintern weg. Die Taschenlampe flog in die Dunkelheit. Ein Schweinchen quiekte. Ehe Teddy sich versah, hatte Fin ihm sein Knie ins Kreuz gedrückt und ihn entwaffnet. »Soso, im Heizungskeller ...«

Vielleicht sollte Nora Nichols zur Polizei gehen. Als Verhörspezialistin. Offenbar wusste sie genau, welche Fragen man stellen musste.

»Mama?«, raunte die Alte. »Das is' aber mal 'n schräger Vogel.«

»Stimmt.«

Ein dumpfes Dröhnen mischte sich in das Rauschen von Wind und Meer. Fin schaute auf. Am Horizont konnte er Lichter am Himmel erkennen. Ein Scheinwerfer, der sich langsam herantastete. Der Helikopter der Küstenwache schwebte heran.

Dieses Mal war Fin erleichtert, ihn zu sehen. Dieses Mal wollte er, dass man ihn rettete.

Fin

Der Hubschrauberpilot setzte sie am Strand nicht weit vom Pier ab.

Nora Nichols hüpfte aus dem Helikopter, als hätte sie ihr Leben lang nichts anderes getan. Caitlin und Séamus mussten den noch immer torkelnden Nicholas stützen, der wie ein Betrunkener vor sich hin lallte. Zwar schienen seine Augen mittlerweile schon etwas klarer, sein Blick in die Zukunft war aber allzu optimistisch.

»Glauben Sie, die Oma verrät mir das Rezept? Super Geschäftsidee. Ich werd' die Alte auch am Umsatz beteiligen. Versprochen ...«

Es blieb abzuwarten, ob er noch Interesse an dieser Geschäftsidee hatte, wenn er wieder aus dem Knast raus war.

Teddy Sullivan war weniger gesprächig. Fin hatte den finster dreinblickenden ehemaligen Schulkameraden mit Caitlins Handschellen verschnürt und freute sich darauf, ihn der Garda zu übergeben.

Das Polizeiaufgebot auf dem Pier hatte sich nicht unerheblich vergrößert. Zwei weitere Streifenwagen waren hinzugekommen, von denen einer unnötigerweise mit seinem rotierenden Blaulicht trotz später Stunde einen Haufen Schaulustige angelockt hatte, zumeist Einheimische, während eine Handvoll Touristen vor dem Hotel stand, ein Bier in der Hand, und beobachtete, was geboten wurde. Auch Cyril hatte es sich nicht nehmen lassen und an Deck seiner *Abigail* ausgeharrt.

Shauna, die zusammen mit Grace in einem der Polizeiwagen gewartet hatte, sah sofort ihre Chance, preschte nach vorne und knipste Foto um Foto.

Grace hielt sich im Hintergrund. Erst als sie Nicholas entdeckte, schob sie sich nach vorne. Caitlin und Séamus ließen ihn los, wohl weil sie eine herzzerreißende Abschiedsszene erwarteten.

»Hallo Liebling! Schön, dass du mich abholst!«

Grace marschierte mit großen Schritten auf Nicholas zu. Mit der ätherischen Elfe vom Laufsteg hatte sie nichts mehr gemein. Im fahlen Licht der Straßenlaternen sah sie aus wie eine Furie mit ihren wilden Dreadlocks und einem Blick, der jeden Mann auf der Stelle zu Stein hätte erstarren lassen.

»Du Arschloch!« Ohne Vorwarnung rammt sie ihm ihr Knie zwischen die Beine.

Nicholas jaulte auf, taumelte und kippte über die Kaimauer.

»He! Er kann nicht schwimmen!«, hörte Fin sich rufen.

»Na und? Mir doch scheißegal!« Grace drehte sich um und überließ ihren Nicky seinem Schicksal.

»Vielleicht sollte ihn mal einer rausfischen?«

Cyril sah keinen Grund zur Panik. »Is' eh gleich Ebbe.«

Zu fortgeschrittener Stunde hockte Fin an der Theke der Hotelbar. Er war genügend durchgefroren, um sich nichts sehnlicher zu wünschen, als dass ein heißer Fisherman's Fellow vor seinen Augen Gestalt annahm. Aber die Servicekraft hinter dem Tresen weigerte sich, das Guinness aufzukochen und Fin hätte die notwendigen Zutaten sowieso nicht zusammengekriegt. So musste er sich mit einem heißen Tee begnügen.

Die Bar war angenehm ruhig, der übliche Fernseher quäkte dezent im Hintergrund. Ein paar Einheimische harrten noch aus, während sich die wenigen Touristen rasch verzogen hatten, nachdem die Garda ihren Einsatz in Mullaghmore beendet hatte. Shauna Adams war in ihrem Mini Cooper davongebraust und schrieb wahrscheinlich gerade die Story ihres Lebens. Fin hoffte, dass dabei ein klein wenig Rehabilitation für seine Person heraussprang. Zumindest hatte sie es ihm versprochen.

Sogar Caitlin da Silva war zufrieden. Trotz seiner Einmischung. Sie hatte eine Diebstahlserie aufgeklärt, nebenbei einen Mörder verhaftet und weitere Morde verhindert. Das war keine schlechte Bilanz für einen einzigen Tag.

»Du solltest zur Polizei zurückgehen«, hatte sie Fin geraten, während sich ein Sanitäter um ihr verletztes Knie gekümmert hatte. Ein Verband, vielleicht eine Krücke für ein paar Tage, nichts Dramatisches. Auch Fins Verletzung am Arm war versorgt, er spürte die Wunde kaum noch. Die Jacke würde er wegwerfen müssen. Aber zur Polizei zurück wollte er trotzdem nicht.

Er leerte seine Tasse und schenkte nach. Neben ihm erzählte Nora Nichols gerade, wie sie dem Kobold heimlich ihren Zaubertrank verabreicht hatte. In Séamus und Grace hatte sie dankbare Zuhörer.

»Der Gruagach ist eigentlich ein ganz hilfsbereites Kerlchen. Gib ihm eine Arbeit im Haus und er erledigt sie, solange er als Lohn ein Schälchen Milch erhält. Als dein Nicky sich im Pub Milch bestellt hat, wusste ich natürlich sofort, dass er in Wahrheit ein Kobold war. Also habe ich ein paar von meinen getrockneten Pilzen, von denen ich immer einen kleinen Vorrat habe, in seine Milch gemischt.«

Grace konnte wieder lachen. Natürlich hatte man Nicholas Nolan rechtzeitig aus dem Hafenbecken gezogen. Aber für Grace war dieses Kapitel in ihrem Leben ein für alle Mal beendet.

»Sag mal, Séamus«, begann Fin.

»Ja?«

»Woher hast du eigentlich diese Goldmünzen?«

Der alte Mann betrachtete seine Fingernägel. Jeden Fingernagel einzeln. Lange und ausgiebig. Er war noch nicht bereit, sein Geheimnis zu teilen. Nicht mal mit Fin, dem er nun einiges zu verdanken hatte. Unter anderem vielleicht sogar sein Leben.

»Stammen die Münzen wirklich von der Armada?«

»Kann schon sein«, räumte Séamus ein. Unter seinem Daumennagel schien er etwas Interessantes entdeckt zu haben.

»Hast du sie gefunden?«

Séamus überlegte gut, wie viel er preisgeben wollte. »Nein, mein Urgroßvater. Er war auch Fischer. Eines Tages hatte er eine ganze Kiste mit diesen Münzen in seinem Netz. Und er hat sie auf Inish Creig versteckt.«

»Und dieses Labyrinth, Verzeihung, den Irrgarten angelegt.«

»Er hat Schauermärchen über Inish Creig verbreitet. Damit niemand hinfährt und die Münzen findet«, erzählte Séamus, »war eigentlich überflüssig. Niemand fährt freiwillig nach Inish Creig rüber. Wozu auch. Aber man konnte ja nie wissen. Mein Großvater hat dann angefangen, den Irrgarten zu bauen. Ich hab' ihm schon als kleiner Junge dabei geholfen und im Lauf der Jahre haben wir ihn verfeinert. Am Anfang hab' ich natürlich nicht gewusst, worum es eigentlich ging. Mein Großvater und ich hatten jedenfalls eine Menge Spaß.«

»Und die Medusa?«

»Die Medusa?«

Es war die Frage aller Fragen. »Ist in dem Schlangenhaar tatsächlich der richtige Weg zum Goldschatz versteckt?«

»Nein.« Die Antwort kam schnell. Nach Fins Meinung ein wenig zu schnell. »Dieser Frauenkopf mit dem Schlangenhaar hat eigentlich nur den Anstoß zu diesem Irrgarten gegeben.«

»Aber du hast ein Bild gemalt für Grace. Mit einer Medusa«, erinnerte sich Fin, »und als das Bild gestohlen wurde, wolltest du doch sofort ein neues für sie malen, oder?«

»Ja. Natürlich. Grace hat dieses Bild sehr gemocht«, wich Séamus aus.

»Und es ist in jedem Fall besser, wenn Grace weiß, wo das Gold versteckt ist, anstatt dass ihre Mutter Wind von der Sache bekommt«, erwiderte Fin unverfänglich.

»Das kannst du laut sagen! Eher versenke ich jede Münze einzeln im Meer, als dass ich Bríd auch nur den kleinsten Hinweis gebe!«

Séamus war prompt drauf reingefallen.

»Also doch eine Schatzkarte.« Fin grinste.

Séamus antwortete nicht. Er schaute in sein Bierglas, stellte fest, dass es leer war, und gab ein neues in Auftrag.

»Und du hast dich all die Jahre über an dem Gold bedient?«

»Nur im Notfall«, gestand der Alte, »ich hab' nie mehr genommen als ich gebraucht habe.«

»Und wie hast du das Gold zu Geld gemacht?«

Séamus bekam sein frisches Bier, nahm einen langen Zug und schwieg.

»Ich verrat's auch nicht weiter«, versprach Fin.

Séamus sah ihn lange an, ehe er antwortete. »Der alte Collins vom Campingplatz, Bens Vater, der hat mir einen Antiquitätenhändler in Galway vermittelt, der mir die Münzen zu einem fairen Preis abgekauft hat.«

»Der alte Collins, soso.« Soviel zu der gemeinsamen Leiche im Keller.

»Gegen eine kleine Provision, versteht sich.«

»Und als jemand versucht hat, in deinen Wohnwagen einzubrechen–«

»–da dachte ich natürlich, der Kerl ist hinter meinen Goldmünzen her«, gestand Séamus, »ich hätt' nie im Leben gedacht, dass ausgerechnet Nicky …«

Fin trank seinen letzten Schluck Tee, der nur noch lauwarm war. »Wie viel ist denn von dem Gold noch übrig?«

Séamus zuckte vielsagend mit den Achseln. Und beließ es dabei.

»Wann ist denn jetzt deine Ausstellung, Großvater?«, plapperte Grace dazwischen.

Der alte Mann nahm den Themenwechsel dankbar an. »Oh, die Ausstellung! Nun, nachdem meine Bilder ja wieder aufgetaucht sind, steht einer Ausstellung wohl nichts mehr im Wege.«

»Du musst zu mir nach Dublin kommen«, sagte sie, »wo willst du denn sonst wohnen? Ich hab' viel Platz. Ein großes helles Zimmer ganz für dich allein. Da kannst du prima malen.«

»Mal sehen.«

»Fin muss natürlich zur Eröffnung der Ausstellung kommen, nicht wahr, Fin?« Sie sah ihn mit ihren großen blauen Augen erwartungsvoll an.

»Wenn ich Zeit habe«, schränkte er ein.

Warum sollte er keine Zeit haben? Er hatte alle Zeit der Welt. Es sei denn, er hatte gerade etwas anderes zu tun.

Vielleicht hatte er ja einen Job zu erledigen.

Als Kind war er schließlich immer schon gut darin gewesen, Rätsel zu lösen. Wege durch Irrgärten zu finden.

Da war ja noch die zweite Münze, die er in der Gesäßtasche seiner Jeans spüren konnte. Die Münze mit dem Kopf der Medusa.

Vielleicht sollte er sich einen Ruck geben und doch noch mal an Bord eines Kutters gehen. Wenn das Wetter besser war. Und nach Inish Creig übersetzen.

Und auf Schatzsuche gehen.

Anmerkung

Ein Richter, der einen alkoholisierten Autofahrer zu einer Pilgerschaft verurteilt, ist im deutschen Rechtswesen nur schwer vorstellbar. Tatsächlich aber wurde der Ire John McElwee aus Donegal im September 2010 zu eben dieser Strafe verdonnert, nachdem er bei einer Pubschlägerei die herbeigerufenen Polizisten aufs Übelste beschimpft und beleidigt hatte. Das Urteil zeigte Wirkung. Der reuige Sünder machte aus seinem Aufstieg zum Croagh Patrick eine Spendenaktion und übergab am Ende rund 2900 Euro an soziale Einrichtungen. Eigentlich schade, dass an deutschen Gerichten so wenig Platz für Phantasie und kreative Urteile ist.

Fin O'Malley erster Fall

272 Seiten, ISBN 978-3-941657-25-0, 13,90 €

Für Detective Sergeant Fin O'Malley kommt es knüppeldick. Frau und Tochter lassen ihn sitzen und sein Chef schiebt ihn aufs Abstellgleis. Er soll in einem Nest an der nordwestlichen Küste Irlands einen Verdächtigen aufspüren, der schon zehn Jahre tot ist. Hier in Foley, zwischen redseligen Iren und schweigenden Lämmern, beißt Fin erst mal auf Granit. Besonders bei Charlotte Quinn, die Kirchenfresken repariert und in einem einsamen Leuchtturm wohnt.

Spannend und mit viel Humor erzählt Carolin Römer in ihrem Krimierstling eine Story, wie sie nur in Irland spielen kann. Hier tauchen ehemalige Piraten auf, atheistische Pfarrer, untergetauchte IRA-Leute, trinkfeste Großmütter, unsichtbare Kobolde, verschwundene Rennpferde – und eine geheimnisvolle Meerjungfrau ...

Die Krimireihe des Conte Verlages

Jean Amila ***Mond über Omaha***

Reihe Amila 1, 214 Seiten, ISBN 978-3-936950-33-5, 10,00 €

Jean Amila ***Mitleid mit den Ratten***

Reihe Amila 2, 212 Seiten, ISBN 978-3-936950-43-4, 10,00 €

Jean Amila ***Bis nichts mehr geht***

Reihe Amila 3, 220 Seiten, ISBN 978-3-936950-53-3, 10,00 €

Jean Amila ***Motus!***

Reihe Amila 4, 180 Seiten, ISBN 978-3-936950-79-3, 10,00 €

Jean Amila ***Die Abreibung***

Reihe Amila 5, 190 Seiten, ISBN 978-3-936950-96-0, 10,00 €

Jean Amila ***Auf Godot wartet keiner***

Reihe Amila 6, 200 Seiten, ISBN 978-3-941657-11-3, 10,00 €

Isabella Archan ***Helende geht baden***

320 Seiten, ISBN 978-3-95602-028-5, 10,00 €

Lilo Beil ***Gottes Mühlen***

Kommissar Gontards erster Fall

184 Seiten, ISBN 978-3-936950-49-6, 9,90 €

Lilo Beil ***Das Licht unterm Scheffel***

Kommissar Gontards zweiter Fall

178 Seiten, ISBN 978-3-936950-72-4, 9,90 €

Lilo Beil ***Die schlafenden Hunde***

Kommissar Gontards dritter Fall

188 Seiten, ISBN 978-3-936950-87-8, 9,90 €

Lilo Beil ***Die Kinder im Brunnen***

204 Seiten, ISBN 978-3-941657-10-6, 11,90 €

Lilo Beil ***Die Nacht der grauen Katzen***

Kommissar Gontards vierter Fall

202 Seiten, ISBN 978-3-941657-28-1, 11,90 €

Lilo Beil ***Die Mauern des Schweigens***

Kommissar Gontards fünfter Fall

192 Seiten, ISBN 978-3-941657-60-1, 11,90 €

Lilo Beil ***Das gläserne Glück***

Kommissar Gontards sechster Fall

252 Seiten, ISBN 978-3-95602-012-4, 11,90 €

Lilo Beil ***Mord auf vier Pfoten***

22 tierische Krimigeschichten

218 Seiten, ISBN 978-3-941657-88-5, 11,90 €

Gunter Gerlach ***Frauen von Brücken werfen***

Händels Münchner Fall

184 Seiten, ISBN 978-3-941657-62-5, 11,90 €

Gunter Gerlach ***Mohnblumen wie Blutflecke***

Händel in Stein

184 Seiten, ISBN 978-3-941657-99-1, 11,90 €

Andrea Habeney ***Arsen und Apfelwein***

304 Seiten, ISBN 978-3-941657-93-9, 11,90 €

Andrea Habeney ***Verschollen in Mainhattan***

230 Seiten, ISBN 978-3-95602-018-6, 11,90 €

Stefan Hüfner ***Der Tote von Dresden***

184 Seiten, ISBN 978-3-936950-13-7, 9,90 €

Peter J. Kraus ***Joint Adventure***

228 Seiten, ISBN 978-3-941657-16-8, 12,90 €

Peter J. Kraus ***Cattolini erbt***

232 Seiten, ISBN 978-3-941657-65-6, 13,90 €

Gaston Leroux ***Die Hölle an der Ruhr***

Rouletabille bei Krupp

180 Seiten, ISBN 978-3-941657-21-2, 11,90 €

Jens Luckwaldt ***Puder und Blei***
218 Seiten, ISBN 978-3-941657-26-7, 12,90 €

Barbara Mansion ***Mörderische Wallfahrt***
204 Seiten, ISBN 978-3-936950-59-5, 9,90 €

Barbara Mansion ***Das Geheimnis der Burgkapelle***
198 Seiten, ISBN 978-3-941657-09-0, 12,90 €

Kerstin Rech ***Schenselo***
188 Seiten, ISBN 978-3-936950-60-1, 9,90 €

Kerstin Rech ***Hotel Excelsior***
232 Seiten, ISBN 978-3-936950-77-9, 11,90 €

Carolin Römer ***Die irische Meerjungfrau***
Ein Fin O'Malley Krimi
306 Seiten, ISBN 978-3-941657-25-0, 13,90 €

Carolin Römer ***Greed Castle***
Ein Fin O'Malley Krimi
294 Seiten, ISBN 978-3-941657-86-1, 13,90 €

Guido Rohm ***Untat***
140 Seiten, ISBN 978-3-941657-78-6, 10,90 €

Dieter Paul Rudolph ***Arme Leute***
210 Seiten, ISBN 978-3-941657-06-9, 12,90 €

Dieter Paul Rudolph ***Pixity***
Stadt der Unsichtbaren
292 Seiten, ISBN 978-3-941657-29-8, 13,90 €

Dieter Paul Rudolph ***Der Bote***
Ein Science-Fiction-Krimi
176 Seiten, ISBN 978-3-941657-61-8, 11,90 €

Elke Schwab ***Kullmanns letzter Fall***
270 Seiten, ISBN 978-3-936950-71-7, 11,90 €

Elke Schwab ***Tod am Litermont***
278 Seiten, ISBN 978-3-936950-74-8, 12,90 €

Elke Schwab ***Hetzjagd am Grünen See***
302 Seiten, ISBN 978-3-936950-95-3, 12,90 €

Elke Schwab ***Das Skelett vom Bliesgau***
282 Seiten, ISBN 978-3-941657-14-4, 12,90 €

Elke Schwab ***Galgentod auf der Teufelsburg***
330 Seiten, ISBN 978-3-941657-39-7, 12,90 €

Elke Schwab ***Blutige Seilfahrt im Warndt***
320 Seiten, ISBN 978-3-941657-66-3, 13,90 €

JuttaStina Strauss ***Koks und Kosakenkaffee***
Guzzos erster Fall
286 Seiten, ISBN 978-3-936950-54-0, 13,90 €

JuttaStina Strauss ***Mis en Vosges***
Guzzo in Lothringen
290 Seiten, ISBN 978-3-936950-80-9, 13,90 €

Markus Walther (Hrsg.) ***Letzte Grüße von der Saar***
Krimi-Anthologie, 244 Seiten, ISBN 978-3-936950-68-7, 12,90 €

Lisa Huth, Karin Mayer (Hrsg.) ***Mord vor Ort***
Das Krimibuch zum Treffpunkt Ü-Wagen
230 Seiten, ISBN 978-3-941657-02-1, 12,90 €

Lisa Huth, Karin Mayer (Hrsg.) ***Mord vor Ort 2***
Das zweite Krimibuch zum Treffpunkt Ü-Wagen
236 Seiten, ISBN 978-3-941657-41-0, 12,90 €

Ingrid Schmitz (Hrsg.) ***Muscheln, Mousse und Messer***
Eine kulinarische Krimi-Anthologie
220 Seiten, ISBN 978-3-941657-22-9, 12,90 €

Die Krimireihe des Conte Verlages

Ingrid Schmitz (Hrsg.) ***Porridge, Pies and Pistols***

Eine kulinarische Krimi-Anthologie

298 Seiten, ISBN 978-3-941657-87-8, 12,90 €

Ingrid Schmitz (Hrsg.) ***Tortillas, Tapas und Toxine***

Eine kulinarische Krimi-Anthologie

252 Seiten, ISBN 978-3-95602-013-1, 12,90 €